개념탑재
오토캐드 기초 4일 완성

개념탑재
오토캐드 기초 4일 완성

| 발 행 | 2022년 11월 1일 초판 1쇄
| | 2023년 5월 11일 초판 2쇄
| | 2025년 2월 3일 개정 1쇄

저 자 | 정인수, 이승열, 김애림, 이예진
발 행 처 | 피앤피북
발 행 인 | 최영민
주 소 | 경기도 파주시 신촌로 16
전 화 | 031-8071-0088
팩 스 | 031-942-8688
전자우편 | pnpbook@naver.com
출판등록 | 2015년 3월 27일
등록번호 | 제406-2015-31호

ⓒ2025. 크레도솔루션 All rights reserved.

정가 : 25,000원
ISBN 979-11-94085-39-3 (13550)

- 이 책의 어느 부분도 저작권자나 발행인의 승인 없이 무단 복제하여 이용할 수 없습니다.
- 파본 및 낙장은 구입하신 서점에서 교환하여 드립니다.

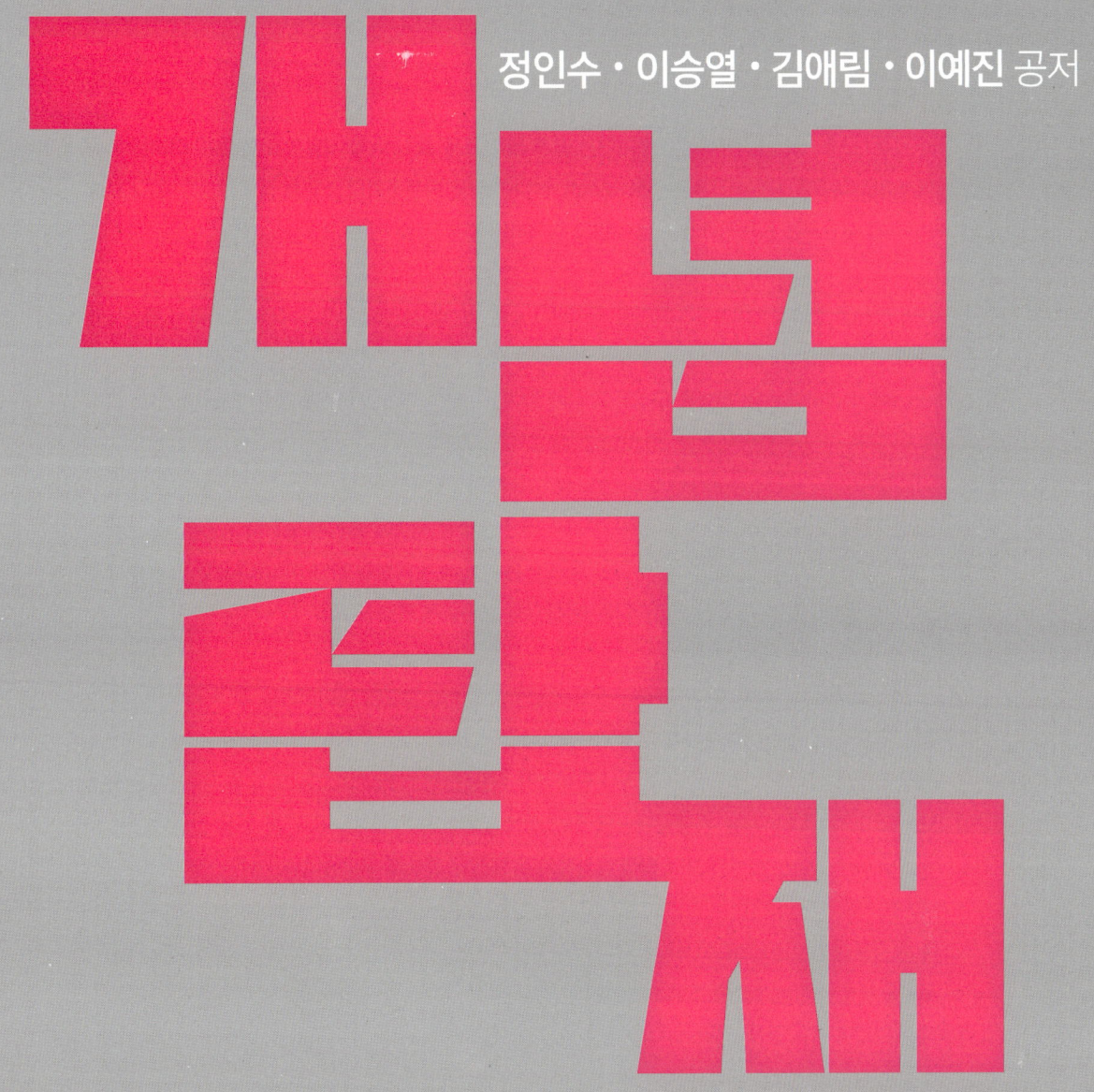

정인수·이승열·김애림·이예진 공저

개념콕 콕 콕 포포 포 잡 잡 잡재

오토캐드
기초4일 완성

피앤피북

PREFACE

CAD는 기계, 건축, 전기 등 여러 산업분야에서 설계 및 제조를 하기 위해 사용하고 있으며, 이제는 제법 많은 곳에서 3D CAD를 도입하고 사용하고 있지만, 산업 현장을 방문하거나 기업체 강의를 진행 하다 보면 매년 AutoCAD 활용하는 사용자가 줄어들지 않고 늘어나는 것을 알 수 있습니다.

AutoCAD는 여러 산업분야에서 2D 도면을 작성하고 수정하는데 사용하며, 맡은 직무에 따라서 활용도와 목적이 다릅니다. 간단하게 도면을 수정하거나 인쇄하기 위해 AutoCAD를 활용하는 사용자가 있지만, 기조 설계 단계에서 레이아웃 및 컨셉을 구성하고 상세 설계를 하는데 AutoCAD를 활용하는 사용자도 많이 있습니다.

이처럼 활용도가 높은 AutoCAD를 잘 다루기 위해 많은 분들은 시중에 출판된 도서나 Youtube, 오프라인 강의 등을 통해 학습하고 있지만 이렇게 많은 정보의 홍수 속에서 어떻게 하면 AutoCAD를 쉽고 빠르게 익힐 수 있도록 가이드 할 수 있을까 고민하다가 본 도서를 출판하게 되었습니다.

마치 우리가 새로운 영어 단어를 암기했다가 오랫동안 사용하지 않으면 잊어버리는 것 처럼 AutoCAD도 사용법을 익혔다가 오랫동안 사용하지 않으면 머리속에서 사라져 다시 학습하기 위해서는 많은 시간과 노력이 필요합니다. 이러한 시간과 노력을 덜어드리고자 〈개념탑재 AutoCAD〉는 도서 뿐만 아니라, 국내 CAD 관련 No.1 Youtube 채널 '개념탑재술'에 학습 동영상을 제공하여 AutoCAD를 처음 접하거나 오랜만에 다시 학습하려고 하는 분들께 보다 쉽게 다가가기 위해 많은 준비를 하였습니다.

모쪼록 독자분들께서 AutoCAD를 학습하시는 데 도움이 되는 지침서가 되길 바라며, 〈개념탑재 AutoCAD〉를 비롯하여 Inventor, SoildWorks, Revit, Fusion 360 등 다양한 소프트웨어에 대한 시리즈가 계획되어 있으니 많은 관심 부탁드립니다.

감사합니다.

2022년 11월 저자 일동

CONTENTS

CHAPTER. 01
AutoCAD 시작하기 14

SECTION 1 AutoCAD의 소개 16
    01 AutoCAD란? 16
    02 AutoCAD 권장 사양 16
    03 AutoCAD와 AutoCAD LT 비교 17

SECTION 2 AutoCAD 시작하기 18
    01 시작 화면 알아보기 18
    02 새 도면 만들기 19

SECTION 3 인터페이스 21
    01 인터페이스 소개 21
    02 패널 버튼 22

SECTION 4 어플리케이션 메뉴 23

SECTION 5 작업공간 전환 및 설정 24
    01 작업공간 전환 24
    02 옵션 25
    03 PGP파일(단축키) 편집 31
    04 사용자 인터페이스 사용자화 (CUI) 33

CHAPTER. 02
AutoCAD 기본 기능 알아보기 42

SECTION 1   새로 만들기 44

SECTION 2   열기 46

SECTION 3   저장 48

SECTION 4   화면 제어 50
- 01   마우스 + 키보드 50
- 02   탐색 막대 활용하기 51
- 03   뷰 큐브 51
- 04   ZOOM 명령 알아보기 52

SECTION 5   객체 선택 방식 53
- 01   윈도우 선택 53
- 02   걸치기 선택 53
- 03   올가미 선택 54
- 04   신속 선택 55
- 05   유사 선택 55

CHAPTER. 03
상태 막대와 좌표계 56

SECTION 1   상태 막대 (Status bar) 58
- 01   그리드 모드 (GRIDMODE) 59
- 02   스냅 모드 (SNAPMODE) 60
- 03   동적 입력 61
- 04   직교 모드 (ORTHOMODE) 64

05 극좌표 추적 (POLARSNAP) 65
06 객체 스냅 추적 66
07 객체 스냅 (OSNAP) 68
08 선 가중치 표시/숨기기 72

SECTION 2 좌표계 73
01 절대 좌표 73
02 상대 좌표 74
03 상대 극좌표 75

CHAPTER. 04

그리기 명령 76

SECTION 1 선 (LINE) 78
SECTION 2 폴리선 (POLYLINE) 80
SECTION 3 원 (CIRCLE) 82
SECTION 4 호 (ARC) 84
SECTION 5 직사각형 (RECTANGLE) 86
SECTION 6 폴리곤 (POLYGON) 88
SECTION 7 타원 (ELLIPSE) 89
SECTION 8 해치 (HATCH) 90
   01 경계 91
   02 패턴 91
   03 특성 92
   04 원점 92
   05 옵션 93
SECTION 9 스플라인 (SPLINE) 95
SECTION 10 구성선 (XLINE) 96

SECTION 11 광선 (RAY) 97
SECTION 12 도넛 (DONUT) 98
SECTION 13 구름형 리비전 (REVCLOUD) 99

CHAPTER. 05
수정 명령 102

SECTION 1   이동 (MOVE) 104
SECTION 2   회전 (ROTATE) 105
SECTION 3   자르기 (TRIM) 106
SECTION 4   연장 (EXTEND) 107
SECTION 5   지우기 (ERASE) 108
SECTION 6   복사 (COPY) 109
SECTION 7   대칭 (MIRROR) 110
SECTION 8   모깎기 (FILLET) 111
SECTION 9   모따기 (CHAMFER) 112
SECTION 10 분해 (EXPLODE) 113
SECTION 11 신축 (STRETCH) 114
SECTION 12 축척 (SCALE) 115
SECTION 13 배열 (ARRAY) 116
SECTION 14 간격띄우기 (OFFSET) 119
SECTION 15 길이조정 (LENGTHEN) 121
SECTION 16 끊기와 점에서 끊기 (BREAK) 122
SECTION 17 결합 (JOIN) 124
SECTION 18 맨 앞으로 가져오기 (DRAWORDER) 125

SECTION 19   명령 취소 / 복구 (UNDO/REDO) 126
    01   명령 취소 126
    02   명령 복구 127

CHAPTER. 06
도면층과 특성 관리   128

SECTION 1   도면층 (LAYER) 130
    01   도면층 특성 관리자 130
    02   도면층 설정 132
    03   도면층 적용 136

SECTION 2   객체 특성 137
    01   특성 팔레트 (CTRL+1) 138
    02   특성 일치 139

CHAPTER. 07
주석   142

SECTION 1   문자 144
    01   문자 스타일 144
    02   문자 스타일 새로 만들기 145
    03   문자 작성 및 편집하기 148

SECTION 2   치수 154
    01   치수 스타일 154
    02   치수 스타일 새로 만들기 155
    03   치수 명령 160

	04	치수 작성 방법	162
	05	공차 작성	164
	06	기하공차 작성	167
	07	치수 축척 변경	168

SECTION 3 다중 지시선 **169**

	01	다중 지시선 스타일	169
	02	다중 지시선 스타일 만들기	170
	03	다중 지시선 작성 방법	173

SECTION 4 지시선 **174**

	01	지시선 설정	174

SECTION 5 테이블 **177**

	01	테이블 스타일	177
	02	테이블 스타일 만들기	178
	03	테이블 명령을 활용해 표 작성하기 (표제란)	181

CHAPTER. 08

블록 186

SECTION 1 블록 **188**

	01	블록 작성 (BLOCK)	188
	02	블록 쓰기 (WBLOCK)	191
	03	삽입 (INSERT)	194
	04	블록 편집 (BEDIT)	196
	05	클립보드	197
	06	도구 팔레트 (CTRL+3)	197
	07	디자인 센터(CTRL+2)	199
	08	소거 (PURGE)	201

SECTION 2 속성 정의 202
  01 속성 정의 203
  02 속성 관리 206

CHAPTER. 09
플롯 및 외부 데이터 활용   208

SECTION 1 모형공간 플롯 (PLOT) 210
  01 플롯 스타일 테이블 만들기 211
  02 모형공간 플롯 214
  03 PDF 내보내기 218
  04 PDF 가져오기 219

SECTION 2 배치공간 플롯 220
  01 배치 공간 추가 221
  02 페이지 설정 관리자 222
  03 뷰 포트 작성 224
  04 배치 공간에서 플롯 228

SECTION 3 외부 데이터 활용하기 229
  01 외부 참조 229
  02 DWG 활용하기 230
  03 Image 활용하기 233

CHAPTER. 010
AutoCAD 성능 최적화 238

SECTION 1   AutoCAD 시스템 변수 설정 240

    01   WHIPTHREAD 240

    02   DWGCHECK 241

    03   HPQUICKPREVIEW 242

    04   DYNMODE(F12) 242

    05   VTENABLE 243

    06   –INPUTSEARCHOPTIONS 243

    07   REGENMODE 245

    08   PALETTEOPAQUE 245

    09   SELECTIONCYCLING(Ctrl+W) 246

SECTION 2   AutoCAD 설정 변경 247

    01   3DCONFIG 247

    02   AUDIT / PURGE / RECOVERY 248

SECTION 3   WINDOWS 환경설정 250

    01   최신 서비스 팩 및 핫픽스 설치 250

    02   임시 폴더의 내용 삭제 251

    03   Windows Presentation Foundation Font Cache   251

    04   하드웨어의 최소 시스템 요구사항 만족 여부 확인 253

    05   승인 및 인증된 그래픽 카드 여부 확인 253

CHAPTER. 011
AutoCAD Tips 254

SECTION 1	**AutoCAD Tips**	**256**
01	PDF 출력 시 한글 폰트가 깨지는 경우	256
02	Shift 키 활용 – Trim(자르기)과 Extend(연장)의 결합	257
03	TRIMEXTENDMODE	257
04	BLOCKEDITLOCK, REFEDIT	258
05	DIMASSOC	260
06	원하는 템플릿으로 도면 [새로 만들기]	261
07	DIMSPACE	262

CHAPTER. 012
실습 예제 도면 264

부록 AutoCAD 단축키 282

Section 1	AutoCAD의 소개	16
Section 2	AutoCAD 시작하기	18
Section 3	인터페이스	21
Section 4	어플리케이션 메뉴	23
Section 5	작업공간 전환 및 설정	24

CHAPTER.01

AutoCAD 시작하기

SECTION 01

AutoCAD의 소개

01 AutoCAD란?

AutoCAD는 2D 및 3D 모델링 작업에 사용되는 CAD(Computer Aided Design) 소프트웨어입니다.

CAD란 기하학적인 형상을 표현하고 관리하는 공학 설계를 위한 제품이며, AutoCAD로 3D 모델링 작업을 하게 되면 작업 이력이 남지 않기 때문에 설계를 수정하는데 어려움이 있어 대부분 사용자는 AutoCAD를 2D 설계 작업을 하는데 사용하고 있습니다.

AutoCAD는 최초의 PC용 CAD로 기능성과 안정성을 강점으로 처음 개발된 1982년부터 현재까지 많은 엔지니어들 사이에서 대중적으로 사용되고 있습니다.

02 AutoCAD 권장 사양

AutoCAD 2023 제품에 요구되는 시스템 사양은 다음과 같습니다.

시스템	요구사항
운영 체제	64비트 Microsoft® Windows® 11 및 Windows 10 버전 1809 이상
프로세서	기본: 2.5-2.9GHz 프로세서(기준) ARM 프로세서는 지원되지 않습니다. 권장: 3GHz 이상 프로세서(기준), 4GHz 이상(터보)
메모리	기본: 8GB 권장: 16GB
해상도	일반 디스플레이: 1920 x 1080(트루컬러) 고해상도 4K 디스플레이: 최대 해상도 3840 x 2160(지원 디스플레이 카드 탑재)

디스플레이 카드	기본: 1GB GPU, 29GB/s 대역폭 및 DirectX 11 호환 권장: 4GB GPU, 106GB/s 대역폭 및 DirectX 12 호환 DirectX 12(기능 레벨 12_0)는 음영처리(고속) 및 모서리로 음영처리(고속) 비주얼 스타일에 필요합니다. 해당 웹 사이트의 최신 비디오 카드 제조업체 드라이버를 사용하십시오.
디스크 공간	10.0GB(권장 SSD)
네트워크	다음은 Autodesk Network License Manager에서 지원되는 운영 체제입니다. · Windows 7 SP1 · Windows 10 · Windows Server 2016 · Windows Server 2019
포인팅 장치	MS 마우스 호환
.NET Framework	.NET Framework 버전 4.8 이상

03 AutoCAD와 AutoCAD LT 비교

	AutoCAD	AutoCAD LT
지원되는 작업	· 2D 제도, 도면 및 문서화 · 3D 모델링 및 시각화	· 2D 제도, 도면 및 문서화
주요 특징	· 2D 형상 작성 및 편집 · 솔리드, 서페이스 및 메쉬 객체가 있는 3D 모델 작성 및 편집 · 문자, 치수, 지시선 및 테이블을 사용하여 도면에 주석 추가 · 애드온 앱 및 API를 사용하여 사용자화 · 리본 및 도구 팔레트 사용자화 · 객체 데이터를 테이블로 추출 · PDF 파일을 첨부하고 데이터 가져오기 · DGN 파일, Navisworks, Bing Maps의 데이터 공유 및 사용 · CAD 표준 적용 및 모니터링	· 2D 형상 작성 및 편집 · 문자, 치수, 지시선 및 테이블을 사용하여 도면에 주석 추가 · 리본 및 도구 팔레트 사용자화 · PDF 파일을 첨부하고 데이터 가져오기 · DGN 파일 및 Bing Maps의 데이터 공유 및 사용 · 멀티코어 사용 불가
전문화 툴셋	건축, 기계 설계, 전기 설계 등을 위한 전문화 툴셋 사용 가능	포함되지 않음

SECTION 02
AutoCAD 시작하기

01 시작 화면 알아보기

AutoCAD 실행시 다음과 같은 시작 화면이 표시됩니다. 사용자가 새로운 도면을 작성하거나 파일을 열 수 있도록 도와줍니다.

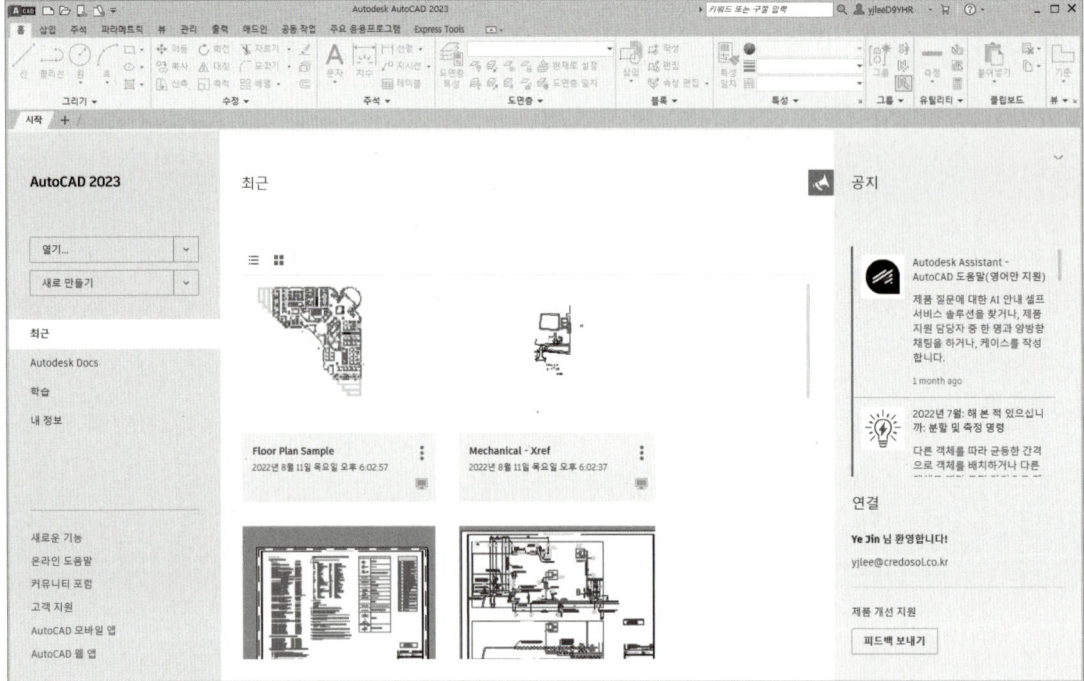

학습 탭에서는 현재 AutoCAD 버전의 새로워진 기능이나 시작하기 비디오, 학습 팁 등 사용자가 AutoCAD를 학습하기 위해 필요한 메뉴를 포함하고 있습니다.

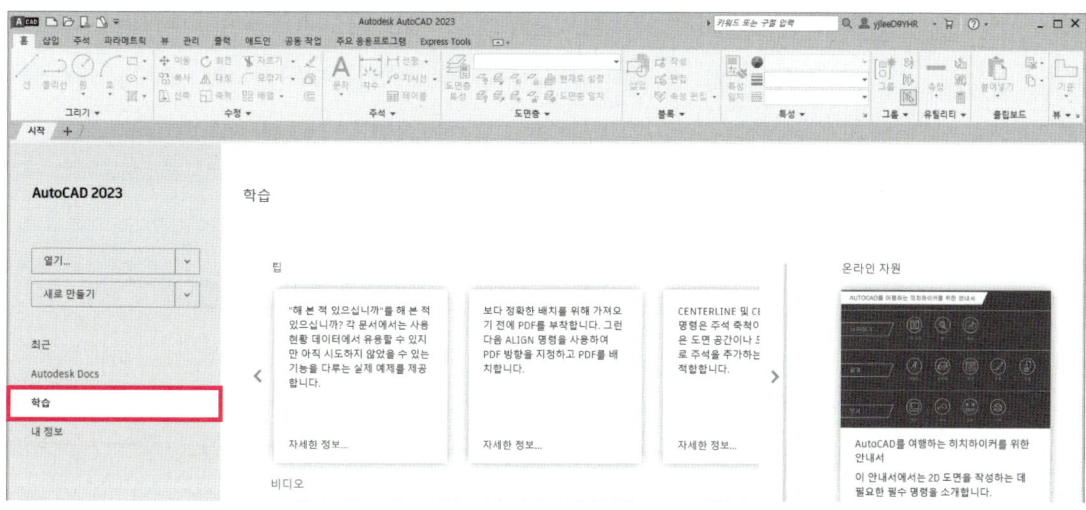

02 새 도면 만들기

[새로 만들기] 버튼을 클릭하면 기본으로 지정된 acadiso.dwt 템플릿으로 새 도면이 작성됩니다.

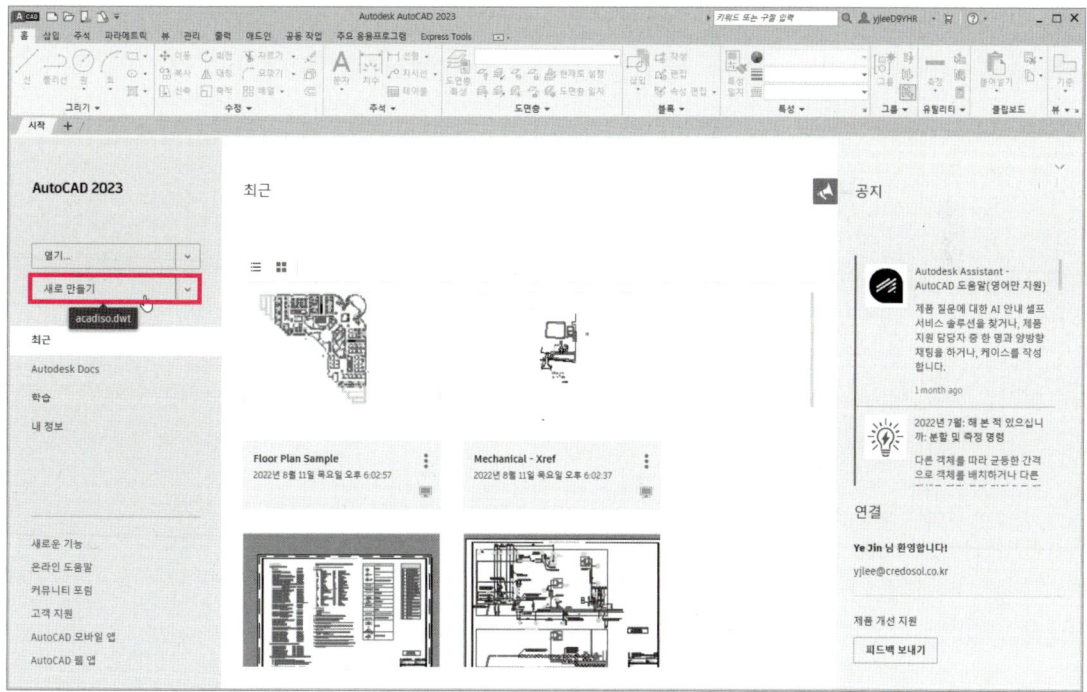

[템플릿 찾아보기] 버튼을 클릭하면 Template 폴더에 있는 템플릿 파일(dwt)을 선택하여 새 도면을 만들 수 있습니다.

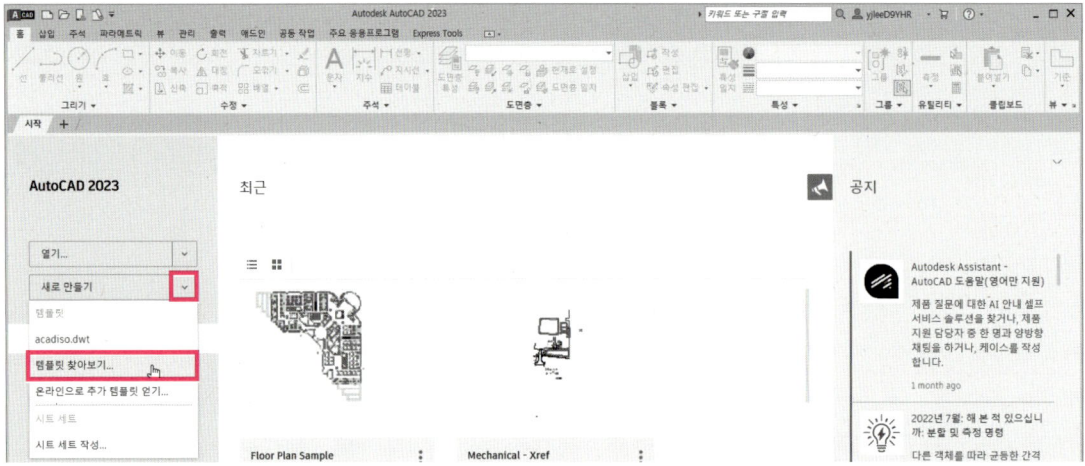

아래 그림과 같이 acadiso.dwt와 acad.dwt의 템플릿 파일은 삽입 축척에 차이가 있습니다. [삽입 축척]은 [units] 명령을 입력하여 확인할 수 있습니다.

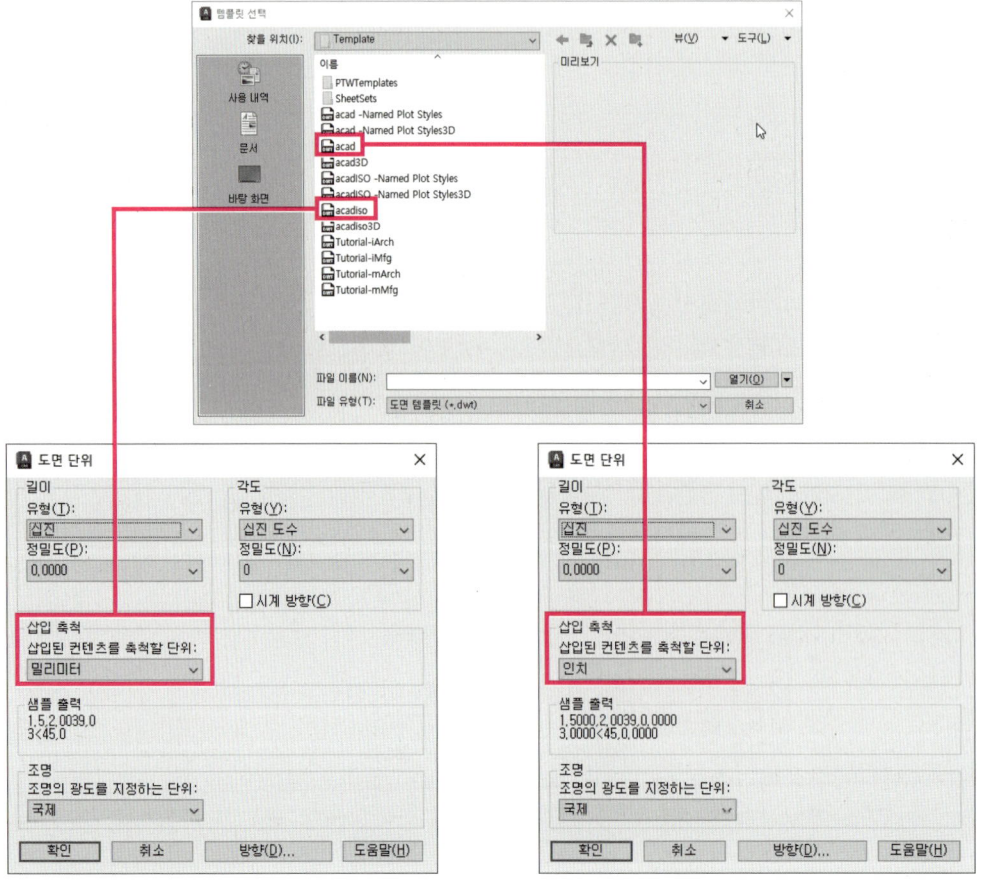

SECTION 03
인터페이스

01 인터페이스 소개

AutoCAD의 인터페이스에 대해서 알아보도록 하겠습니다.

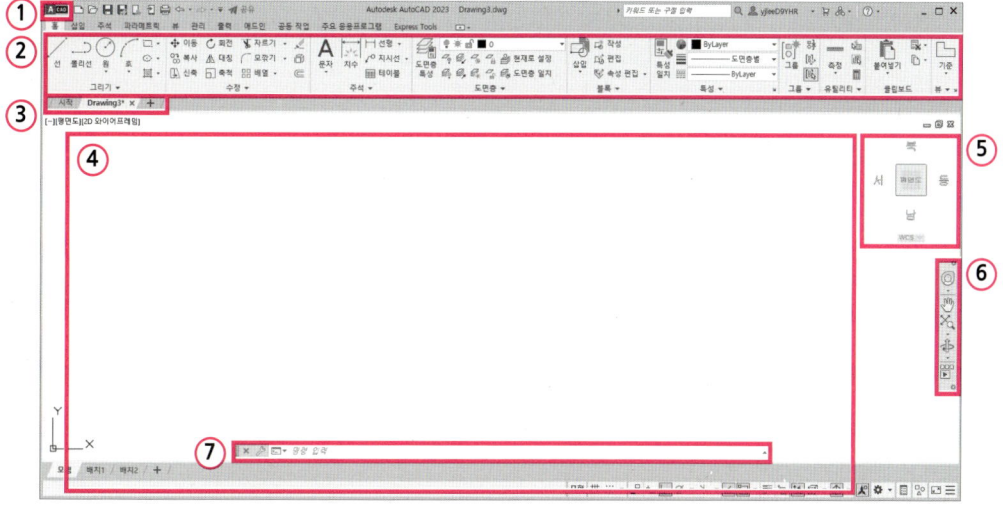

1 어플리케이션 버튼 : 어플리케이션 버튼은 파일 관리에 해당하는 명령어의 모음입니다. 파일을 새로 생성하거나 열거나 저장하는 명령이 모여있습니다.

2 리본 : AutoCAD의 명령어 아이콘이 모여있습니다. 각각의 탭을 클릭하면 탭에 따라서 그에 맞는 명령어들을 볼 수 있습니다.

3 파일 탭 : 현재 열려있는 AutoCAD 파일의 리스트를 확인할 수 있습니다. 각각의 파일 탭을 클릭하여 신속하게 열려있는 파일로 전환할 수 있습니다.

4 작업 화면 : 사용자가 직접 명령어를 이용하여 작업을 시작하는 창입니다.

5 뷰 큐브(View Cube) : 화면 제어의 보조 도구입니다. 실제 상자라고 생각하고 각 면이나 모서리 및 꼭지점을 마우스로 클릭하면 해당 방향으로 화면이 회전합니다.

6 탐색 막대 : 화면 제어 아이콘 바입니다. 화면의 확대/축소, 시점 이동, 화면 회전 등을 할 수 있습니다.

7 명령 행 : 사용자가 명령어를 입력하여 원하는 명령을 바로 실행할 수 있습니다. 여기에 입력하는 명령어에는 하위 명령어와 옵션이 포함되어 있습니다. 작업 목적에 맞는 명령어를 정확하게 사용해야 합니다.

02 패널 버튼

리본 표시 상태를 전환합니다.

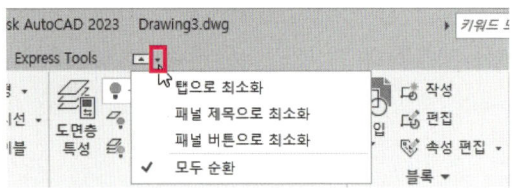

- 탭으로 최소화

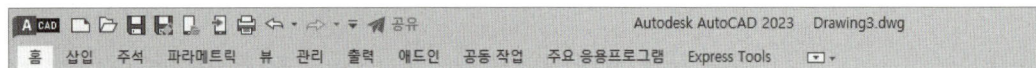

- 패널 제목으로 최소화

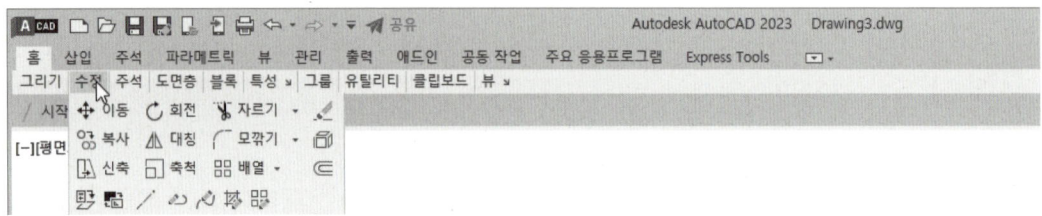

- 패널 버튼으로 최소화

- 모두 순환

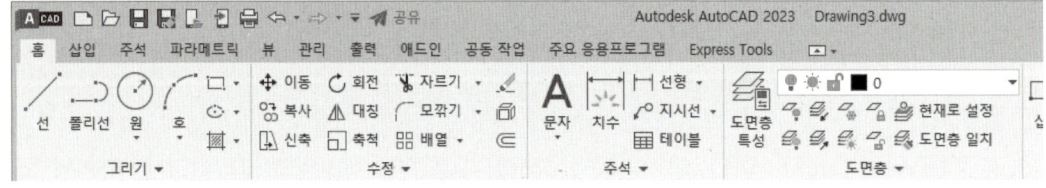

SECTION 04
어플리케이션 메뉴

어플리케이션 버튼을 클릭하면 다음과 같이 메뉴가 표시됩니다.

1 새로 만들기 : 새로운 AutoCAD 파일을 생성합니다. 사용자는 여기서 템플릿을 선택하여 파일을 열 수 있습니다.

2 열기 : 기존의 AutoCAD 파일을 엽니다.

3 저장 : 현재 작업 내역을 저장합니다.

4 다른 이름으로 저장 : 현재 파일을 다른 이름이나 다른 형식으로 저장합니다. 여기서는 다른 도면 표준이나 AutoCAD의 템플릿으로 저장할 수 있습니다.

5 가져오기 : 다른 형식의 CAD 파일을 가져올 수 있습니다. 대표적으로 PDF 파일이나 DGN 파일 등을 가져올 수 있습니다.

6 내보내기 : 현재 파일을 다른 형식의 CAD 파일로 내보낼 수 있습니다. 대표적으로 DWF 파일로 게시하거나 PDF 파일로 내보낼 수 있습니다.

7 게시 : 여러 가지 형식으로 오토캐드 파일을 게시합니다. 대표적으로 3D 프린트 형식으로 내보내거나 온라인 전송 혹은 이메일로 전송할 수 있습니다.

8 인쇄 : 작업 중인 파일을 여러 가지 형식으로 인쇄합니다. 이 명령을 이용해서 종이 출력이 가능합니다. 혹은 그림 파일이나 PDF 형식으로 인쇄도 가능합니다.

9 도면 유틸리티 : 도면을 유지 관리하는 도구의 모음으로 도면 특성이나 단위 같은 파일의 특성을 제어합니다.

10 닫기 : 현재 작업 중인 파일을 닫습니다. 혹은 열려 있는 모든 파일을 한꺼번에 닫을 수도 있습니다.

11 최근 문서 : 최근 작성한 문서의 리스트를 나열합니다. 사용자는 여기서 열기 명령을 이용하지 않고도 빠르게 최근에 작성한 파일을 열 수 있습니다.

12 Autodesk AutoCAD 2023 종료 : AutoCAD 프로그램을 종료합니다.

SECTION 05
작업공간 전환 및 설정

01 작업공간 전환

작업공간은 작업 위주로 사용자화된 도면 환경에서 작업할 수 있도록 메뉴, 도구막대, 팔레트 및 리본 컨트롤 패널을 그룹화하고 구성한 것입니다. 다음과 같이 화면 오른쪽 하단의 작업 공간 전환 버튼을 클릭하면 아래와 같은 하위 메뉴가 표시됩니다.

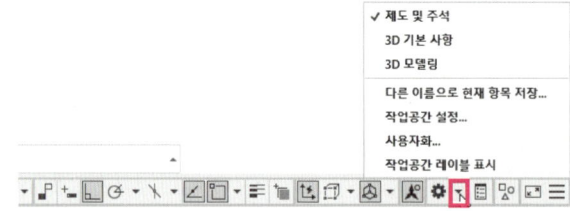

1 제도 및 주석

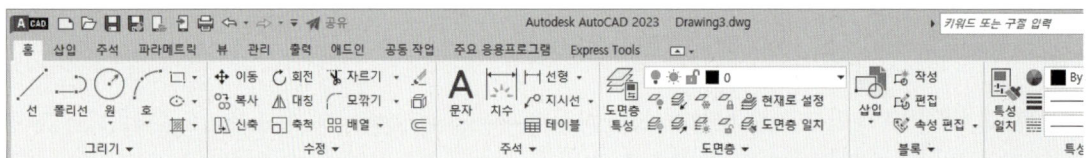

2 3D 기본 사항

3 3D 모델링

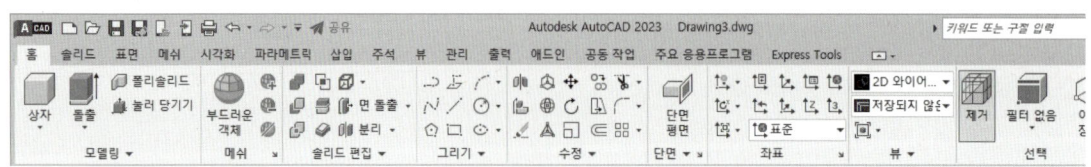

- **작업공간 레이블 표시** : 작업 공간 전환 아이콘에 현재의 작업 공간 이름을 표시합니다.

02 옵션

옵션에서는 AutoCAD의 환경 설정을 할 수 있습니다. 옵션을 실행하는 방법은 다음과 같이 크게 3가지로 분류할 수 있습니다.

- **어플리케이션 메뉴에서 실행** : 어플리케이션 버튼을 클릭한 다음 옵션 명령을 클릭합니다.

- **명령어로 실행** : 다음과 같이 옵션 단축키 [OP]를 입력하고 ENTER를 누릅니다.

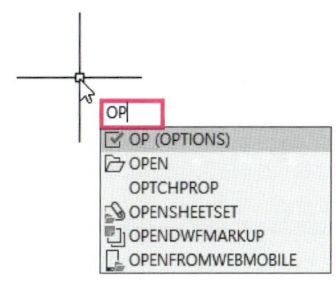

- **명령행에서 오른쪽 버튼으로 실행** : 명령행에서 마우스 오른쪽 버튼을 클릭한 다음 [옵션]을 선택합니다.

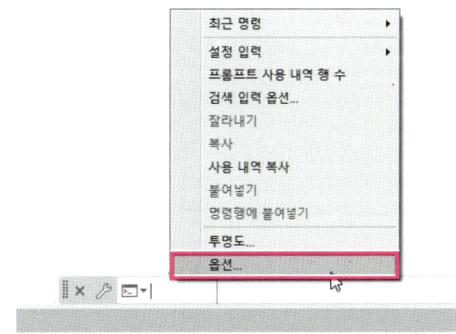

PART 1 AutoCAD 시작하기

1 파일

AutoCAD 프로그램에서 지원, 드라이버, 메뉴 및 다른 파일을 검색하는 폴더를 나열합니다.

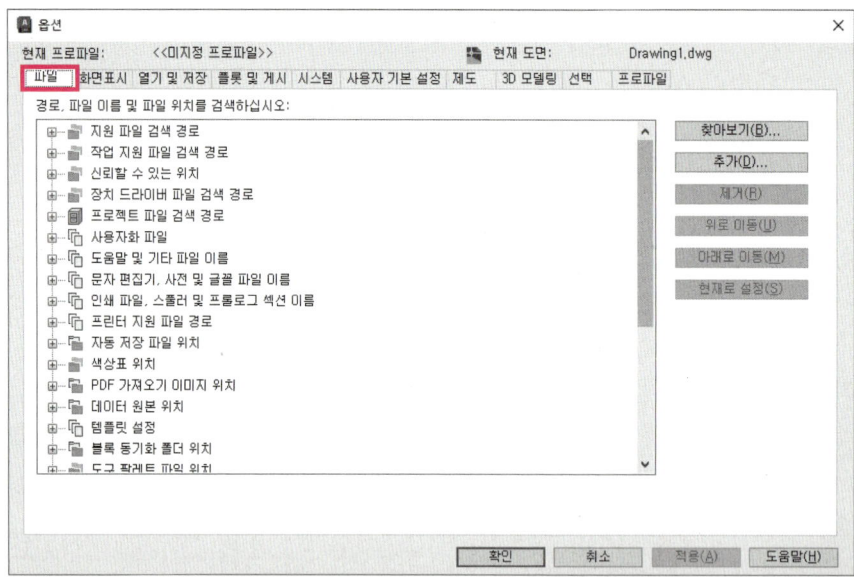

- **자동 저장 파일 위치** : 자동 저장되는 파일의 위치를 변경할 수 있습니다.

2 화면표시

AutoCAD 프로그램의 화면표시를 사용자화합니다.

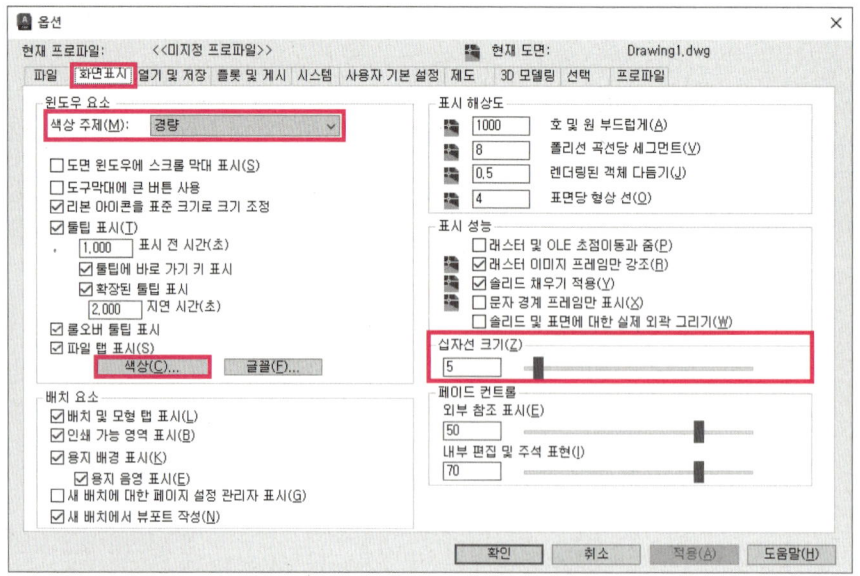

- **색상 주제** : 기본 작업 화면의 색상을 어두움 또는 경량으로 변경할 수 있습니다.
- **색상** : 작업 화면 및 기본 스타일의 색상을 변경할 수 있습니다.
- **십자선 크기** : 일반 상태의 커서 아이콘에서 표시하는 십자선의 크기를 변경할 수 있습니다.

3 열기 및 저장

AutoCAD 파일을 열 때의 설정이나 저장할 때의 설정을 할 수 있습니다.

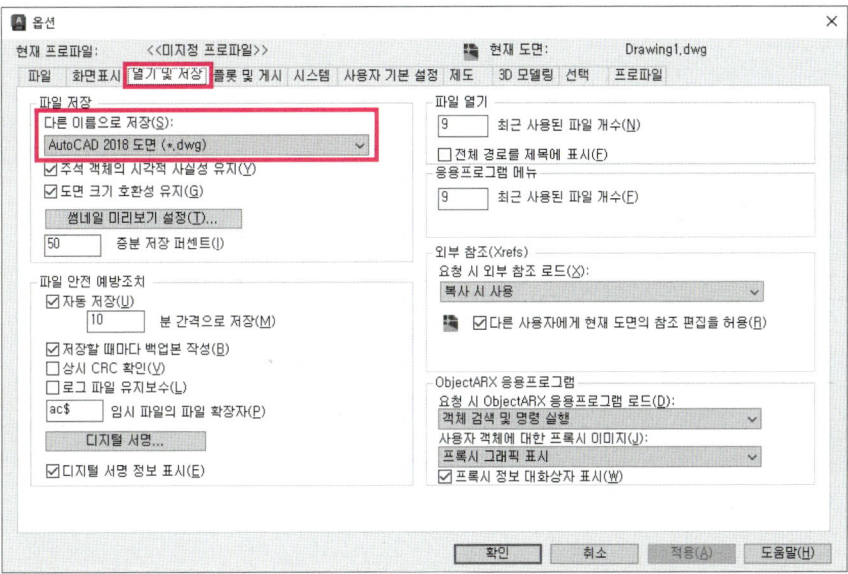

- **다른 이름으로 저장** : AutoCAD로 작업한 후 저장되는 기본 버전을 정의할 수 있습니다.

4 플롯 및 게시

AutoCAD로 작업한 도면을 출력하거나 게시할 때의 설정을 할 수 있습니다.

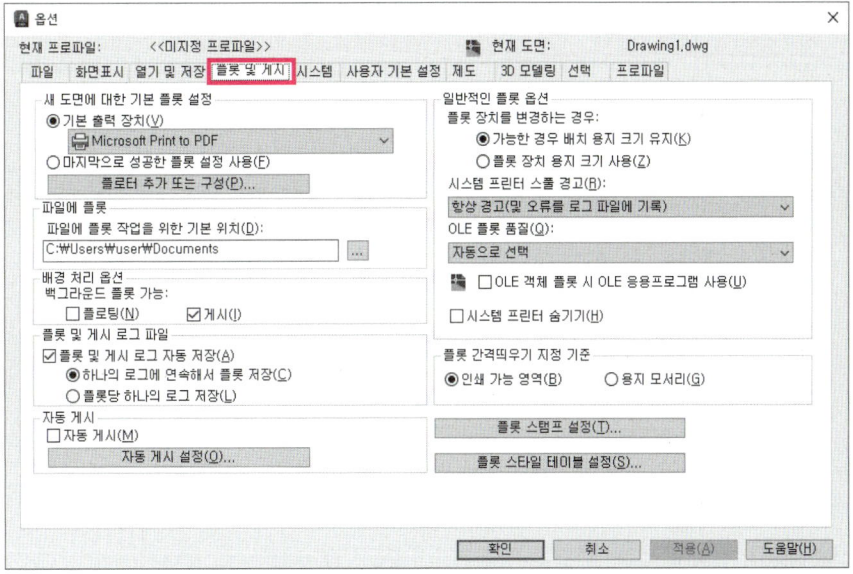

PART 1 AutoCAD 시작하기   27

5 시스템

하드웨어 및 입력장치 설정 등 AutoCAD 시스템의 전반적인 사항에 대한 설정을 할 수 있습니다.

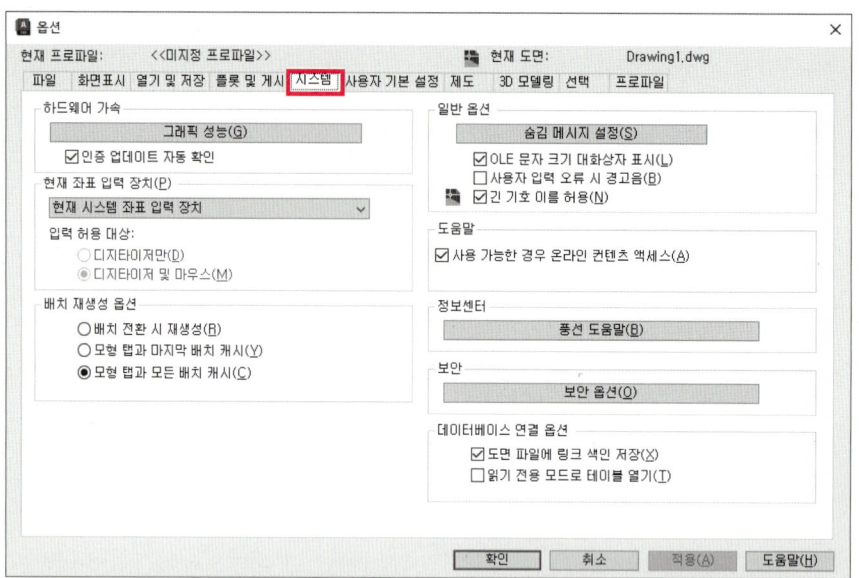

6 사용자 기본 설정

기본적으로 AutoCAD 사용에 필요한 설정을 할 수 있습니다.

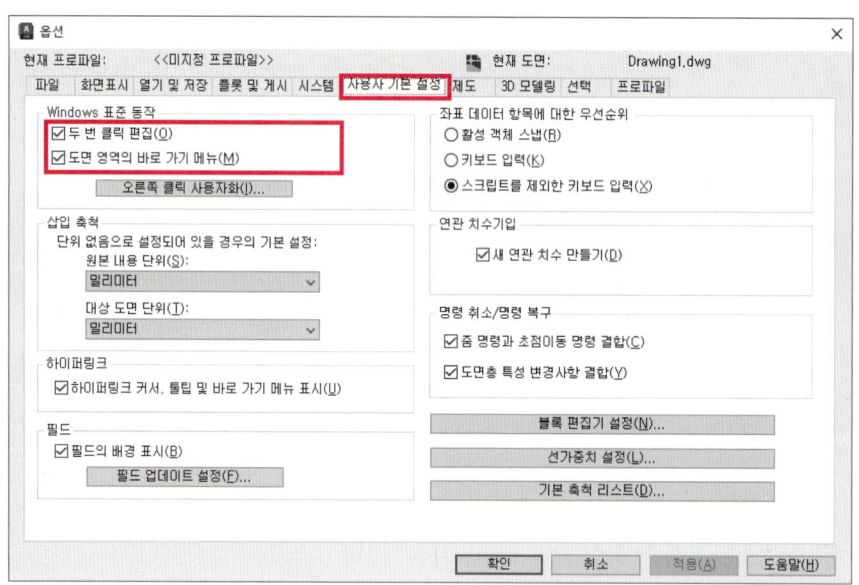

- **두 번 클릭 편집** : 체크 해제시 객체를 더블 클릭하면 편집 명령이 실행되지 않습니다.
- **도면 영역의 바로 가기 메뉴** : 체크 해제시 마우스 오른쪽 버튼이 Enter키 기능을 합니다.

7 제도

AutoCAD의 스냅 설정이나 마우스 커서의 표식기에 대한 설정 등을 합니다.

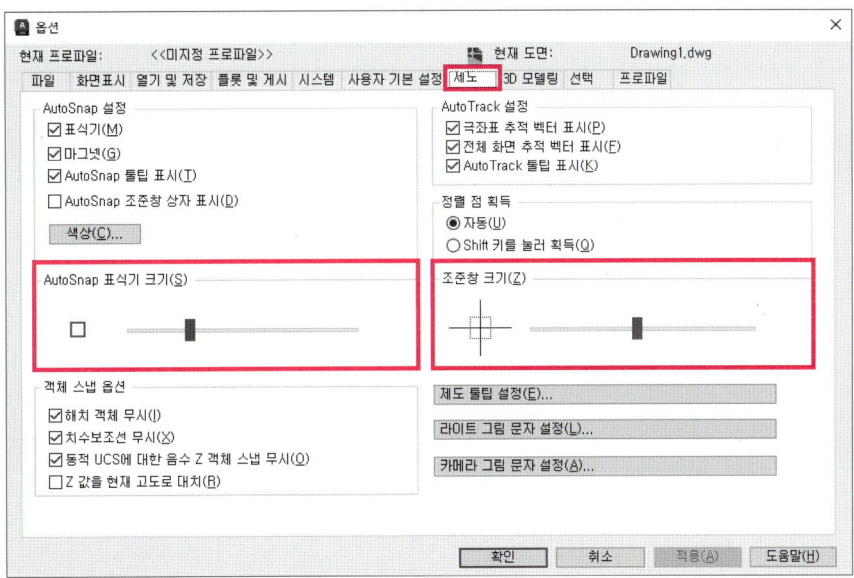

- **AutoSnap 표식기 크기** : 스냅 마크의 크기를 지정합니다.
- **조준창 크기** : 마우스 커서의 사각 마크 크기를 지정합니다.

8 3D 모델링

십자선이나 객체의 비주얼 스타일 등, 3D 모델링을 함에 있어서의 기본적인 설정을 합니다.

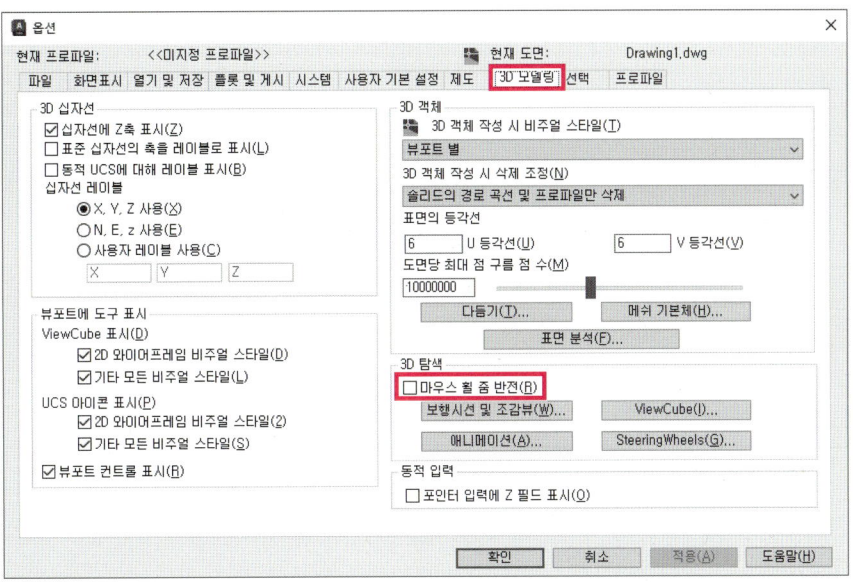

- **마우스 휠 줌 반전** : 마우스 휠 줌 활용시 3D CAD(INVENTOR 등)와 동일한 방향을 갖도록 변경합니다.

9 선택

AutoCAD에서 객체를 선택할 때의 설정을 합니다.

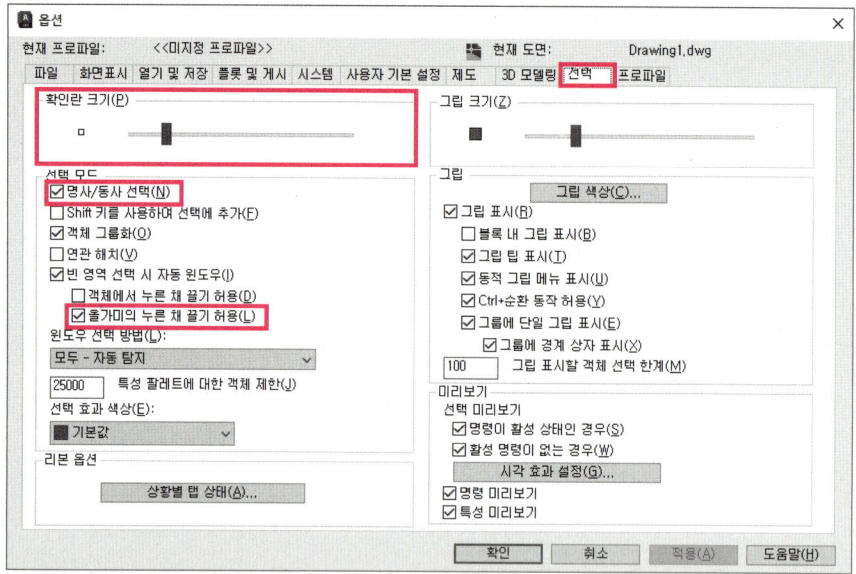

- **확인란 크기** : 선택 상자의 크기를 조정합니다.
- **명사/동사 선택** : 체크 해제시 객체를 선택 후 수정 명령 실행이 불가합니다.
- **올가미의 누른 채 끌기 허용** : 마우스를 누른 채 드래그할 때 올가미 선택 실행 여부를 결정합니다.

10 프로파일

다른 사용자나 프로젝트용으로 프로그램 설정을 저장하는 프로파일을 작성하고 공유할 수 있습니다.

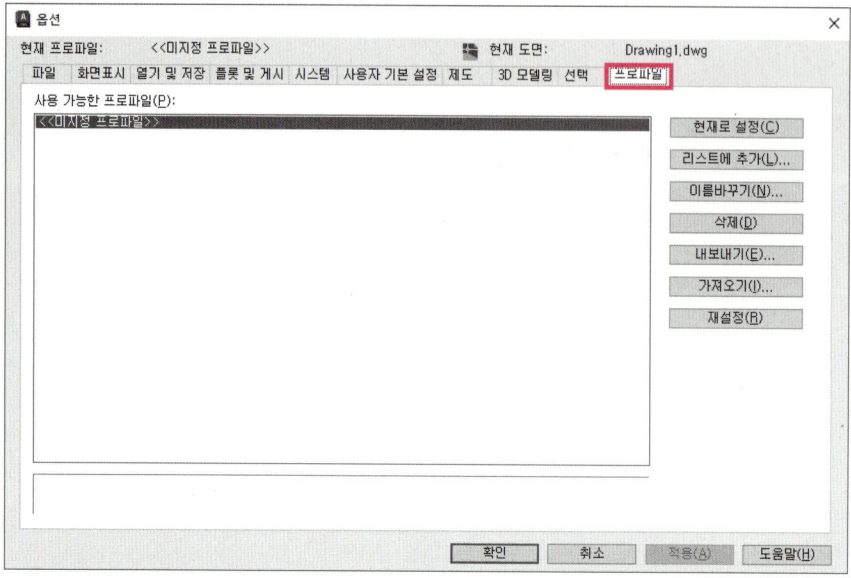

03 PGP파일(단축키) 편집

명령은 명령 별칭이라고 불리는 약어(단축키) 이름을 가질 수 있습니다. 명령 프롬프트에 이 별칭을 입력할 수 있으며, 명령 별칭은 PGP 파일에 정의되어 있습니다. 프로그램 실행 중 PGP 파일을 편집하는 경우, 변경된 파일을 사용하려면 명령행에 'REINIT'를 입력하여 PGP 파일을 초기화 하면 변경된 파일을 사용할 수 있으며, 또는 프로그램을 재시작하면 해당 PGP 파일이 자동으로 다시 로드됩니다.

01 [관리] 탭 - [사용자화] 패널의 [별칭 편집]을 클릭합니다.

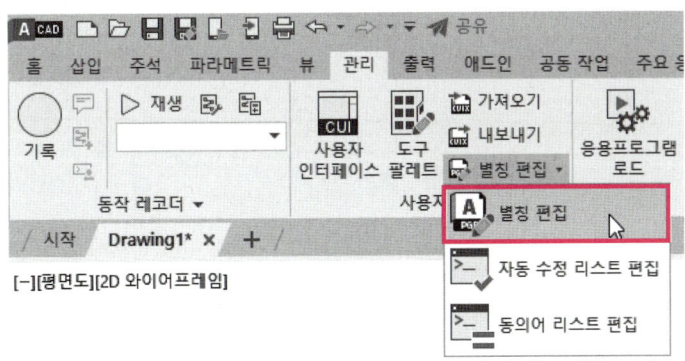

02 다음과 같이 acad.pgp 파일이 메모장으로 열리게 됩니다.

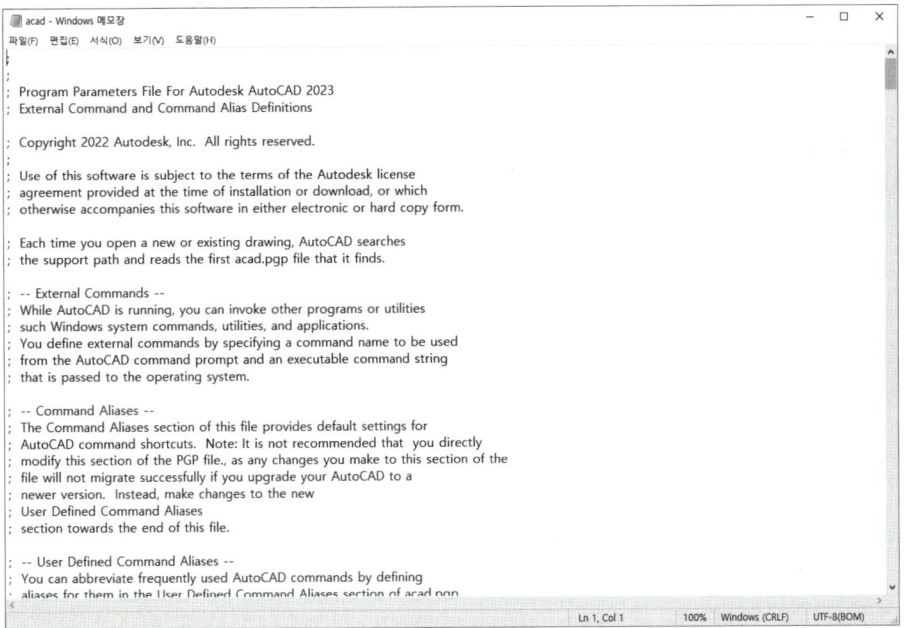

메모장의 스크롤을 아래로 내리면 그림과 같이 "; -- Sample aliases for AutoCAD commands -- " 메시지가 나타나고 그 다음부터 ' 3A, *3DARRAY ' 부터 명령어에 대한 단축키입니다.

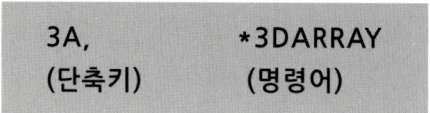

앞에 사용자가 쓰기 편한 문자열의 단축키(별칭)를 작성한 다음 " , "(콤마)를 삽입하고 그 뒤에 *(별표)를 삽입한 다음 그 단축키(별칭)를 입력했을 때 실행할 명령어를 작성합니다.

03 변경한 PGP 파일을 적용하려면 프로그램을 재시작하거나 다음 방법으로 pgp 파일을 초기화합니다.

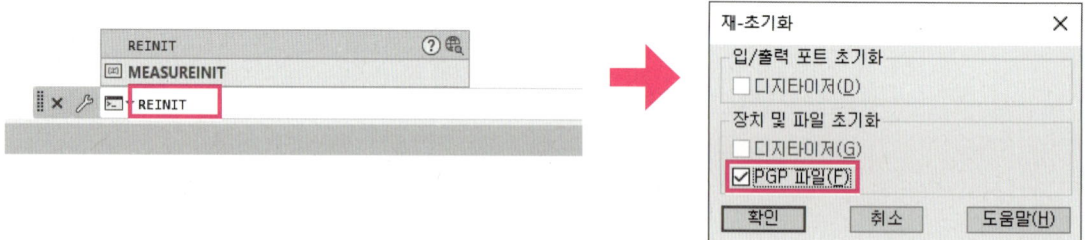

명령행에 'reinit'를 입력하고 실행한 다음 'PGP 파일(F)'을 체크하고 확인 버튼을 클릭합니다.

04 위 방법대로 PGP 파일을 변경하고 적용하여도 간혹 변경이 안되는 경우가 있는데 그런 경우 아래 방법으로 진행하는 것을 권해드립니다.

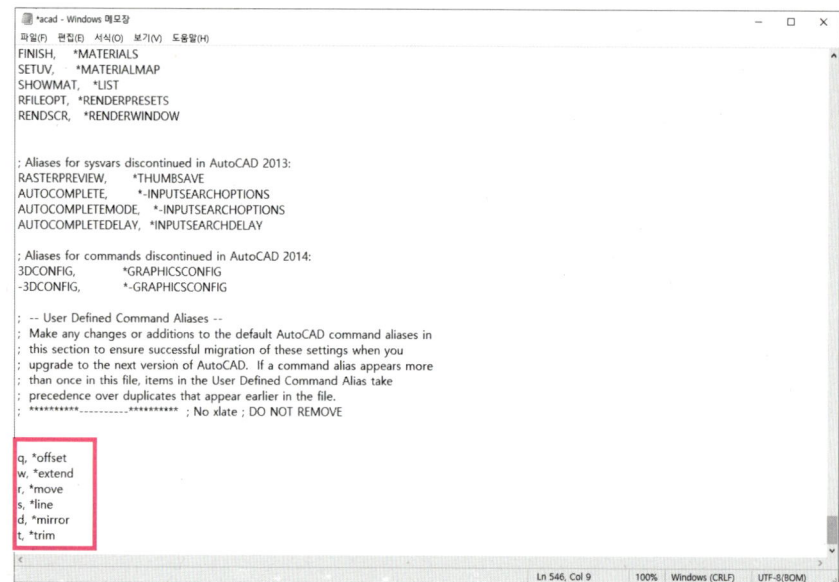

PGP 파일을 실행하고 스크롤을 제일 아래로 내리면 ;-- User Defined Command Aliases -- 라는 '사용자 정의 명령 별칭' 메시지가 나타납니다. PGP 파일에서 지정한 명령 별칭(단축키)은 아래부터 우선 적용되기 때문에 기본적으로 지정되어 있는 동일한 명령 별칭(단축키)이 있어도 'User Defined Command Aliases' 아래에 작성된 명령 별칭(단축키)이 우선 적용됩니다.

> **Tip**
>
> 명령 별칭(단축키) 지정은 되도록 한 글자로 하는 것이 좋습니다.
> (예 : L, *Line)
>
> 두 글자 이상의 명령 별칭(단축키)을 사용할 때는 같은 글자를 두 번 입력하거나 한 손으로 입력하는데 어려움이 없는 글자로 지정하는 것이 좋습니다.
> (예 : MM, *Matchprop
>   RE, *Regen)
>
> 간혹 한글을 입력한 다음 명령을 실행하는 경우, 한글 입력 후 영문으로 바꾸지 않아 명령이 실행되지 않는 경우가 있습니다. 해당 단축키와 같은 한글로 단축키를 추가하면 한/영 전환과 관계없이 명령을 실행할 수 있는 장점이 있습니다.
> (예 : E, *Erase
>   ㄷ, *Erase
> → 하나의 명령어에 같은 자판의 한/영 단축키를 주어 한/영 전환 시에도 무리없이 작업이 이루어질 수 있습니다.)

04 사용자 인터페이스 사용자화 (CUI)

사용자 인터페이스 사용자화를 통하여 주로 많이 사용하는 도구를 모아서 사용자가 작업하기 편하게 리본을 구성할 수 있습니다.

1 클래식 작업 공간 만들기

본 교재에서는 사용자 인터페이스 사용자화 기능을 AutoCAD 2015버전 이후에 지원하지 않는 클래식 작업공간을 만드는 방법을 통해 알아보도록 하겠습니다.

01 [관리] 탭 - [사용자화] 패널에서 [사용자 인터페이스] 아이콘을 클릭합니다.

02 사용자 인터페이스 사용자화 대화상자가 열리면 [사용자화] 탭 - [제도 및 주석 기본값]에서 마우스 오른쪽 버튼을 클릭하여 [복제]를 선택합니다.

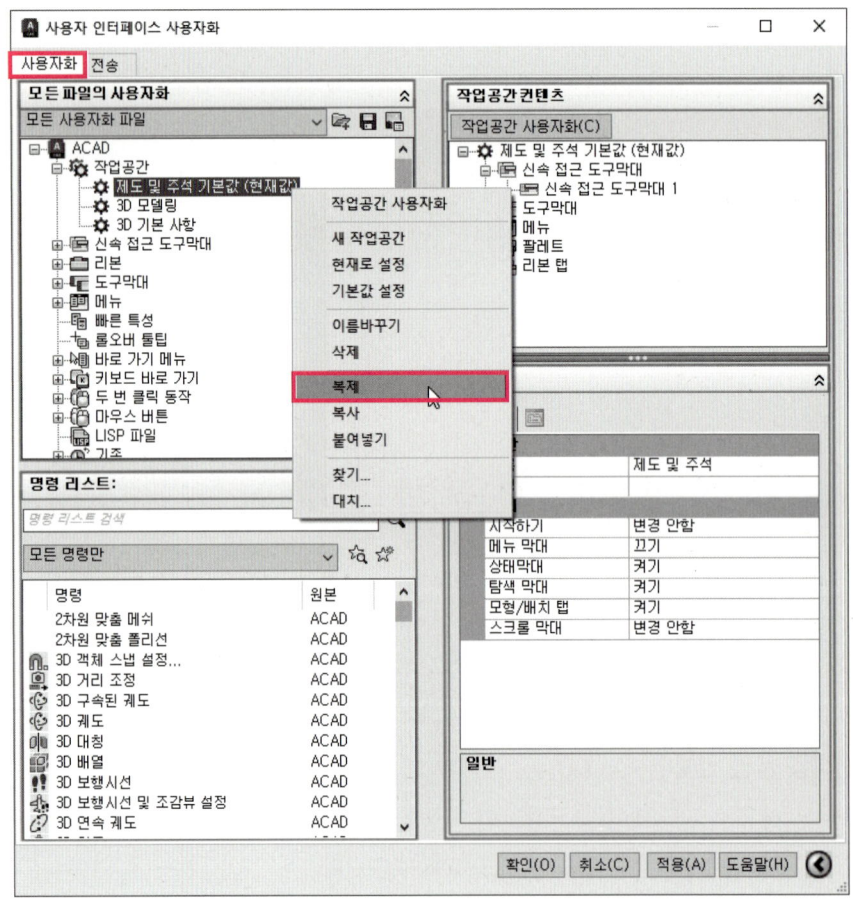

03 복제된 작업공간을 선택하고 특성에서 이름을 [클래식]으로 입력합니다.

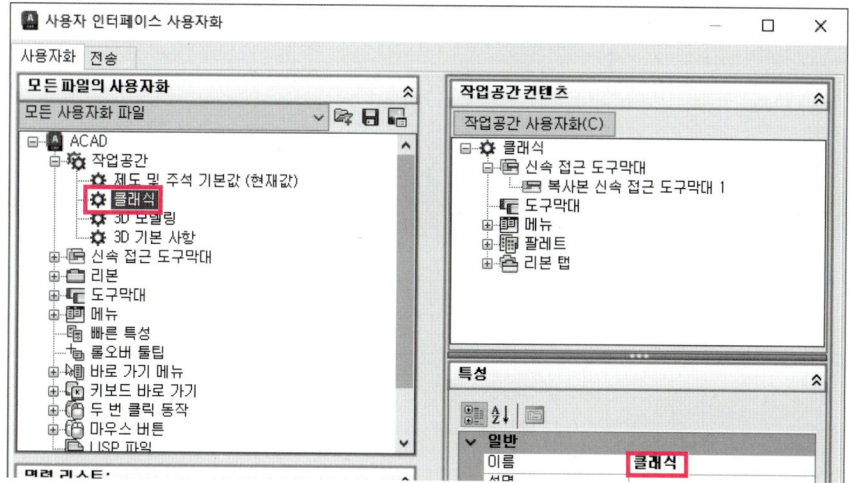

04 모든 파일의 사용자화에서 새로 만든 [클래식] 작업공간이 선택된 상태로 작업공간 컨텐츠에서 [작업공간 사용자화(C)]를 클릭합니다.

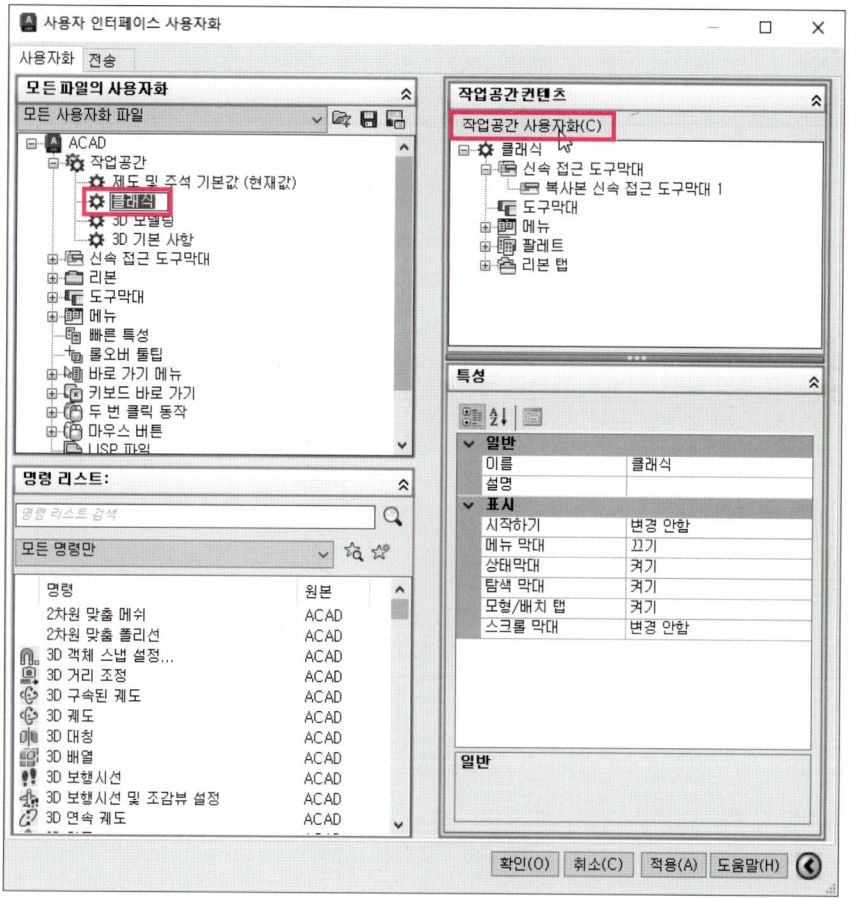

PART 1 AutoCAD 시작하기　35

05 도구막대를 확장한 다음 클래식 작업공간에서 사용할 도구막대들을(치수, 그리기, 수정, 도면층) 선택하고 [종료(D)] 버튼을 클릭 후 [적용(A)] - [확인(O)] 버튼을 클릭합니다.

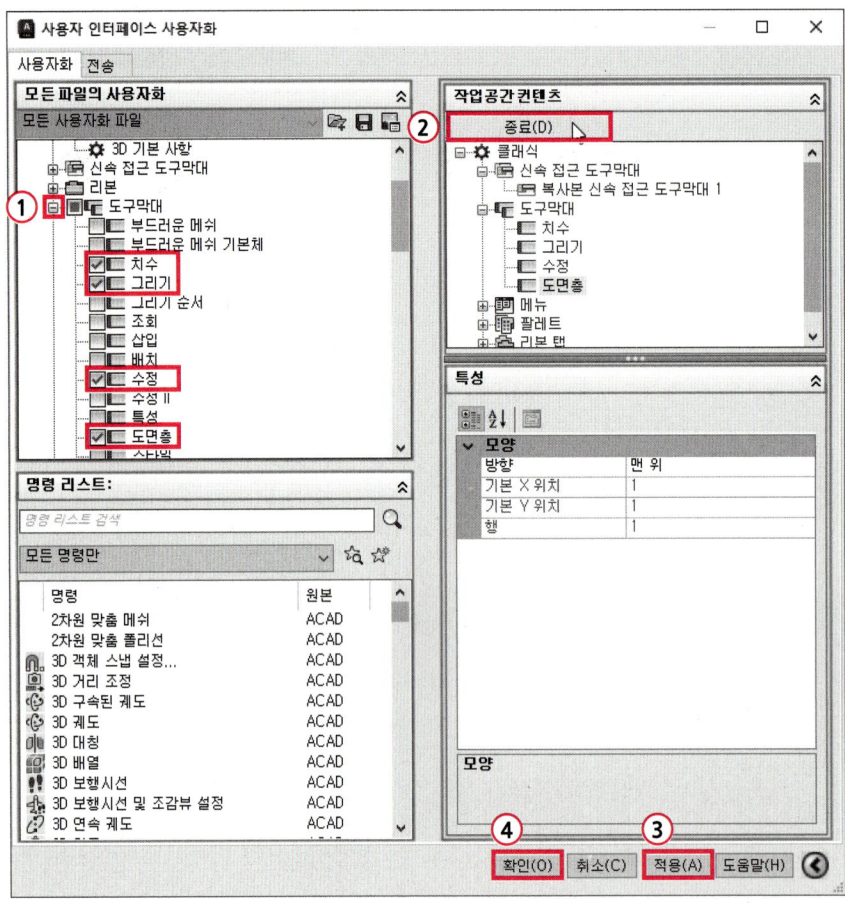

06 새롭게 만든 클래식 작업공간을 확인하기 위해 상태 막대 - 작업공간 전환 - [클래식] 작업공간을 클릭합니다.

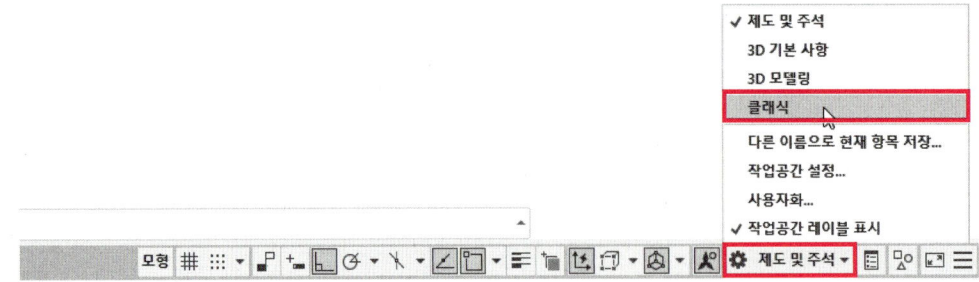

07 클래식 작업공간에서 리본은 사용하지 않기 위해 풀 다운 메뉴 [도구(T)] - [팔레트] - [리본(B)]을 클릭합니다.

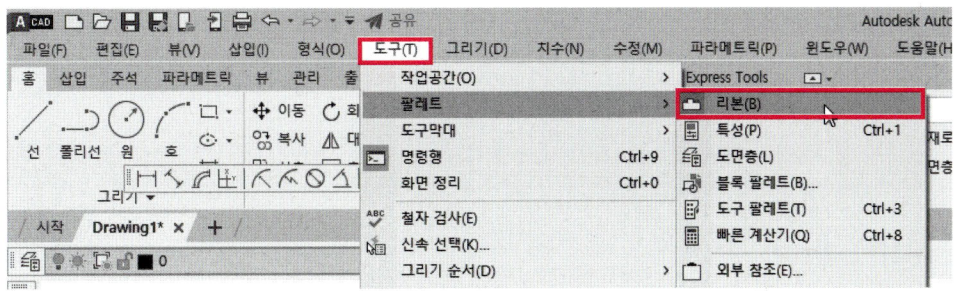

08 클래식 작업공간 생성이 완료되었습니다.

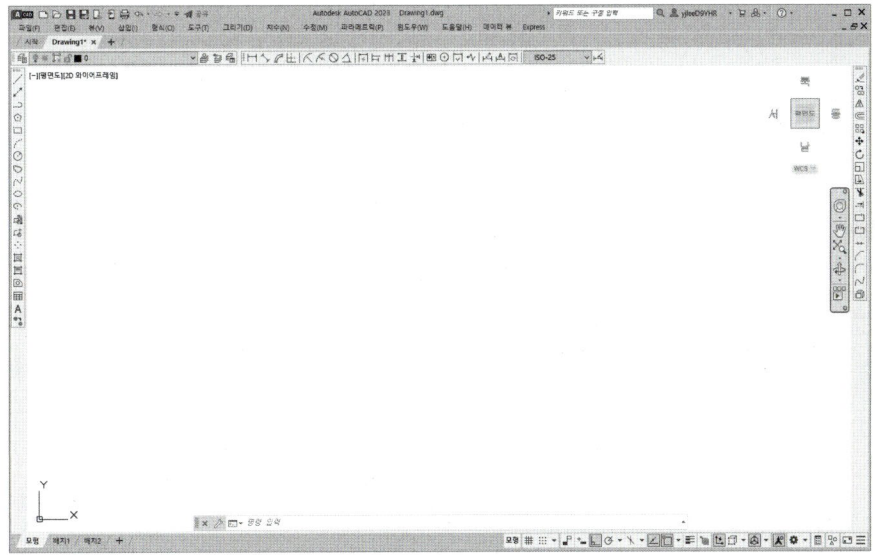

09 최종적으로 클래식 작업공간을 저장하기 위해 상태 막대 [작업공간 전환] - [다른 이름으로 현재 항목 저장]을 클릭합니다.

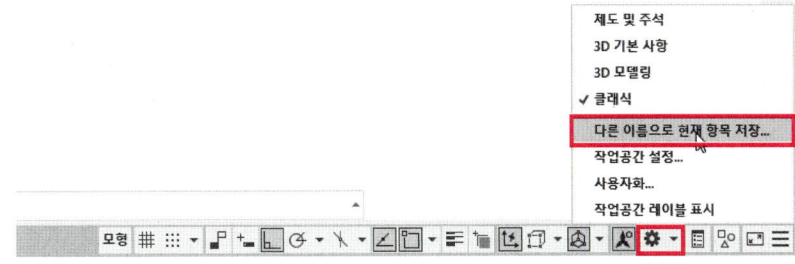

PART 1 AutoCAD 시작하기

10 이름을 [클래식]으로 지정하고 [저장]을 클릭한 다음 아래와 같은 메시지가 나타나면 [대치]를 클릭하여 클래식 작업공간 만들기를 완료합니다.

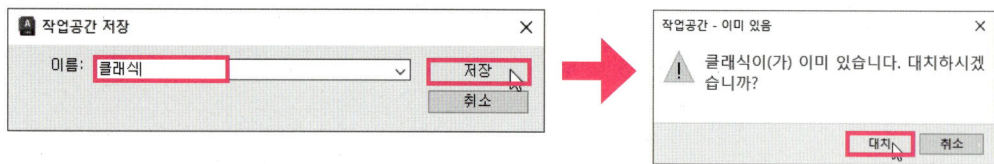

2 작업공간 내보내기

사용자화한 클래식 작업공간을 cuix 파일로 내보내는 방법을 알아보겠습니다.

01 사용자 인터페이스 사용자화 대화상자에서 [전송] 탭을 클릭합니다.

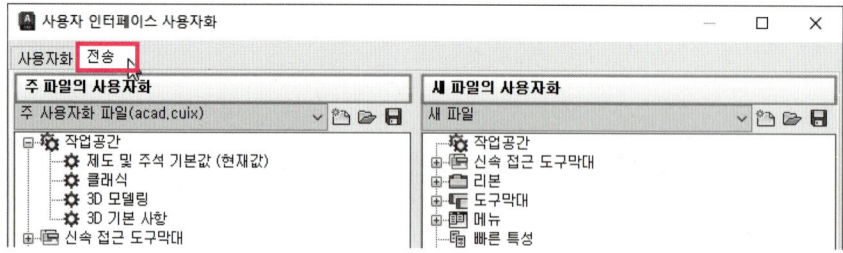

02 주 파일의 사용자화에서 내보낼 작업공간 [클래식]을 선택하고 새 파일의 사용자화 작업공간 위치로 드래그합니다.

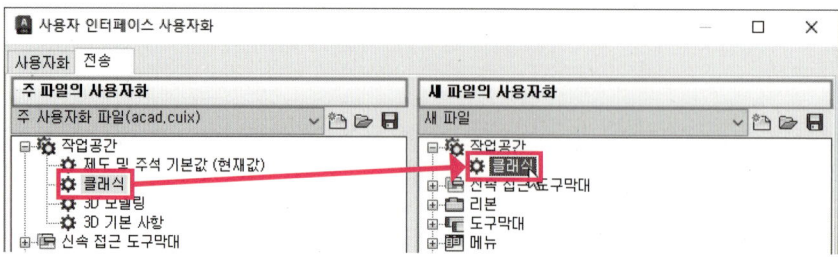

03 작업공간을 내보내기 위해 [새 파일]을 클릭하고 [다른 이름으로 저장]을 클릭합니다.

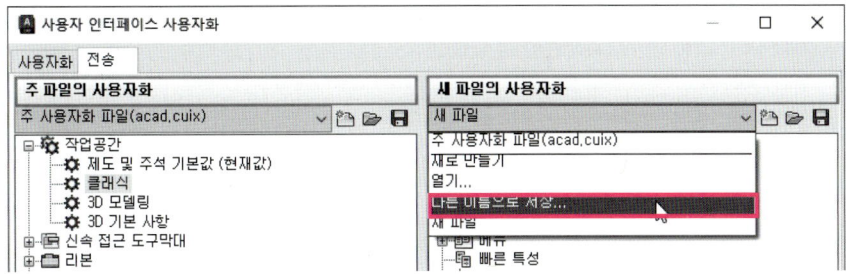

04 cuix 파일을 저장할 위치를 지정한 다음 파일 이름 [클래식]을 입력하고 [저장(S)]을 클릭하여 내보내기를 완료합니다.

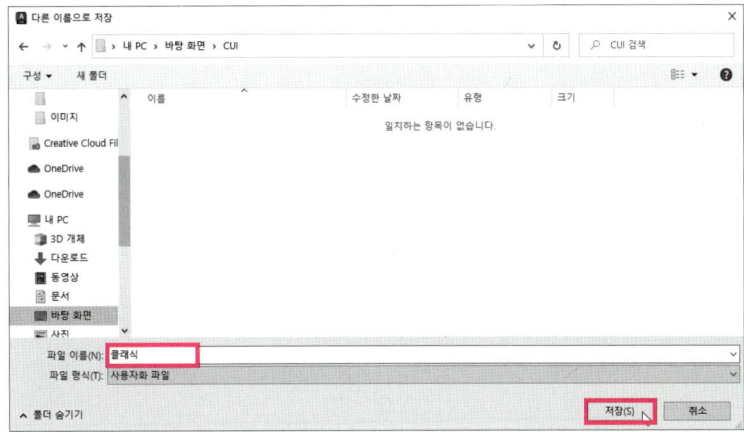

3 사용자화(cuix) 파일 가져오기

cuix 파일을 가져오는 방법을 알아보겠습니다.

01 내보낸 사용자화 파일에서 클래식 작업공간을 가져오기 위해 현재 있는 클래식 작업공간은 [삭제]합니다.

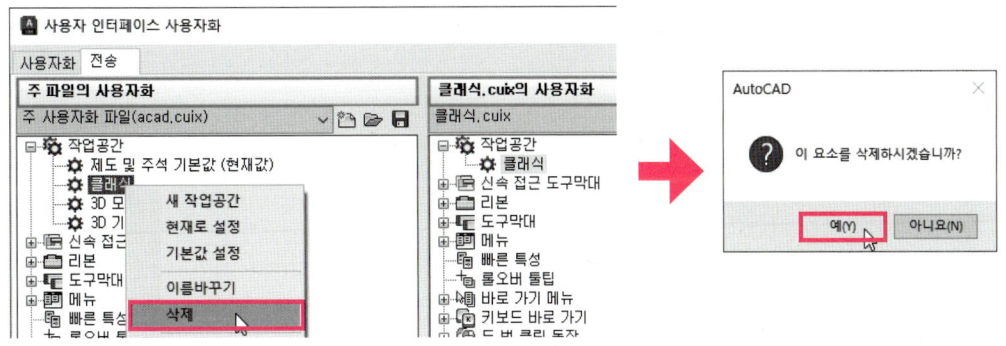

02 새 파일의 사용자화에서 [사용자화 파일 열기]를 클릭합니다.

PART 1 AutoCAD 시작하기　39

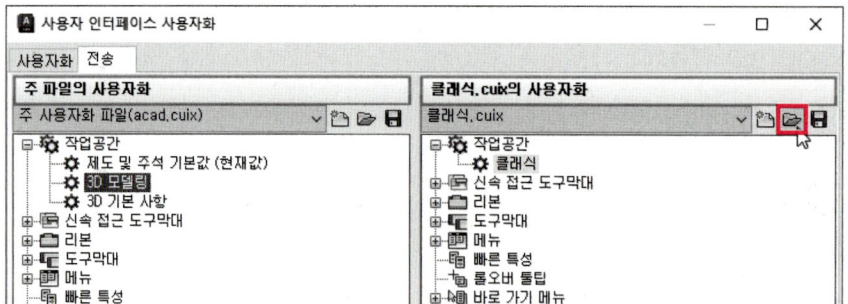

03 앞에서 저장한 사용자화 파일인 '클래식.cuix' 파일을 선택하고 [열기] 버튼을 클릭합니다.

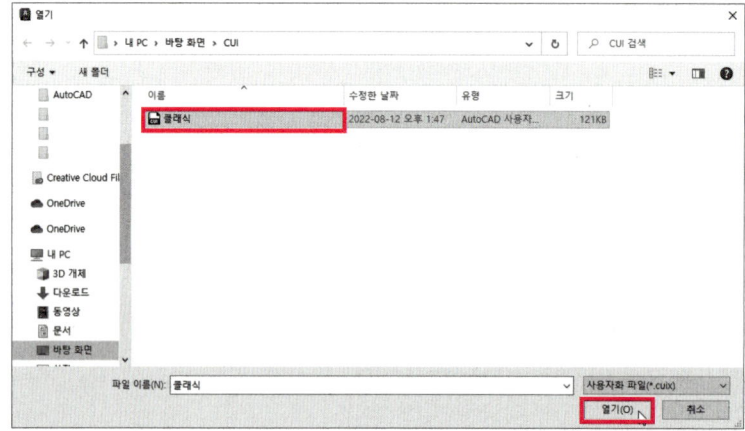

04 사용자 인터페이스 대화상자에서 클래식.cuix 사용자화 파일이 열리게 됩니다. 작업공간을 확장하여 가져올 클래식 작업공간을 클릭한 다음 주 파일의 사용자화 위치로 드래그합니다.

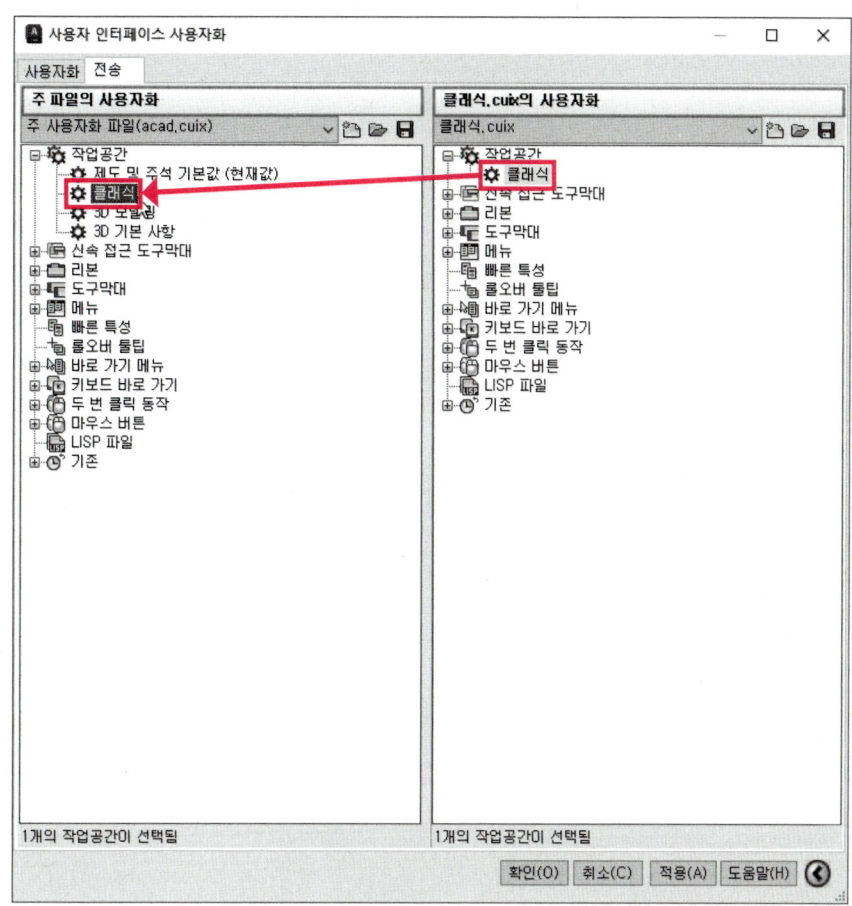

05 상태막대에서 [작업공간 전환]을 클릭하면 추가한 [클래식] 작업공간을 확인할 수 있습니다.

PART 1 AutoCAD 시작하기   41

Section 1	새로 만들기	----------	44
Section 2	열기	----------	46
Section 3	저장	----------	48
Section 4	화면 제어	----------	50
Section 5	객체 선택 방식	----------	53

… CHAPTER.02

—

AutoCAD 기본 기능 알아보기

SECTION 01
새로 만들기

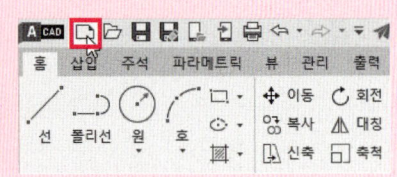

- 명령어 : QNEW
- 단축키 : Ctrl + N
- 아이콘 위치 : 신속접근 도구막대 – 새로 만들기

시작 화면에서 [새로 만들기] 버튼을 누르면 기본적으로 선택되어 있는 템플릿이 적용된 새 도면이 열립니다.

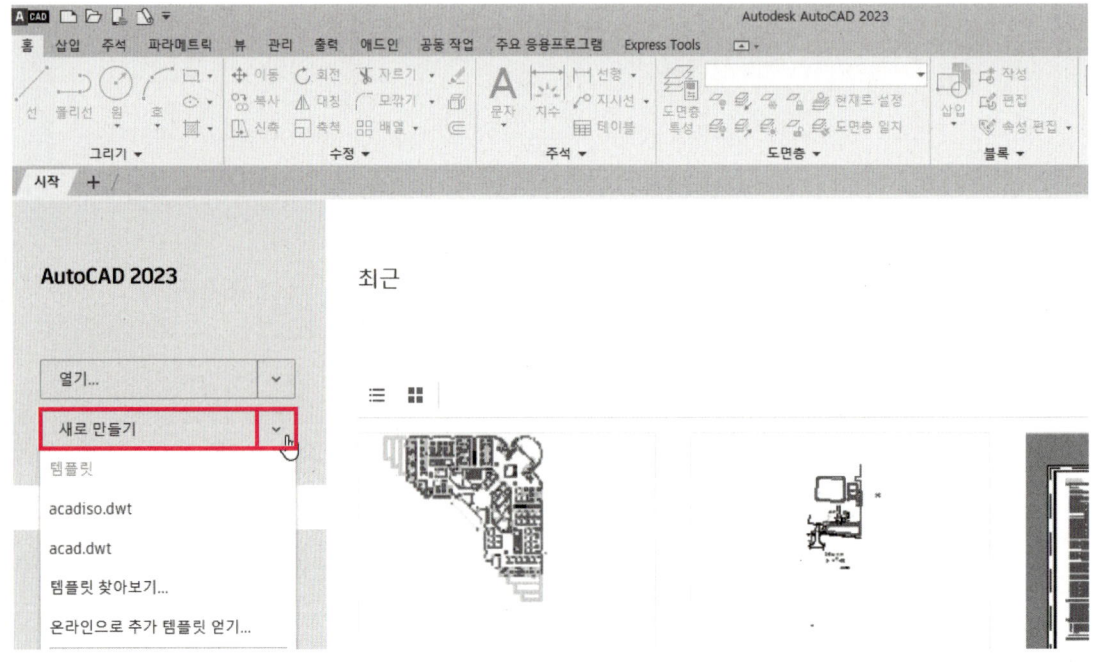

확장 버튼을 클릭하면 *.dwt 확장자로 되어 있는 기본 템플릿을 선택할 수 있습니다. 미터법(mm)으로 도면을 작성할 때는 acadiso.dwt를 선택하면 되고, 인치(inch)로 도면을 작성할 때는 acad.dwt를 선택하면 됩니다.

명령어 또는 아이콘을 이용하여 새 도면을 만들 경우 아래와 같이 템플릿 선택 창이 나타나고 작업자가 시작할 도면의 템플릿을 선택하면 됩니다.

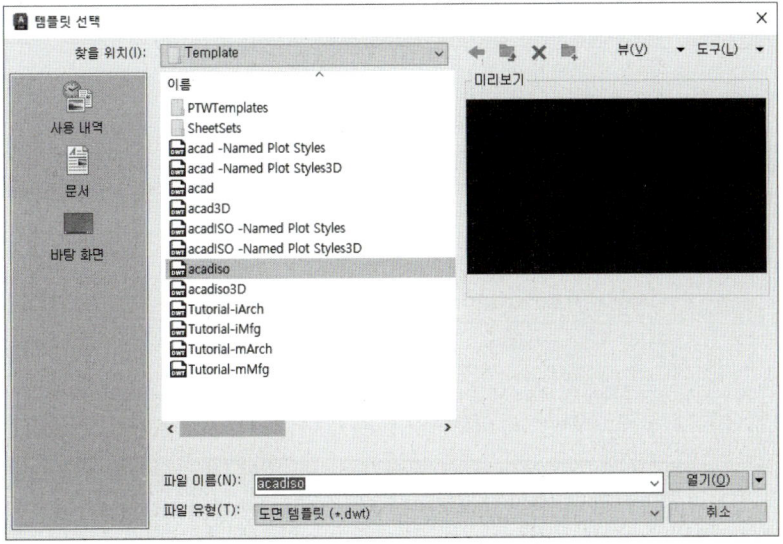

acadiso.dwt와 acad.dwt는 도면 단위가 미터법(mm)과 인치(inch)의 차이가 있는데 이를 확인하는 방법은 다음과 같습니다.

[응용프로그램 메뉴] - [도면 유틸리티] - [단위]를 클릭하여 acadiso.dwt와 acad.dwt 각 템플릿의 단위를 확인할 수 있습니다.

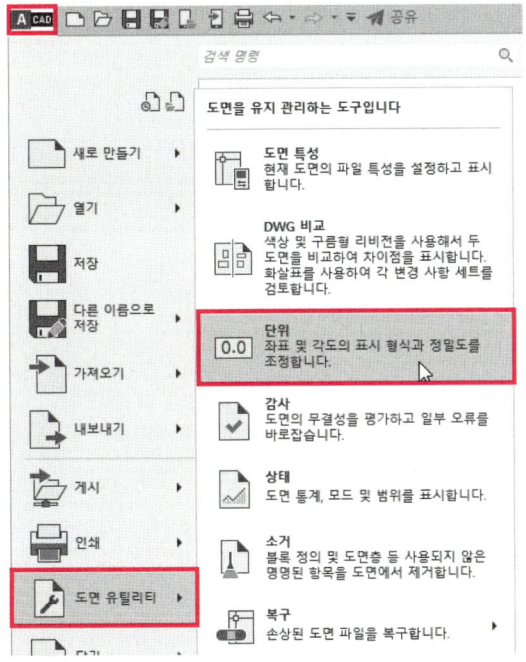

- **acadiso.dwt 템플릿**

- **acad.dwt 템플릿**

PART 2 AutoCAD 기본 기능 알아보기

SECTION 02
열기

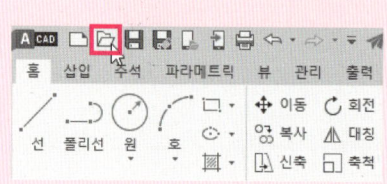

· 명령어 : OPEN
· 단축키 : Ctrl + O
· 아이콘 위치 : 신속접근 도구막대 – 열기

열기 명령을 실행하면 파일 선택 대화상자(표준 파일 선택 대화상자)가 표시되면서 기존 도면 파일을 열 수 있습니다.

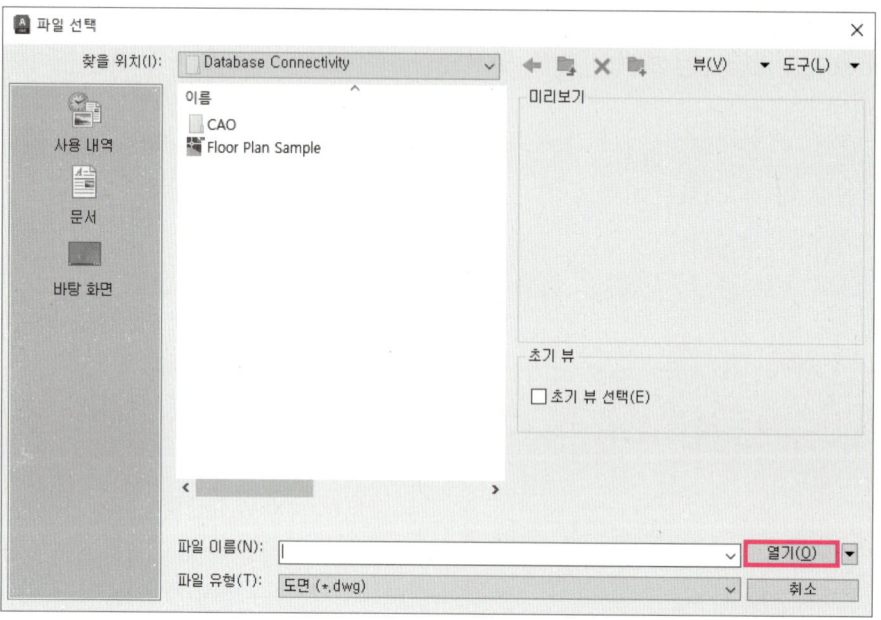

[열기] 옆 [확장] 버튼을 클릭하면 [읽기 전용 열기], [부분적 열기] 등 여러 옵션을 선택할 수 있습니다. 부분적 열기는 용량이 큰 파일에서 일부 도면층만 선택하여 부분적으로 빠르게 열어볼 수 있는 옵션입니다.

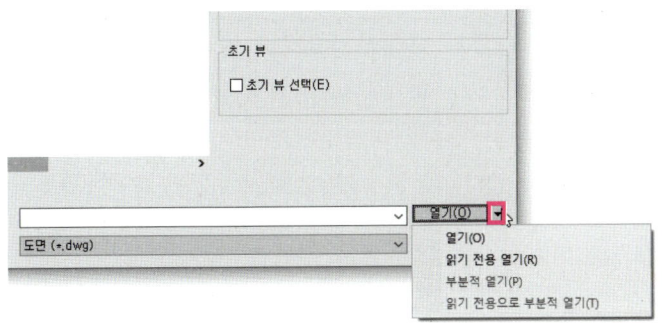

드래그 앤 드롭 기능으로도 기존 도면 파일을 열 수 있습니다. 탐색기에 있는 파일을 드래그하여 AutoCAD로 드롭하면 도면이 열립니다.

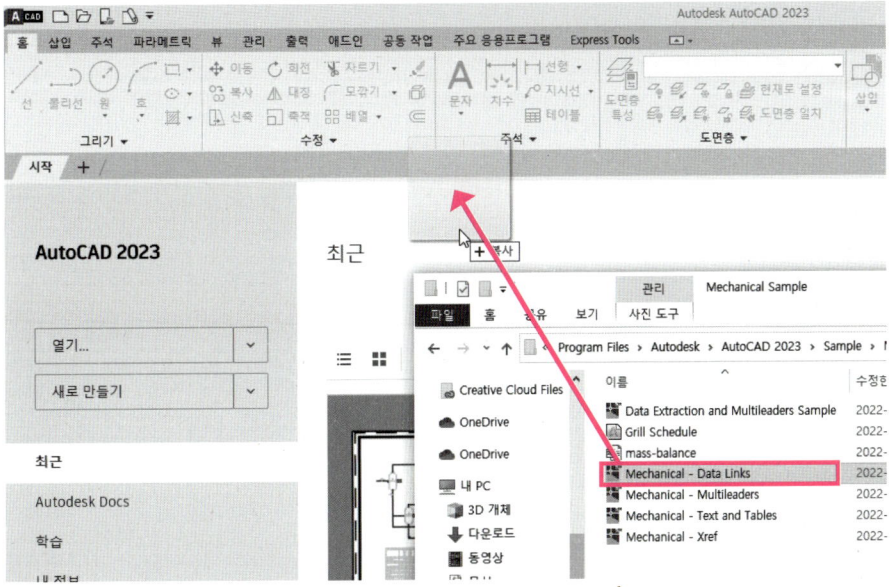

Tip

상위 버전으로 작업한 AutoCAD 도면 파일은 하위 버전에서는 열어볼 수 없습니다. 이런 경우, 상위 버전으로 작업한 파일을 하위 버전으로 다운그레이드하여 사용합니다.

SECTION 03

저장

저장한 적이 없는 도면의 경우, 지정된 파일 이름에 도면을 저장하고 현재 도면 파일로 만듭니다.

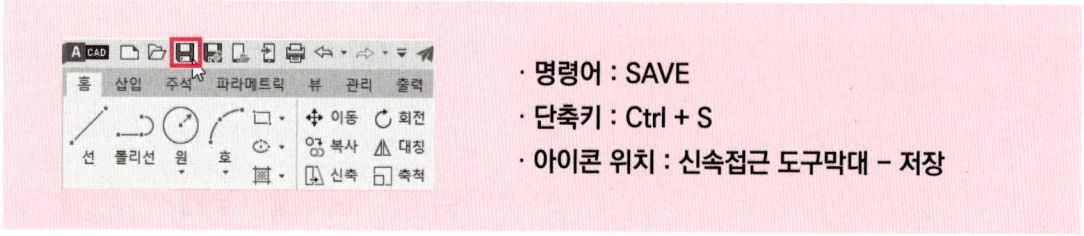

· 명령어 : SAVE
· 단축키 : Ctrl + S
· 아이콘 위치 : 신속접근 도구막대 – 저장

Ctrl+S 또는 [저장] 버튼을 이용해 도면을 저장할 수 있습니다. 파일 유형을 변경하여 도면을 하위 버전으로 저장할 수도 있습니다.

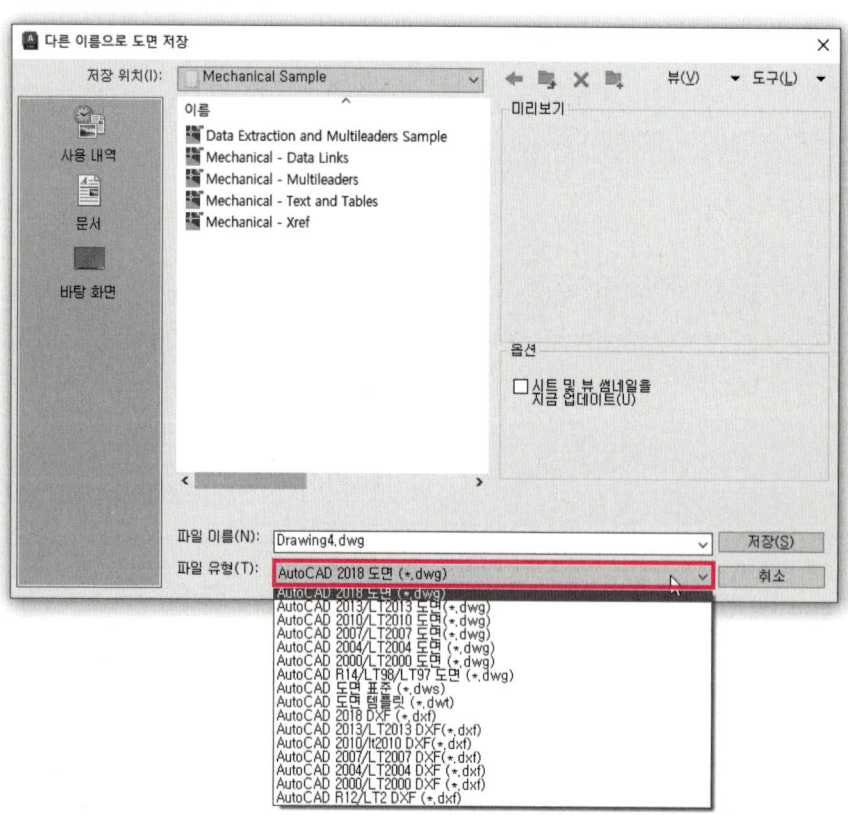

특정 버전으로 계속 저장해야 할 경우 옵션에서 원하는 버전으로 지정할 수 있습니다.

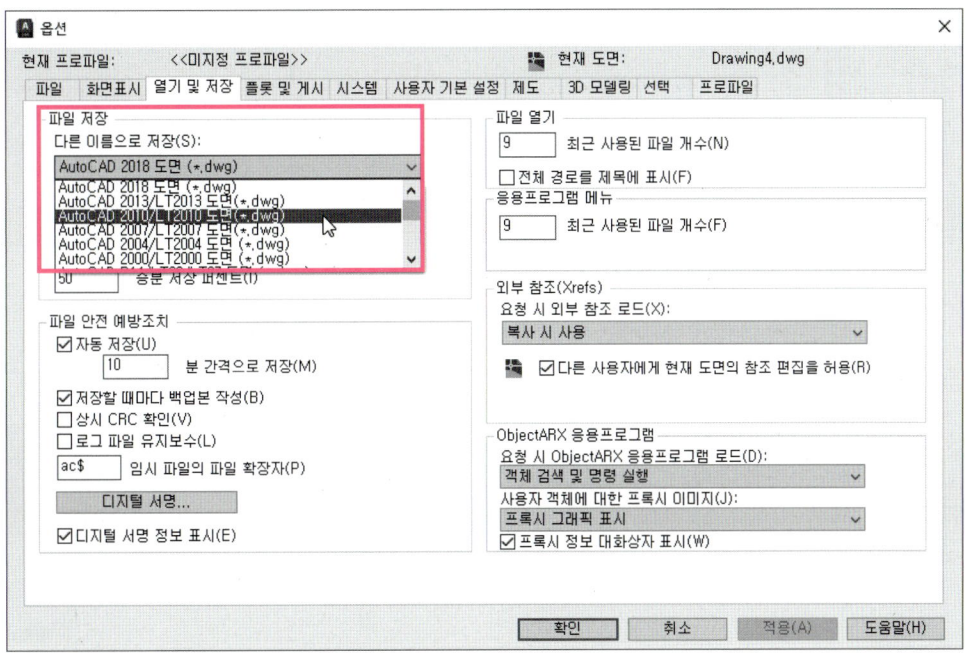

PART 2 AutoCAD 기본 기능 알아보기   49

SECTION 04
화면 제어

01 마우스 + 키보드

1 ZOOM

- **ZOOM ALL(전체)**
  휠을 더블 클릭합니다.

- **ZOOM IN/OUT :**
  ZOOM IN : 마우스 휠을 밀 때
  ZOOM OUT : 마우스 휠을 당길 때

> **Tip**
> 옵션에서 ZOOM IN/OUT 시 마우스 휠 방향의 반전이 가능합니다.

2 PAN

휠 버튼을 누른 상태로 커서를 이동하면 초점 이동을 할 수 있습니다.

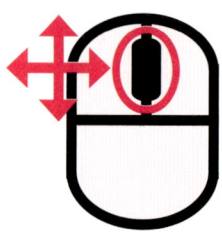

02 탐색 막대 활용하기

화면 우측의 탐색 막대를 활용해서 화면 제어를 할 수 있습니다.

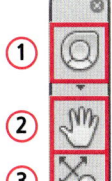

① **전체 탐색 휠** : 일반 및 특수 탐색 도구에 대한 액세스 권한을 제공합니다. 휠은 고급 3D 사용자용으로 최적화되어 있습니다.

② **초점 이동** : 화면에 평행하게 뷰를 이동합니다.

③ **줌 도구** : 모형의 현재 뷰 배율을 높이거나 낮추는 탐색 도구 세트입니다.

④ **궤도 도구** : 모형의 현재 뷰를 회전하는 데 사용하는 탐색 도구 세트입니다.

03 뷰 큐브

ViewCube 도구는 2D 모형 공간 또는 3D 비주얼 스타일에서 작업할 때 표시되는 탐색 도구입니다. ViewCube를 사용하여 표준 뷰와 등각투영 뷰 간의 전환이 가능합니다.

뷰 큐브 좌측 상단에 홈 버튼을 클릭하면 기본적으로 저장된 홈 뷰로 전환됩니다.

홈 뷰는 정면도, 평면도, 좌측면도 3면이 보이는 상태의 등각투상 뷰입니다. 실수로 홈 버튼을 잘못 누르거나 화면이 회전되었을 경우 뷰큐브의 평면도를 선택해 2차원 뷰로 전환합니다.

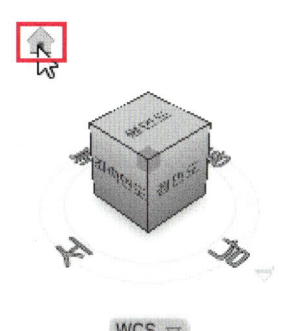

AutoCAD에서 3D 모델링을 하기 위해 뷰를 회전했다면 관계없지만 실수로 뷰가 회전되었을 경우 뷰 전환 및 틸팅 버튼을 클릭해 원래의 2차원 뷰로 되돌립니다.

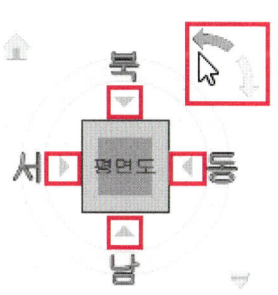

04 ZOOM 명령 알아보기

　Zoom 명령은 현재 뷰포트에 있는 뷰의 배율을 늘리거나 줄이는 명령입니다. 사실 대부분의 작업이 마우스로 가능하여 명령어를 직접 사용하는 경우가 드물지만 ZOOM 명령을 익혀두면 필요할 때 적절하게 사용할 수 있습니다.

1 전체 : 설정된 모든 도면 영역을 화면에 가득 차게 표시합니다.
2 중심 : 지정한 중심점을 중앙에 두고 정한 높이만큼을 기준으로 화면을 확대합니다.
3 동적 : 원하는 크기와 비율의 사각박스를 만들어 도면 부분을 선택합니다.
4 범위 : 도면 한계로 설정되거나 작도된 영역을 화면에 가득 차게 표시합니다.
5 이전 : 이전 줌 화면으로 돌아갑니다.
6 축척 : 현재 화면을 원하는 스케일만큼 확대 축소합니다.
7 윈도우 : 사각박스로 선택한 부분을 화면에 가득 차게 나타냅니다.
8 객체 : 선택한 객체가 화면에 가득 차게 확대/축소합니다.

　명령어를 사용하지 않더라도 탐색 막대의 '줌 도구'를 사용해 화면을 제어할 수 있습니다.

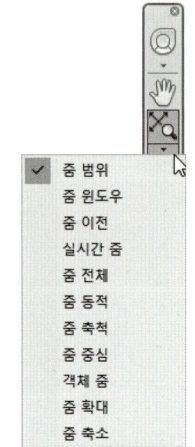
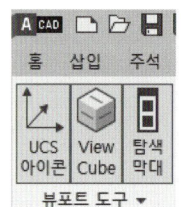

뷰 큐브와 탐색 막대는 기본적으로 켜있지만 [뷰] 탭 - [뷰포트 도구] 패널의 각 아이콘을 이용해 필요에 따라 뷰 큐브와 탐색 막대를 켜거나 끌 수 있습니다.

SECTION 05

객체 선택 방식

AutoCAD에서는 작성한 객체를 개별로 선택할 수도 있지만 한 번에 여러 개의 객체를 선택할 수도 있습니다. 기본적으로 AutoCAD에서는 다음 세 가지 방식으로 객체를 선택할 수 있습니다.

01 윈도우 선택

아래와 같이 마우스로 선택할 객체의 왼쪽에서 오른쪽으로 영역을 지정하면 영역의 테두리는 실선으로 내부는 반투명 파란색으로 채워집니다. 이렇게 객체를 선택하는 방식을 윈도우 선택이라고 하며, 영역 안에 완전히 담긴 객체만 선택되며 테두리에 걸친 객체는 선택되지 않습니다.

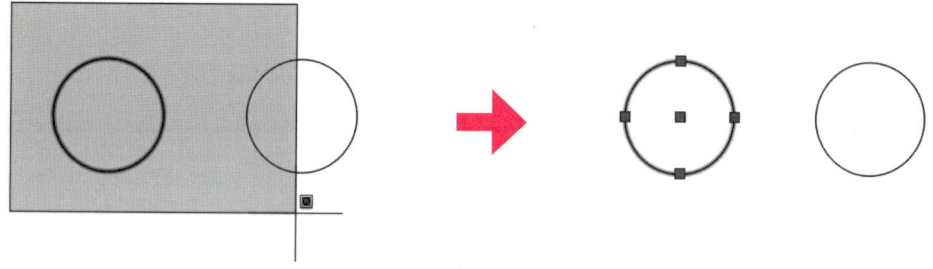

02 걸치기 선택

옆의 그림과 마우스로 선택할 객체의 오른쪽에서 왼쪽으로 영역을 지정하면 영역의 테두리는 점선으로 내부는 반투명 녹색으로 채워집니다. 이렇게 객체를 선택하는 방식을 걸치기 선택이라고 하며, 영역 안에 완전히 담긴 객체와 테두리에 걸친 객체까지 선택됩니다.

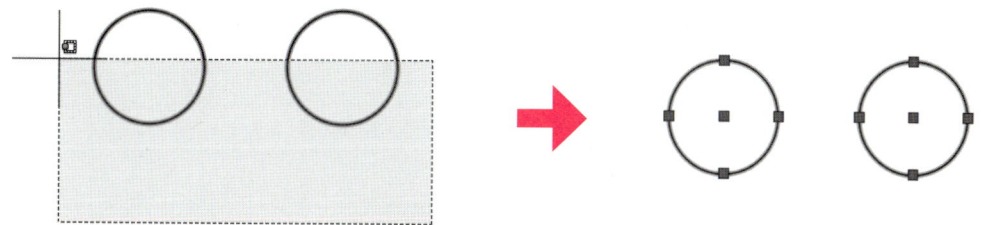

> **Tip**
>
> AutoCAD에서 영역을 지정해 객체를 선택하는 기본적인 방법은 마우스 버튼을 클릭했다가 놓고 커서를 이동한 다음 다시 클릭하는 방법입니다. 윈도우 바탕화면과 동일하게 마우스 버튼을 클릭하고 끈 다음 놓게 되면 올가미 선택으로 사용되며 영역은 사각형이 아닌 마우스 커서가 지나가는 형상에 따라 결정됩니다.

03 올가미 선택

1 올가미 선택 사용 방법

마우스 버튼을 클릭하고 끈 다음 놓게 되면 올가미 선택으로 객체를 선택할 수 있습니다. 클릭한 다음 오른쪽 방향으로 영역을 그리면 윈도우 선택이 되고, 왼쪽 방향으로 영역을 그리면 걸치기 선택이 됩니다.

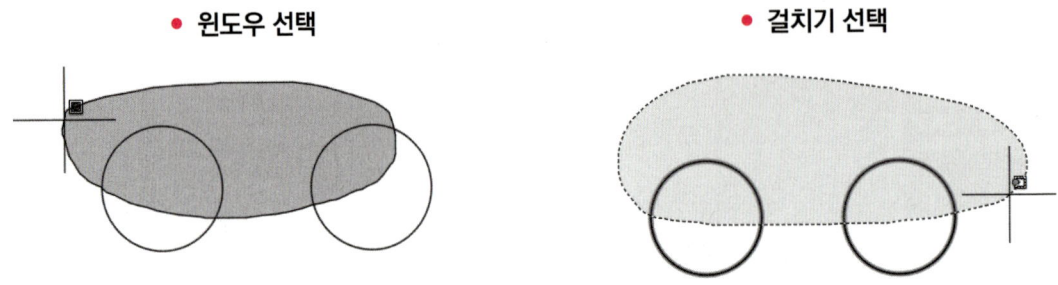

2 올가미 선택을 사용하지 않는 방법

마우스 버튼을 클릭하고 끈 다음 놓게 되면 올가미 선택 방법으로 객체를 선택할 수 있으나 이 기능이 불편할 경우 옵션에서 올가미 선택을 해제할 수 있습니다.

옵션의 [선택] 탭에서 [올가미의 누른 채 끌기 허용(L)]을 체크 해제합니다.

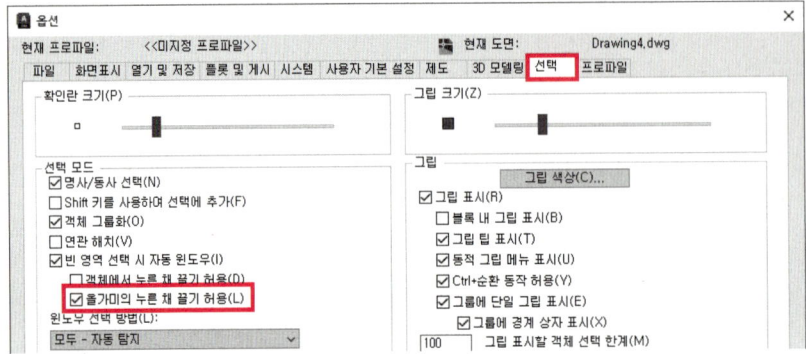

04 신속 선택

현재 도면 내의 모든 객체 또는 지정한 범위의 객체를 유형 및 특성을 기준으로 필터링하여 선택합니다.

· 명령어 : QSELECT
· 아이콘 위치 : 홈[탭] - 유틸리티[패널] - 신속 선택

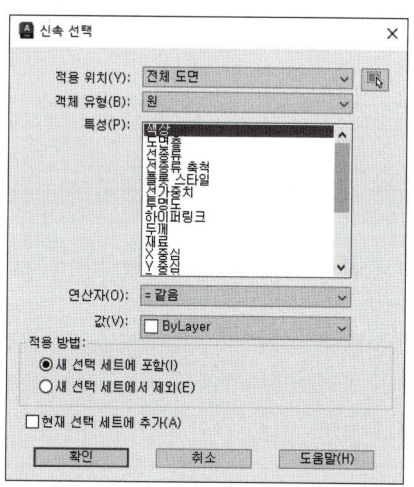

05 유사 선택

선택한 객체의 특성과 일치하는 현재 도면 내의 모든 객체를 찾아 선택합니다.

· 명령어 : SELECTSIMILAR

● 명령 옵션
설정을 통해 선택할 특성을 필터링할 수 있습니다.

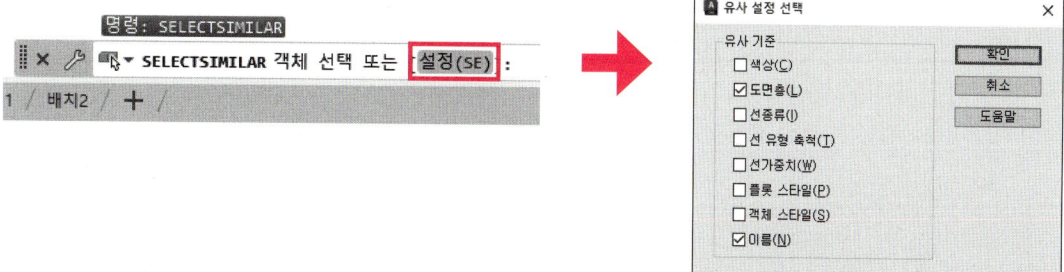

Section 1　상태 막대　--------------------　58
Section 2　좌표계　　--------------------　73

CHAPTER.03

상태 막대와 좌표계

SECTION 01
상태 막대 (Status bar)

상태 막대에는 도면 환경에 영향을 주는 도구, 도면 도구 및 커서 위치가 표시되며, 자주 사용하는 몇 가지 도면 도구에 빠르게 액세스할 수 있습니다. 그리드, 스냅, 극좌표 추적, 객체 스냅과 같은 설정을 전환할 수 있습니다.

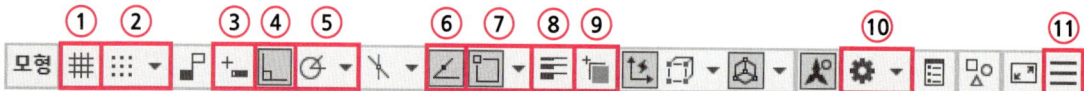

1 그리드 모드 (F7) : 거리 및 정렬을 시각화하는데 도움을 주기 위해 XY 평면 위에 그리드 패턴을 표시할 수 있습니다.

2 스냅 모드 (F9) : 지정된 그리드 간격으로 커서 이동을 제한하거나 극좌표 정렬 경로를 따라 증분 값으로 커서를 추적합니다.

3 동적 입력 (F12) : 명령을 입력하고 옵션 및 값을 지정하는 데 사용할 수 있는 명령 인터페이스가 커서 근처에 표시됩니다.

4 직교 모드 (F8) : 커서 이동을 수평 또는 수직 방향으로 구속합니다.

5 극좌표 추적 (F10) : 지정한 극좌표 각도를 따라 커서를 추적합니다.

6 객체 스냅 추적 (F11) : 객체 스냅 점에서 수직 및 수평 정렬 경로를 따라 커서를 추적합니다.

7 객체 스냅 (F3) : 커서를 원 중심, 선 끝점 등 객체의 정확한 위치로 스냅합니다.

8 선가중치 표시 / 숨기기 : 객체에 지정된 선가중치를 표시합니다.

9 선택 순환 : 다른 객체와 겹치는 객체 위에 마우스를 놓거나 해당 객체를 선택할 때 화면표시 동작을 조정합니다.

10 작업공간 전환 : 현재 작업공간을 다른 작업공간으로 전환합니다.

11 사용자화 : 상태 막대(Status bar) 아이콘을 추가하거나 제거할 수 있습니다.

01 그리드 모드 (GRIDMODE)

거리 및 정렬을 시각화하는데 도움을 주기 위해 XY 평면 위에 그리드 패턴을 표시할 수 있습니다.

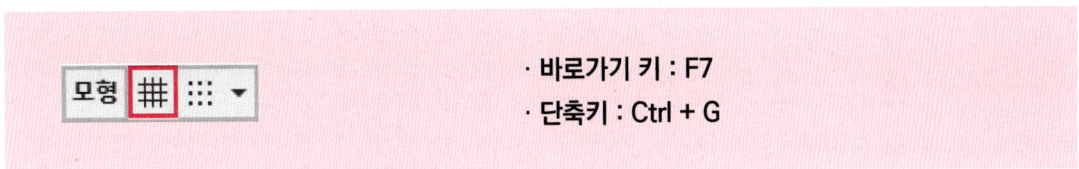

· 바로가기 키 : F7
· 단축키 : Ctrl + G

그리드 모드 설정을 하려면 상태 막대 그리드 아이콘에서 마우스 오른쪽 버튼을 클릭한 다음 [그리드 설정]을 클릭합니다.

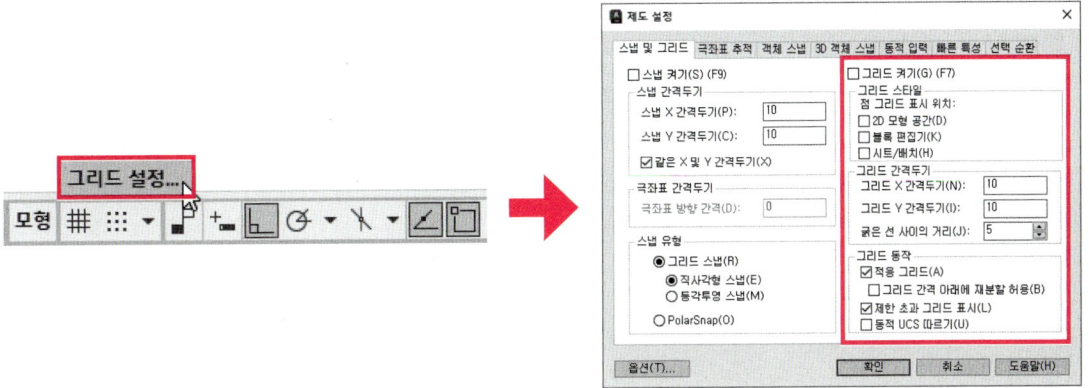

■ 그리드 설정

그리드 X, Y 간격두기 값을 변경해 간격을 조정할 수 있습니다. 기본 값은 '10' 입니다.

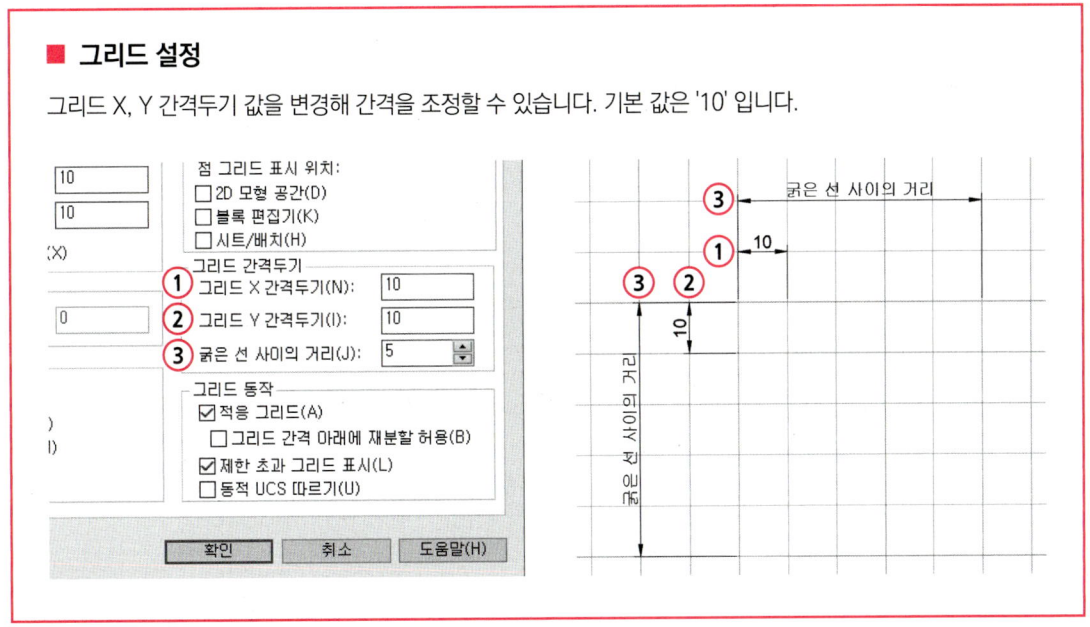

PART 3 상태 막대와 좌표계   59

02 스냅 모드 (SNAPMODE)

지정된 그리드 간격으로 커서 이동을 제한하거나 극좌표 정렬 경로를 따라 증분값으로 커서를 추적합니다.

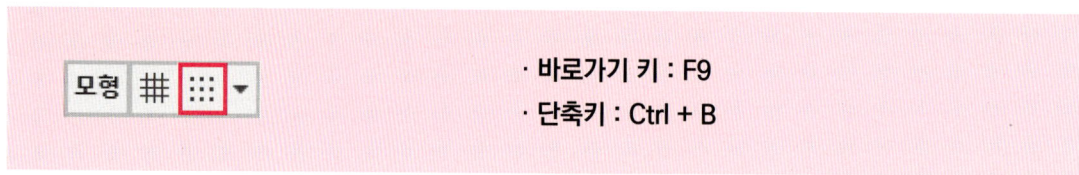

스냅 모드 설정을 하려면 스냅 아이콘 옆 화살표 버튼을 클릭한 다음 스냅 설정을 클릭합니다.

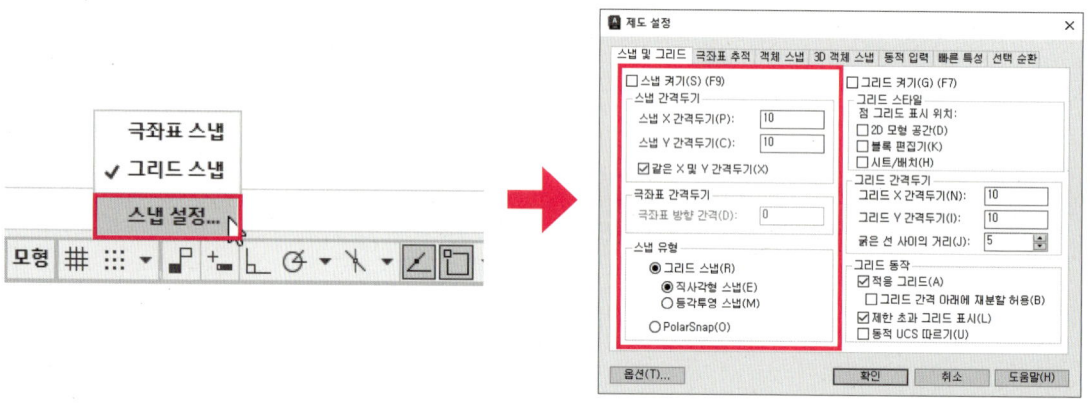

■ **스냅 설정**

스냅 X, Y 간격두기 값을 변경해 간격을 조정할 수 있습니다. 기본 값은 '10' 입니다.

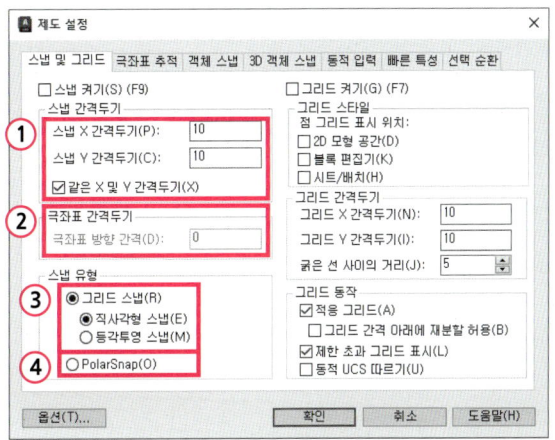

1 **스냅 간격두기** : 커서 이동을 지정된 X 및 Y 간격으로 제한하는 보이지 않는 직사각형 스냅 위치의 그리드를 조정합니다.

2 **극좌표 간격두기** : 커서 이동을 극좌표 각도를 따라 지정된 증분으로 제한합니다.

3 **그리드 스냅** : 커서 이동을 직사각형 그리드에 따라 스냅하는 기능입니다.

4 **Polar Snap** : 커서 이동을 극좌표 각도를 따라 지정된 증분으로 스냅하는 기능입니다.

03 동적 입력

명령을 입력하고 옵션 및 값을 지정하는 데 사용할 수 있는 명령 인터페이스가 커서 근처에 표시됩니다.

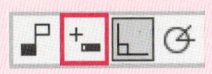

· 바로가기 키 : F12

· 단축키 : -

AutoCAD 기본 설정 상태에는 동적 입력 아이콘이 상태 막대에 나타나지 않기 때문에 아래와 같이 사용자화에서 동적 입력을 선택해야 합니다.

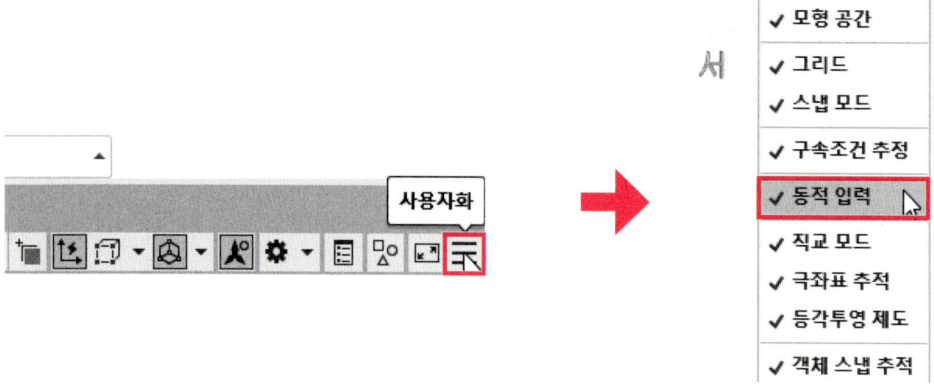

1 동적 입력 툴팁 사용

입력 필드에 값 또는 좌표값을 입력하고 Tab 키를 누르면 해당 필드에 잠금 아이콘이 표시되고 커서가 입력한 값으로 구속됩니다. 두 번째 입력 필드에 값 또는 좌표값을 입력하고 Enter 키를 눌러 입력을 완료합니다.

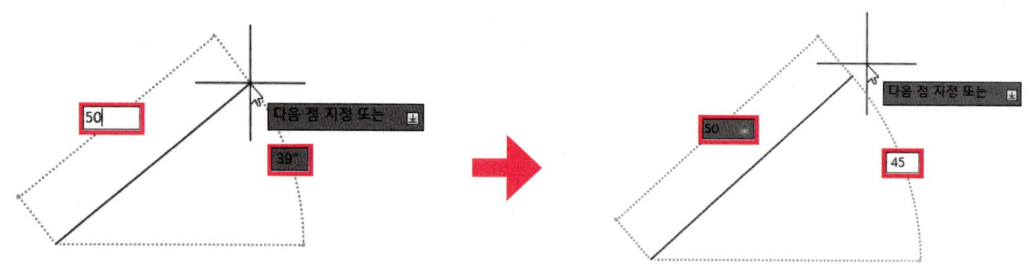

2 동적 입력 설정

 동적 입력 설정을 하려면 상태 막대 동적 입력 아이콘에서 마우스 오른쪽 버튼을 클릭한 다음 [동적 입력 설정...]을 클릭합니다.

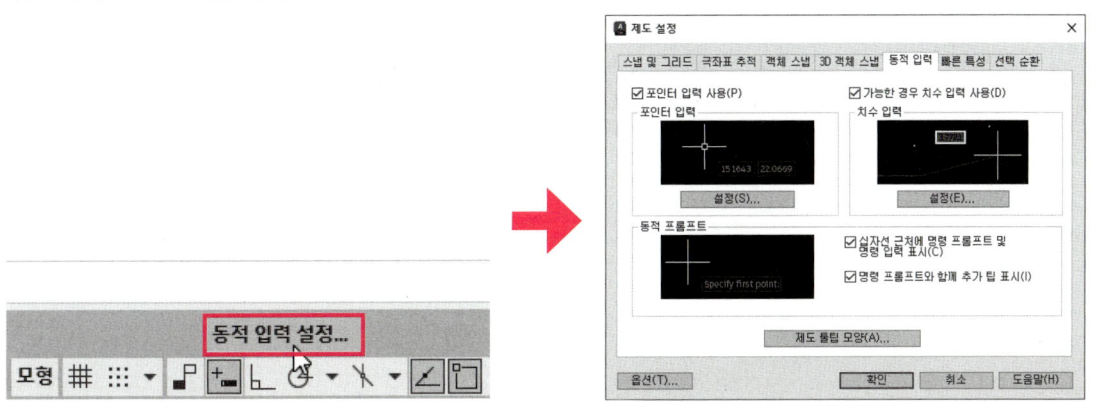

■ **동적 입력 설정**

[동적 입력] 설정 대화상자에서 포인터 입력의 [설정]을 클릭해서 확인해보면 좌표계가 [상대 좌표]로 지정되어 있기 때문에 동적 입력을 켰을 때(ON) 기본 좌표는 [상대 좌표] 입니다.

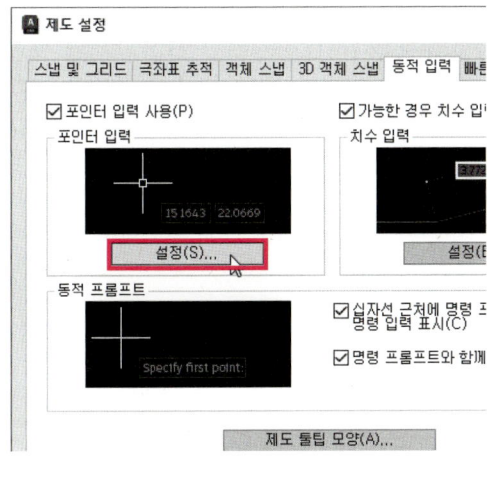
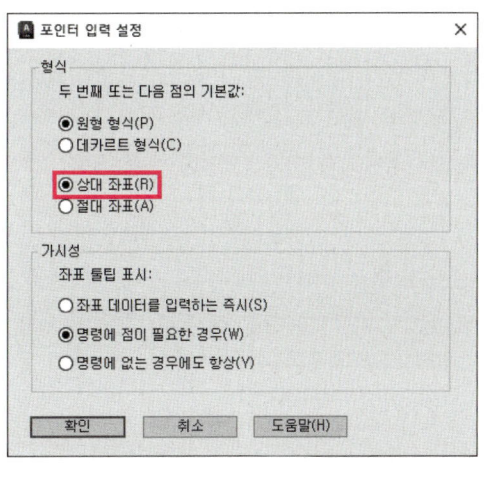

> **Tip**
>
> 동적 입력을 끈(OFF) 상태에서 좌표계를 사용할 때 기본은 [절대 좌표] 이며, [상대 좌표]를 사용하기 위해서는 '@'기호를 좌표계 앞에 입력해야 합니다. 하지만 동적 입력을 켠(ON) 상태에서 기본은 [상대 좌표]로 인식하고 [절대 좌표]를 사용하기 위해서는 '#' 기호를 좌표계 앞에 사용해야 합니다.
>
> 〈좌표계 사용 예〉
> 동적입력 OFF - 기본 : 절대 좌표, 상대 좌표 사용시 '@'
> 동적입력 ON - 기본 : 상대 좌표, 절대 좌표 사용시 '#'

04 직교 모드 (ORTHOMODE)

그리기 또는 수정 명령 실행시 커서 이동을 수평 또는 수직 방향으로 제한합니다. 직교 모드를 이용하여 수평, 수직 선을 그릴 수 있으며, 객체 이동, 복사 등 편집 명령 사용시에도 마우스 커서를 수평, 수직 방향으로 제한시킬 수 있습니다.

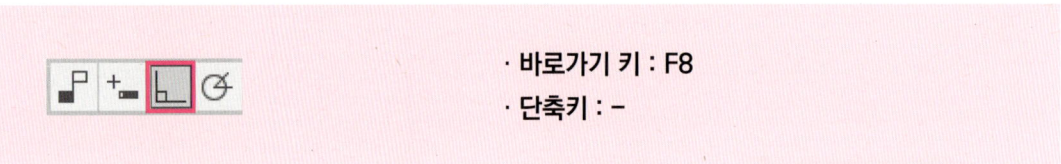

· 바로가기 키 : F8
· 단축키 : -

■ 그리기 명령 예

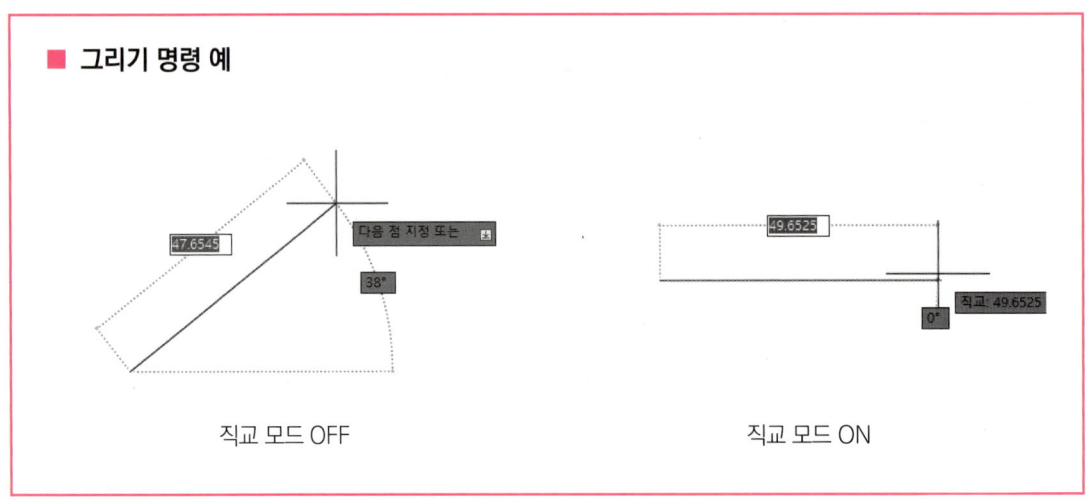

직교 모드 OFF   직교 모드 ON

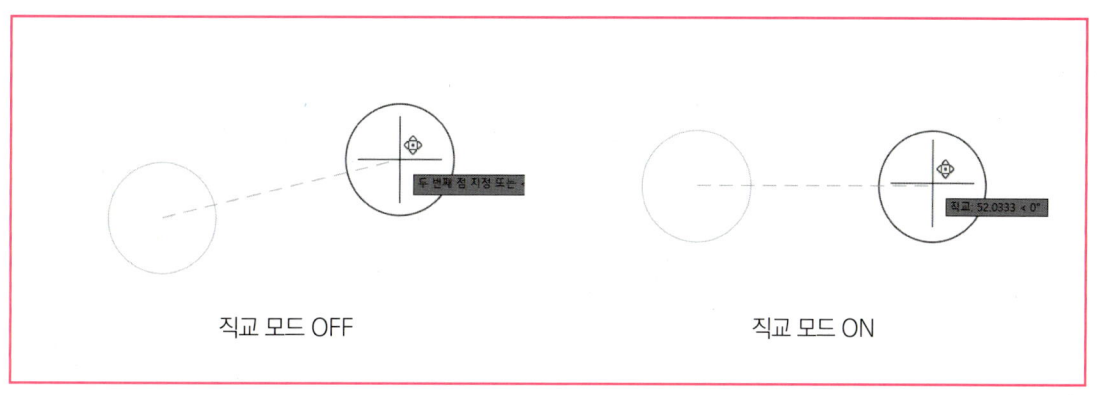

05 극좌표 추적 (POLARSNAP)

지정한 극좌표 각도를 따라 커서를 추적합니다. 직교 모드와 극좌표 추적은 동시에 사용할 수 없습니다.

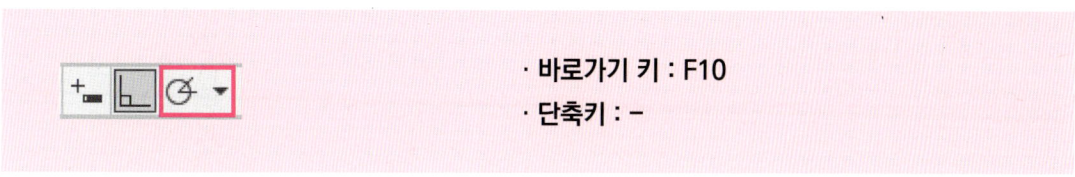

· 바로가기 키 : F10
· 단축키 : -

스냅 모드 설정을 하려면 스냅 아이콘 옆 화살표 버튼을 클릭한 다음 추적 설정을 클릭합니다.

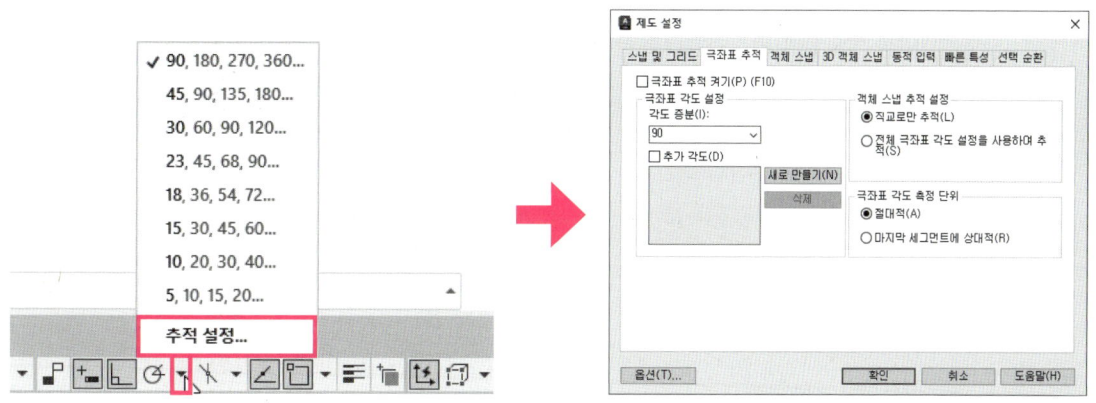

■ **극좌표 추적 설정**

각도 증분 값을 변경해 극좌표 각도를 조정할 수 있습니다. 기본 값은 '90' 입니다.

극좌표 추적 설정 버튼을 클릭해서 나타나는 기본 증분 값을 선택해 설정할 수 있습니다.

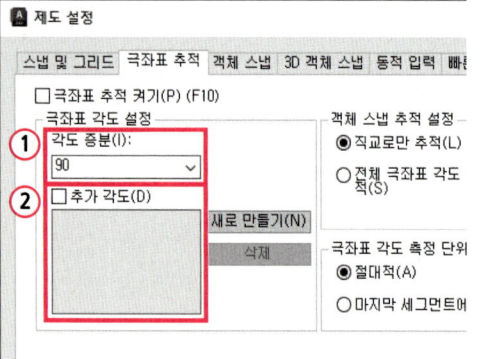
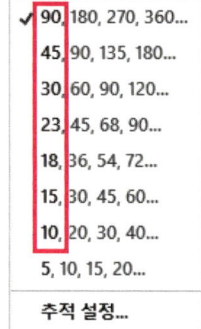

① **각도 증분** : 사용자가 원하는 증분 값이 기본 증분 값에서 제공되지 않는 경우 설정 '각도 증분'에서 추가가 가능합니다.

② **추가 각도** : 설정한 증분 값 외 특정 증분 각도를 추가하고 싶은 경우 [새로 만들기] 버튼을 클릭하여 추가하면 됩니다.

06 객체 스냅 추적

객체 스냅 점에서 수직 및 수평 정렬 경로를 따라 커서를 추적합니다.

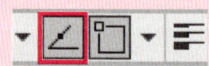

· 바로가기 키 : F11
· 단축키 : −

01 선 명령을 실행한 다음 객체 '끝점'에 마우스 커서를 위치합니다.

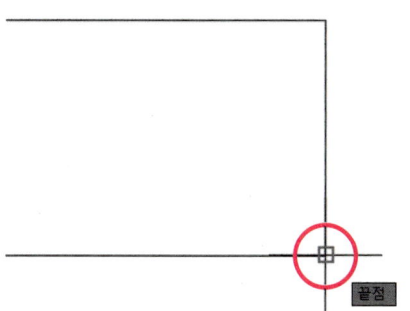

02 마우스 커서를 우측으로 이동하면 끝점으로부터 수평 경로를 따라 커서가 추적되면 클릭하여 선의 시작점을 지정합니다.

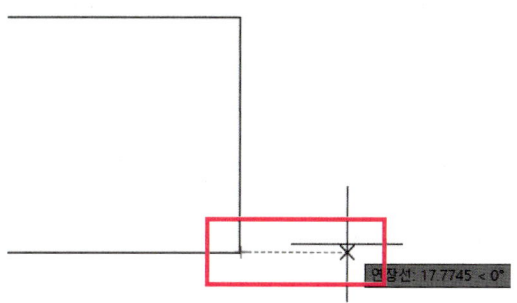

03 다시 '끝점' 객체 스냅에 마우스 커서를 위치합니다.

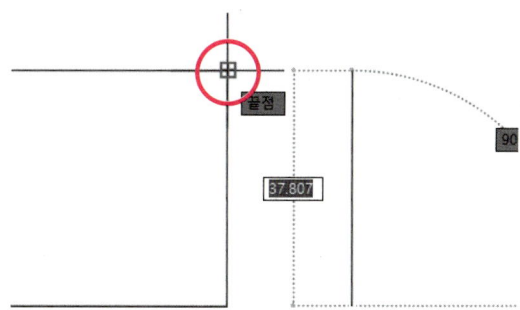

04 마우스 커서를 우측으로 이동하면 끝점으로부터 수평 경로를 따라 커서가 추적되면 클릭하여 선의 끝점을 지정합니다.

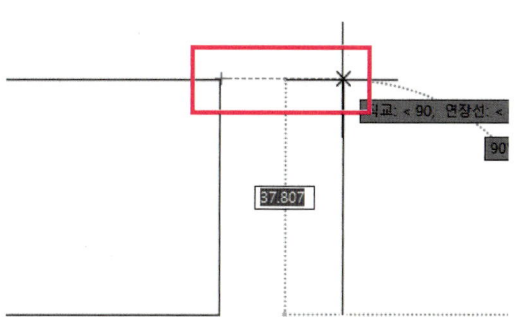

05 객체 스냅 추적을 활용한 선 작성이 완료되었습니다.

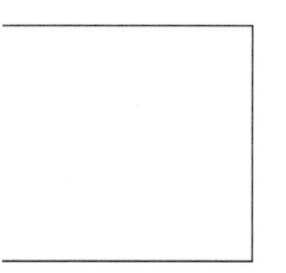

PART 3 상태 막대와 좌표계 67

07　객체 스냅 (OSNAP)

커서를 원 중심, 선 끝점 등 객체의 정확한 위치로 스냅합니다.

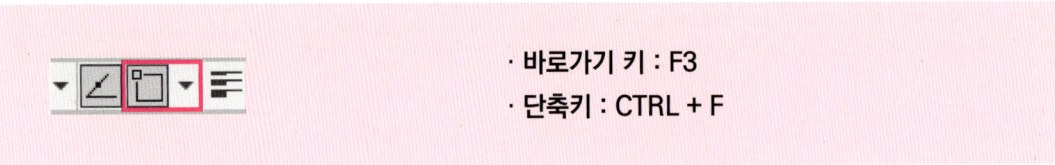

· 바로가기 키 : F3
· 단축키 : CTRL + F

객체 스냅 설정을 하려면 객체 스냅 아이콘 옆 화살표 버튼을 클릭하여 필요한 객체 스냅을 선택하거나 객체 스냅 설정을 클릭합니다. 혹은 명령행에 OSNAP 명령을 입력해 제도 설정 대화상자를 실행할 수도 있습니다.

형상을 작도하는데 필요한 객체 스냅은 '끝점', '중간점', '중심', '사분점', '교차점', '연장선', '직교', '접점', ' 근처점' 정도가 있으며, 객체 스냅 모드에서 너무 많은 스냅을 설정하면 설계 작업에 방해가 될 수 있습니다.

따라서 제도 설정에서 꼭 선택하여야 할 추천 스냅은 '끝점', '중간점', '중심', '사분점', '교차점', '연장선' 6개 항목이고 '직교', '접점' 스냅은 사용자의 취향에 따른 선택 사항이며, '근처점' 스냅은 가급적 끄고 사용하는 것이 좋습니다.

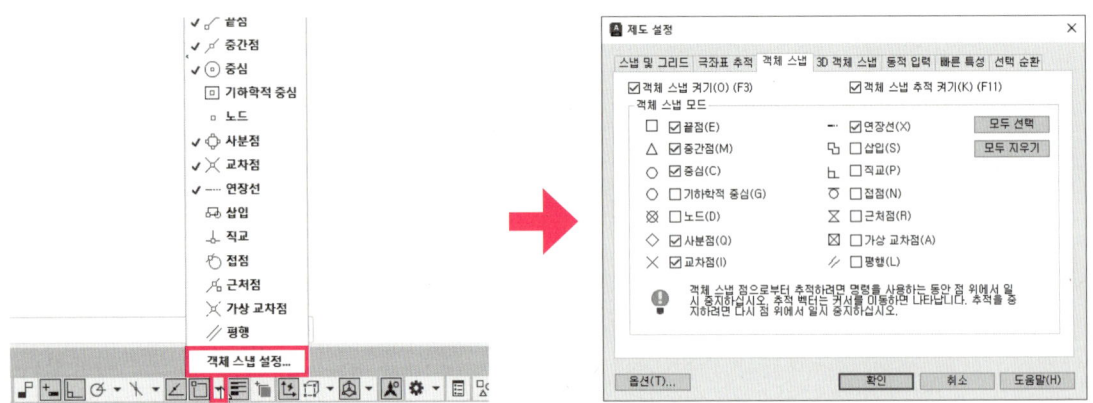

1 객체 스냅 도구 종류

끝점 [END]

객체의 가장 가까운 끝점 또는 구석으로 스냅합니다.

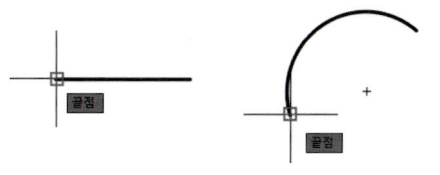

중간점 [MID]

객체의 중간점으로 스냅합니다.

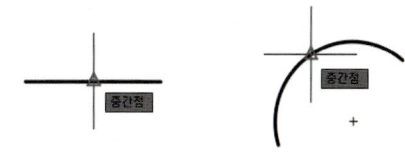

중심점 [CEN]

호, 원, 타원 또는 타원형 호의 중심점으로 스냅합니다.

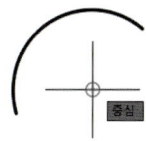

기하학적 중심 [GCE]

닫힌 폴리선 및 스플라인의 무게 중심으로 스냅합니다.

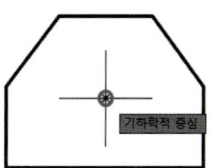

노드 [NOD]

점 객체, 치수 정의점 또는 치수 문자 원점으로 스냅합니다.

사분점 [QUA]

호, 원, 타원 또는 타원형 호의 사분점으로 스냅합니다.

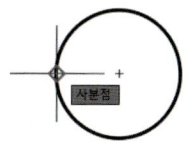

교차점 [INT]

객체의 교차점으로 스냅합니다.

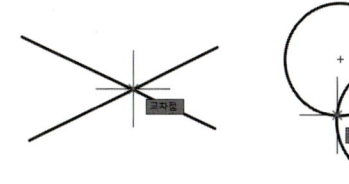

연장선 [EXT]

객체의 끝점에 커서를 가져가면 임시 치수보조선 또는 호가 표시되어 치수보조선에 점을 지정할 수 있습니다.

📥 삽입점 [INS]

속성, 블록 또는 문자와 같은 객체의 삽입점으로 스냅합니다.

⊥ 직교 [PER]

선택한 객체에 수직인 점으로 스냅합니다.

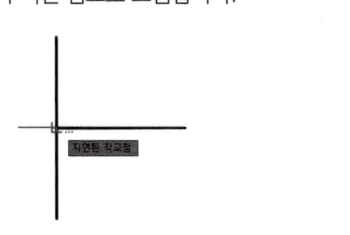

⊙ 접점 [TAN]

호, 원, 타원, 타원형 호, 폴리선 호 또는 스플라인의 접점으로 스냅합니다.

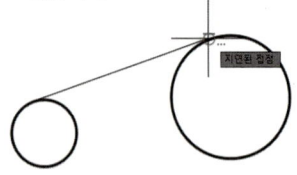

⨯ 근처점 [NEA]

호, 원, 타원, 타원형 호, 선, 점, 폴리선, 광선, 스플라인 또는 구성선과 같은 객체의 근처점으로 스냅합니다.

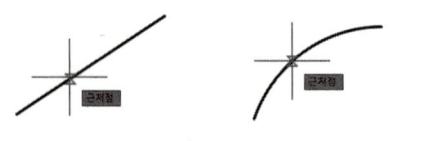

⨯ 가상 교차점 [APP]

3D 공간에서 교차하지 않는 두 객체의 가시적 교차점으로 스냅하지만 현재 뷰에서 교차하는 것으로 나타날 수 있습니다.

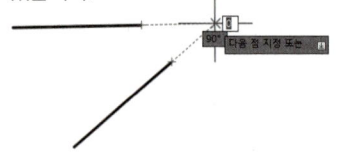

∥ 평행 [PAR]

커서를 놓아 식별하는 기존 선형 객체와 평행이 되도록 새 선 세그먼트, 폴리선 세그먼트, 광선 또는 구성선을 구속합니다.

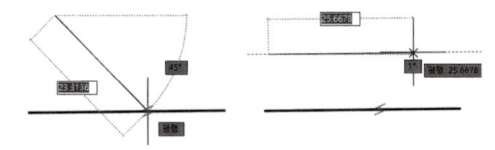

2 객체 스냅 메뉴(SHIFT + 마우스 오른쪽 버튼) 활용 방법

작업 중 간혹 사용자가 원하는 객체 스냅이 다른 객체 스냅으로 인하여 활성화되지 않는 경우가 있습니다. 이때 간단하게 해결하는 방법을 알아보겠습니다.

다음은 그림처럼 '접점' 객체 스냅을 활용하려고 하는데 '근처점', '사분점', '중심점' 객체 스냅으로 인하여 '접점' 객체 스냅이 활성화되지 않는 경우의 예입니다.

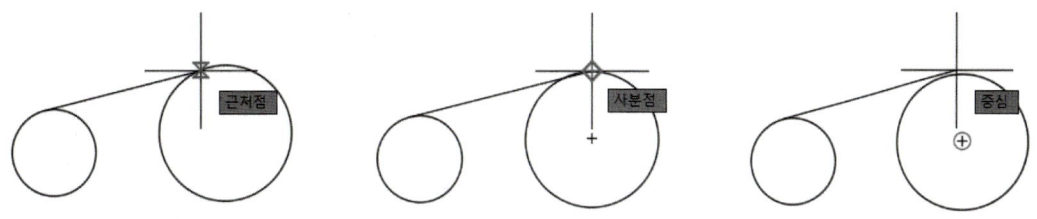

01 선 명령을 실행해서 아래와 같이 '접선'을 작성할 준비를 합니다.

02 객체 스냅 메뉴(SHIFT+마우스 오른쪽 버튼)를 실행하여 '접점' 객체 스냅을 선택합니다.

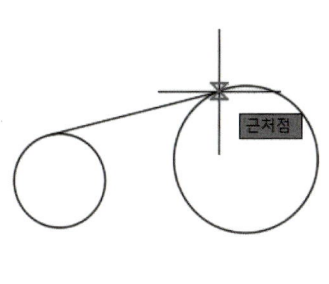

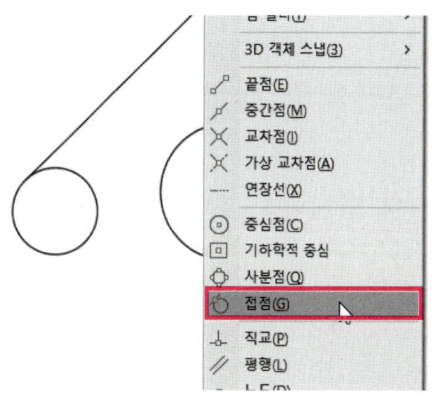

03 선택한 '접점' 객체 스냅만 활성화 되고 다른 객체 스냅은 활성화되지 않습니다.

04 클릭하여 '접선' 작성을 완료합니다.

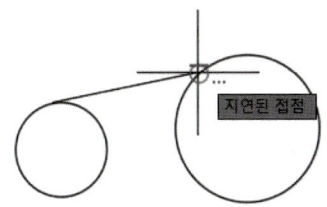

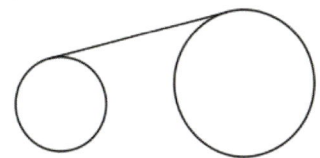

PART 3 상태 막대와 좌표계

08 선 가중치 표시/숨기기

선 가중치는 도면에서 켜고 끌 수 있으며 도면 공간 배치에서와 다르게 모형 공간에 표시됩니다.

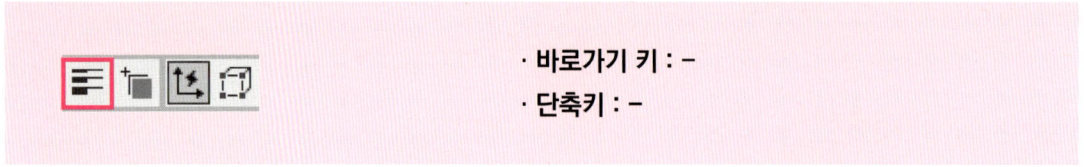

선 가중치 표시/숨기기 설정을 하려면 상태 막대 선 가중치 표시/숨기기 아이콘에서 마우스 오른쪽 버튼을 클릭한 다음 [선가중치 설정...]을 클릭합니다.

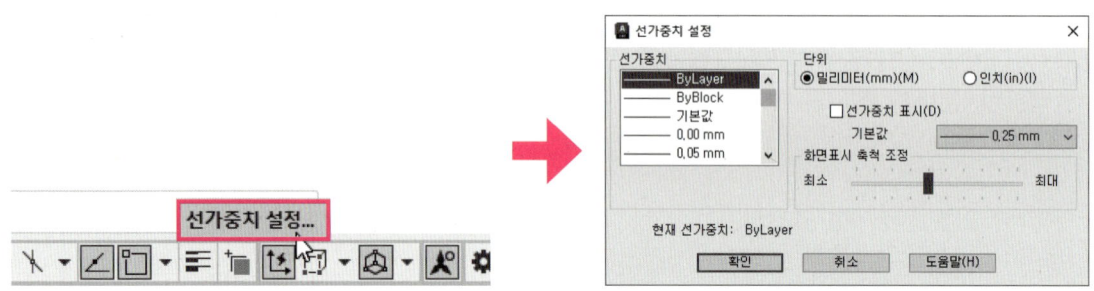

■ 선가중치 설정

현재 선가중치 및 선가중치 단위를 설정하고 선가중치의 표시 및 표시 축척을 조정하고 도면층에 대한 기본 선가중치 값을 설정합니다.

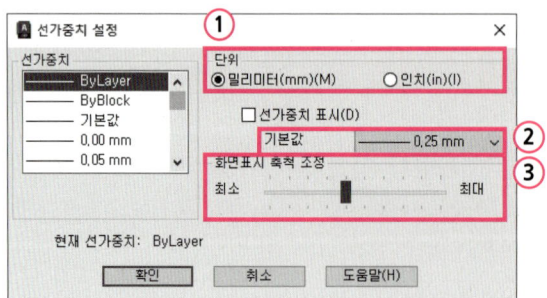

1 단위 : 선가중치를 밀리미터로 표시할지 인치로 표시할지를 지정합니다. (WLUNITS 시스템 변수)

2 기본값 : 도면층에 대한 DEFAULT 선가중치를 조정합니다. (LWDEFAULT 시스템 변수)

3 화면표시 축척 조정 : 모형 탭에서 선가중치 축척을 조정합니다. 이 설정은 배치에는 영향을 주지 않습니다.

SECTION 02
좌표계

01 절대 좌표

절대 좌표는 X축과 Y축의 교차점인 UCS 원점(0,0)을 기준으로 하여 X, Y 거리로 정의하는 좌표계입니다. 점의 정확한 X 및 Y값을 아는 경우 절대 좌표를 사용할 수 있습니다.

절대 좌표를 사용할 때 동적 입력이 OFF 상태인 경우 기호없이 좌표값을 사용하고, 동적 입력이 ON 상태인 경우 해당 좌표값 앞에 # 기호를 사용합니다.

- **절대 좌표 사용 방법**
  - 동적 입력 ON : #X, Y
  - 동적 입력 OFF : X, Y

1 절대 좌표를 이용한 사각형 그리기 실습

동적 입력 OFF인 상태에서 선 명령을 실행하고 아래와 같이 절대 좌표값을 입력합니다.

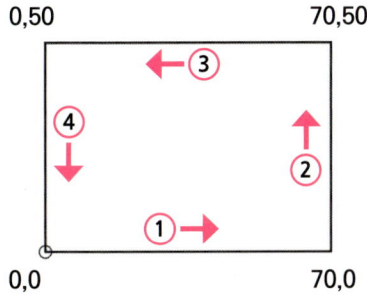

첫 번째 점 지정 : **0,0**
다음 점 지정 또는 [명령 취소(U)] : **70,0**
다음 점 지정 또는 [명령 취소(U)] : **70,50**
다음 점 지정 또는 [닫기(C) 명령 취소(U)] : **0,50**
다음 점 지정 또는 [닫기(C) 명령 취소(U)] : **0,0**

> **Tip**
> 마지막 4번 선을 작성할 때 선의 시작 위치인 0,0(원점)을 입력하지 않고 [닫기(C)] 옵션을 선택해도 됩니다.

02 상대 좌표

상대 좌표는 마지막으로 입력된 점을 기준으로 하여 X, Y 거리로 정의하는 좌표계입니다. 이전 점과 관련하여 점의 위치를 아는 경우 상대 좌표를 사용할 수 있습니다.

상대 좌표를 사용할 때 동적 입력이 OFF 상태인 경우 해당 좌표값 앞에 @ 기호를 사용하고, 동적 입력이 ON 상태인 경우 기호없이 좌표 값을 사용합니다.

- **상대 좌표 사용 방법**
  - 동적 입력 ON : X, Y
  - 동적 입력 OFF : @X, Y

1 상대 좌표를 이용한 사각형 그리기 실습

동적 입력 OFF인 상태에서 선 명령을 실행하고 아래와 같이 상대 좌표값을 입력합니다.

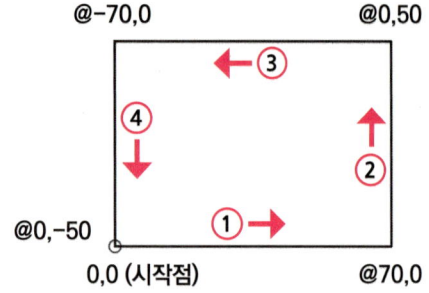

첫 번째 점 지정 : **0,0 or 임의의 점 지정**
다음 점 지정 또는 [명령 취소(U)] : **@70,0**
다음 점 지정 또는 [명령 취소(U)] : **@0,50**
다음 점 지정 또는 [닫기(C) 명령 취소(U)] : **@-70,0**
다음 점 지정 또는 [닫기(C) 명령 취소(U)] : **@0,-50**

> **Tip**
>
> 마지막 4번 선을 작성할 때 @0,-50을 입력하지 않고 [닫기(C)] 옵션을 입력해도 됩니다.

03 상대 극좌표

상대 극좌표는 마지막으로 입력된 점을 기준으로 하여 거리, 각도로 정의하는 좌표계입니다. 기본적으로 각도는 시계 반대 방향으로 증가하고 시계 방향으로 감소합니다. 시계 방향을 지정하려면 음수 값을 각도로 입력합니다.

상대 극좌표를 사용할 때 거리와 각도를 꺾쇠(〈)로 구분하여 입력합니다. 동적 입력이 OFF 상태인 경우 해당 좌표값 앞에 @ 기호를 사용하고, 동적 입력이 ON 상태인 경우 기호없이 좌표 값을 사용합니다.

● **상대 극좌표 사용 방법**
· 동적 입력 ON : 거리 〈 각도
· 동적 입력 OFF : @거리 〈 각도

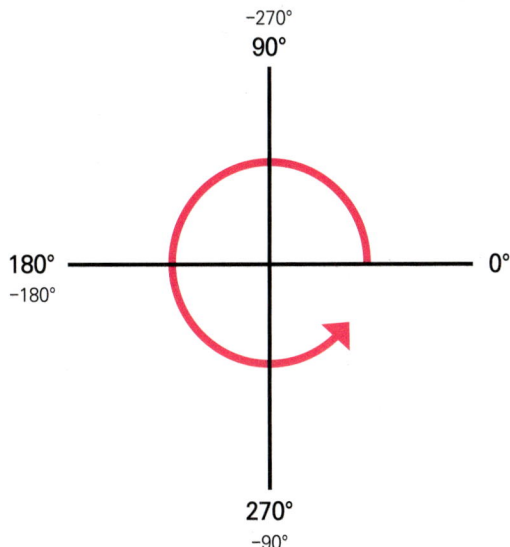

· 각도 측정 기준 : 동
· 각도 측정 방향 : 반 시계
　시계 방향 (CW) : -
　반 시계 방향 (CCW) : +

1 상대 극좌표를 이용한 사각형 그리기 실습

동적 입력 OFF인 상태에서 선 명령을 실행하고 아래와 같이 상대 좌표값을 입력합니다.

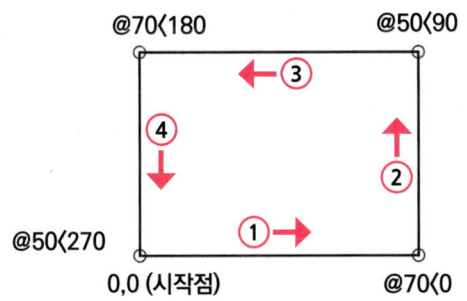

첫 번째 점 지정 : **0,0 or 임의의 점 지정**
다음 점 지정 또는 [명령 취소(U)] : **@70〈0**
다음 점 지정 또는 [명령 취소(U)] : **@50〈90**
다음 점 지정 또는 [닫기(C) 명령 취소(U)] : **@70〈180**
다음 점 지정 또는 [닫기(C) 명령 취소(U)] : **@50〈270 or [닫기(C)]**

Section 1	선 (LINE)		78
Section 2	폴리선 (POLYLINE)		80
Section 3	원 (CIRCLE)		82
Section 4	호 (ARC)		84
Section 5	직사각형 (RECTANGLE)		86
Section 6	폴리곤 (POLYGON)		88
Section 7	타원 (ELLIPSE)		89
Section 8	해치 (HATCH)		90
Section 9	스플라인 (SPLINE)		95
Section 10	구성선 (XLINE)		96
Section 11	광선 (RAY)		97
Section 12	도넛 (DONUT)		98
Section 13	구름형 리비전(REVCLOUD)		99

CHAPTER.04

그리기 명령

SECTION 01
선 (LINE)

선은 AutoCAD에서 가장 기본적이고 자주 사용되는 명령입니다. 선 명령을 실행하여 연속되는 선 세그먼트를 작성할 수 있습니다.

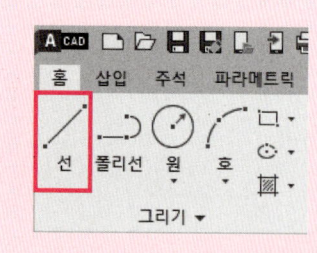

- 명령어 : LINE
- 단축키 : L
- 아이콘 위치 : [홈] 탭 – [그리기] 패널 – 선

■ **명령 옵션**

선 명령을 실행하고 2개의 선을 작도하면 다음과 같은 추가 옵션을 확인할 수 있습니다.

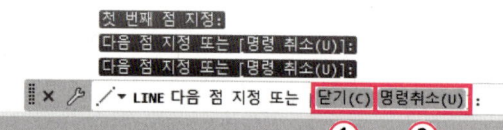

1 닫기(C) : 첫 번째 세그먼트와 마지막 세그먼트를 연결합니다.

2 명령 취소(U) : 선 순서의 가장 최근 세그먼트를 제거합니다.

선은 첫 번째 점(시작 점)을 지정한 다음 마우스 커서의 위치로 선을 작성할 방향을 결정하고 거리 값을 입력하거나 임의의 위치를 지정해서 작성할 수 있습니다.

선 작성시 직교 모드(F8)를 켠 상태로 작성하면 다음과 같이 수평, 수직선을 작성할 수 있습니다.

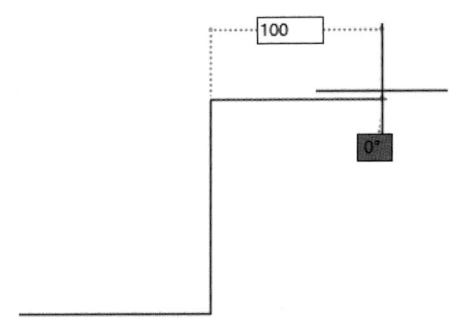

동적 입력(F12)이 켜 있는 상태라면 직교 모드(F8)를 끄고 거리와 각도 값을 입력해 선을 작성할 수 있습니다. 이때 치수 입력란에 거리 값과 각도 값 입력 전환은 Tab 키를 이용해서 할 수 있습니다.

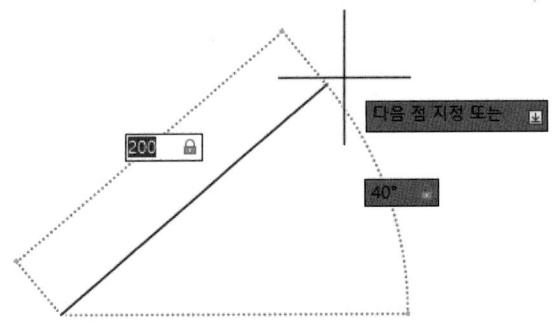

SECTION 02
폴리선 (POLYLINE)

여러 개의 세그먼트가 순차적으로 연결되어 하나의 객체로 인식되는 선을 작도합니다. 폴리선은 직선 뿐만 아니라 호도 혼합하여 작도할 수 있습니다. 선과 폴리선의 차이점은 선은 작도한 후에 한 번에 작도한 여러 개의 선이 각각 다른 객체로 인식되지만 폴리선은 하나의 단일 객체로 인식됩니다.

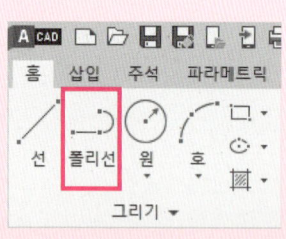

- 명령어 : PLINE
- 단축키 : PL
- 아이콘 위치 : [홈] 탭 – [그리기] 패널 – 폴리선

■ 명령 옵션

폴리선을 실행한 후 시작점을 클릭하면 다음과 같은 옵션을 확인할 수 있습니다.

```
시작점 지정:
현재의 선 폭은 0.0000임
× ↗ ⌐⌐⌐ ▼ PLINE 다음 점 지정 또는  호(A)  반폭(H)  길이(L)  명령 취소(U)  폭(W)  :
                                    ①      ②      ③       ④       ⑤
```

1 **호(A)** : 이전 세그먼트에 접하는 호 세그먼트 작성을 시작합니다.

2 **반폭(H)** : 폭을 가진 세그먼트의 중심에서 모서리까지의 폭을 지정합니다.

3 **길이(L)** : 지정한 길이의 세그먼트를 이전 세그먼트와 같은 각도로 작성합니다. 이전 세그먼트가 호인 경우 새 선 세그먼트는 해당 호 세그먼트에 접합니다.

4 **명령 취소(U)** : 가장 최근에 추가한 세그먼트를 제거합니다.

5 **폭(W)** : 다음 세그먼트의 폭을 지정합니다.

[반폭(H)] 옵션을 사용하면 세그먼트의 중심에서 모서리까지의 폭을 지정하여 두께를 가지는 폴리선을 작성할 수 있습니다.

[폭(W)] 옵션은 전체 폭을 지정하는 기능입니다.

시작 폭(반폭)과 끝 폭 값을 다르게 하여 아래와 같은 폴리선도 작성할 수 있습니다.

선은 한번에 작성해도 여러 개의 선이 각각 다른 객체로 작성되지만, 폴리선은 하나의 단일 객체로 작성됩니다.

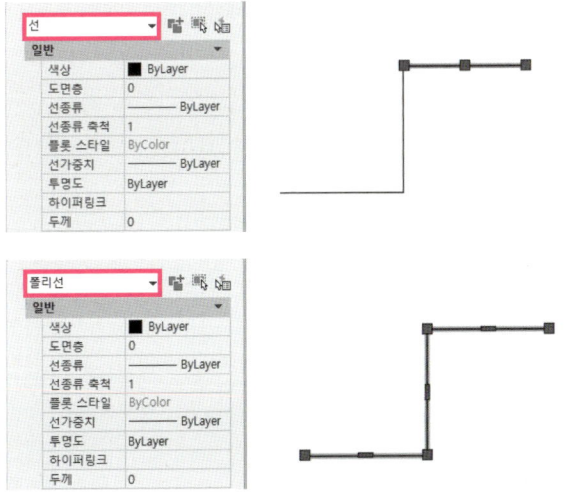

PART 4 그리기 명령   81

SECTION 03
원 (CIRCLE)

중심점과 반지름, 지름, 원주의 점을 이용하여 다양한 형태의 원을 작성할 수 있습니다.

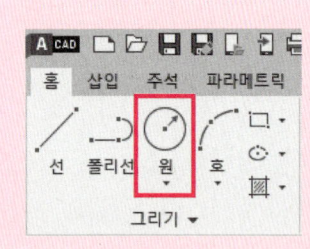

· 명령어 : CIRCLE
· 단축키 : C
· 아이콘 위치 : [홈] 탭 – [그리기] 패널 – 원

■ 명령 옵션

1 **중심점, 반지름** : CIRCLE[ENTER] - 중심점 지정 - 반지름 지정
2 **중심점, 지름** : CIRCLE[ENTER] - 중심점 지정 - D[ENTER] - 지름 지정
3 **2점** : CIRCLE[ENTER] - 2P[ENTER] or 2점[CLICK]
4 **3점** : CIRCLE[ENTER] - 3P[ENTER] or 3점[CLICK]
5 **접선, 접선, 반지름** : CIRCLE[ENTER] - T[ENTER] or Ttr[CLICK]
6 **접선, 접선, 접선** : CIRCLE[ENTER] - 3P[ENTER] - tan[ENTER] - 객체[CLICK] (tan[ENTER] - 객체[CLICK]을 3회 반복)

원 작성시 아이콘이 아닌 명령어를 이용하여 작업하는 경우가 훨씬 많습니다. 명령행에 원의 단축키 [C]를 입력합니다.

다음과 같은 옵션을 활용하여 3점, 2점, 접선 접선 반지름 원을 작성할 수 있습니다.

또한, 원 명령 실행 후 중심점을 지정하면 다음과 같이 [중심점, 반지름], [중심점, 지름] 원을 작성할 수 있습니다. 반지름을 지정할 경우 명령행에 반지름 값을 입력하면 되며, 지름을 지정할 경우 d를 입력하여 [지름(D)] 옵션을 활용하면 됩니다.

> ### Tip
>
> **치수를 입력하지 않고 원의 크기를 확인하는 방법**
>
> ■ 측정 명령 활용
>
> [홈] 탭 - [유틸리티] 패널의 [반지름]을 클릭한 다음 원을 선택하면 원의 반지름과 지름을 확인할 수 있습니다. 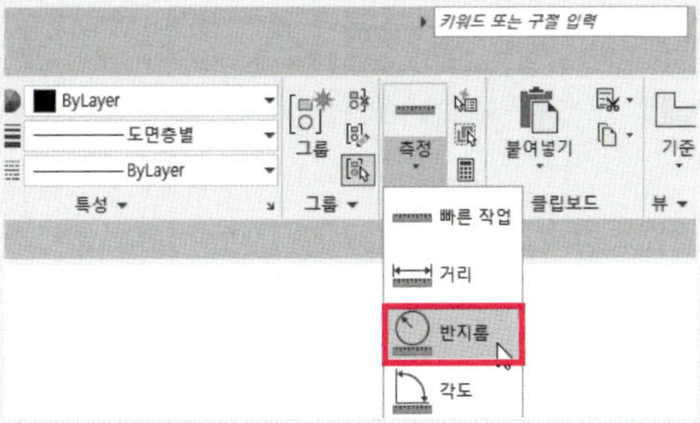 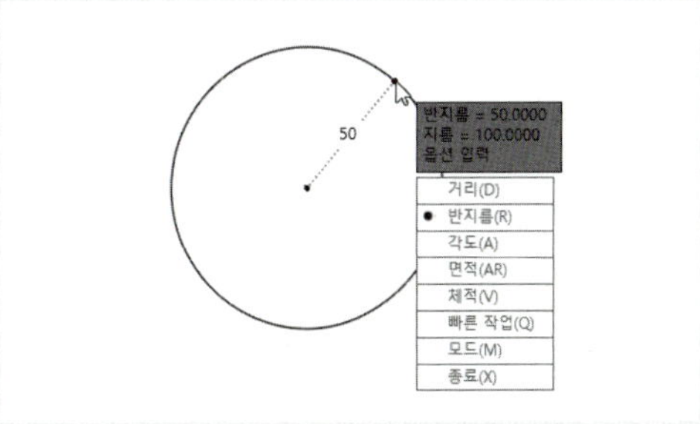
>
>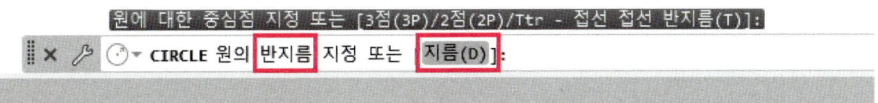
>
> ■ 특성 팔레트 활용
>
> [뷰] 탭 - [팔레트] 패널의 [특성]을 클릭한 다음 원을 선택하면 특성 팔레트에서 원의 반지름과 지름 그리고 원주와 면적까지 확인할 수 있습니다.

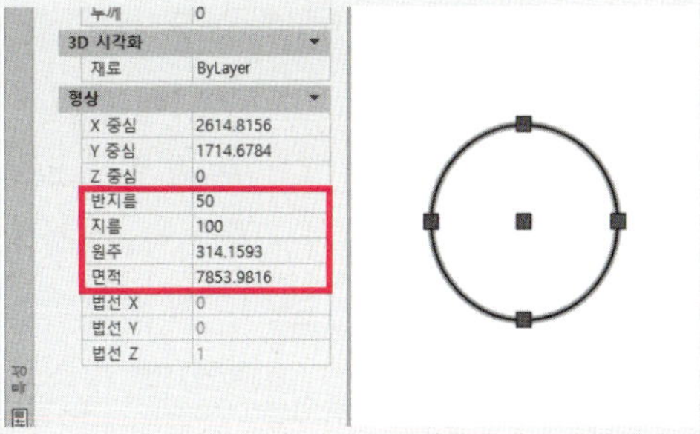

PART 4 그리기 명령

SECTION 04
호 (ARC)

중심점, 끝점, 시작점, 반지름, 각도, 현 길이 및 방향 값을 조합하여 호를 작성할 수 있습니다. 기본적으로, 호가 시계 반대 방향(CCW)으로 그려집니다. Ctrl 키를 누른 채 끌면 시계 방향(CW)으로 그릴 수 있습니다.

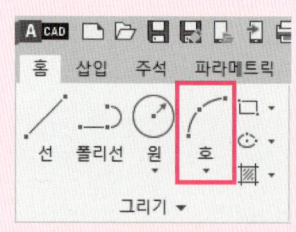

- 명령어 : ARC
- 단축키 : A
- 아이콘 위치 : [홈] 탭 – [그리기] 패널 – 호

■ 명령 옵션

1 **3점** : 호의 시작점, 두 번째 점 혹은 중심점, 끝점을 지정하여 3점을 지나는 호를 그립니다.

2 **시작점, 중심점, 끝점** : 중심점을 사용하여, 시작점으로부터 시작하여 중심점에서 세 번째 점을 지나 그려진 가상의 광선에 놓여 있는 끝점까지 시계 반대 방향으로 호를 그립니다.

3 **시작점, 중심점, 각도** : 지정한 사이각과 함께 중심점을 사용하여 시작점으로부터 시계 반대 방향으로 호를 그립니다.

4 **시작점, 중심점, 길이** : 시작점과 끝점 사이의 직선 거리에 따라 작은 호 또는 큰 호를 그립니다.

5 **시작점, 끝점, 각도** : 시작점으로부터 끝점까지 시계 반대 방향으로 지정된 사이각을 갖는 호를 그립니다.

6 **시작점, 끝점, 방향** : 시작점에서 시작하여 끝점에서 끝나는 임의의 크거나 작은 호를 시계 방향 또는 시계 반대 방향으로 작성합니다.

7 **시작점, 끝점, 반지름** : 시작점에서 끝점까지 작은 호를 시계 반대 방향으로 그립니다.

8 중심점, 시작점, 끝점 : 시작점으로부터 중심점에서 지정된 점을 지나 그려진 가상의 광선에 놓여 있는 끝점까지 시계 반대 방향으로 호를 그립니다.

9 중심점, 시작점, 각도 : 지정한 사이각과 함께 중심점을 사용하여 시작점으로부터 시계 반대 방향으로 호를 그립니다.

10 중심점, 시작점, 길이 : 시작점과 끝점 사이의 직선 거리에 따라 작은 호 또는 큰 호를 그립니다.

11 연속 : 마지막으로 그린 선, 호 또는 폴리선에 대한 호 접선을 그립니다.

SECTION 05

직사각형 (RECTANGLE)

두 개의 구석점을 이은 직사각형을 작도하는 명령입니다. 작도한 객체의 특성은 폴리선입니다.

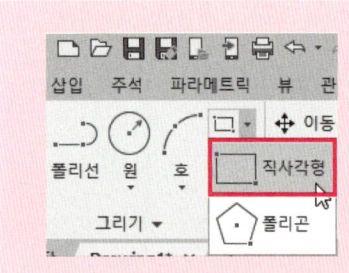

· 명령어 : RECTANGLE
· 단축키 : REC
· 아이콘 위치 : [홈] 탭 – [그리기] 패널 – 직사각형

■ 명령 옵션

직사각형 명령을 실행하면 다음과 같은 추가 옵션을 확인할 수 있습니다.

1 모따기(C) : 사각형의 구석에 모따기를 작도합니다.

2 고도(E) : 작성한 사각형의 Z축 높이를 지정합니다.

3 모깎기(F) : 사각형의 구석에 모깎기를 작도합니다.

4 두께(T) : 작성한 사각형의 Z축 두께를 지정합니다.

5 폭(W) : 작성한 사각형 선의 두께를 지정합니다.

직사각형 명령을 실행한 후 시작점을 클릭하면 다음과 같은 추가 옵션을 확인할 수 있습니다.

1 영역(A) : 영역을 계산해 사각형을 작도합니다.
2 치수(D) : 치수를 입력해 사각형을 작도합니다.
3 회전(R) : 작성한 사각형을 회전합니다.

> **Tip**
>
> 직사각형 가로 세로 크기를 구분할 때 Tab 또는 콤마(,) 를 사용하여 구분할 수 있습니다.
>
> 직사각형 명령으로 객체를 작성한 객체는 폴리선으로 폴리선 명령을 사용할 때와 마찬가지로 모따기, 모깎기, 폭 등의 옵션을 활용해 객체를 작성할 수 있으며, 분해(explode) 명령으로 객체를 구분하거나 결합(join) 명령으로 객체를 다시 폴리선으로 변환할 수 있습니다.

직사각형 작성시 치수 입력 란에서 Tab 키를 이용해 가로, 세로 값 입력을 전환할 수 있고 가로 값과 세로 값 사이에 콤마(,)를 이용해서 구분 할 수 있습니다.

Tab 키 사용 예) 가로 값 Tab 키 세로 값 (80 Tab 키 50)
 콤마 사용 예) 가로 값, 세로 값 (80,50)

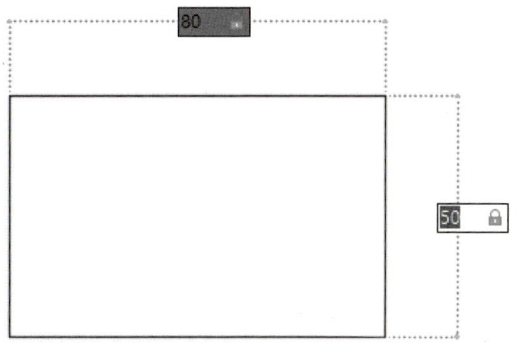

SECTION 06
폴리곤 (POLYGON)

같은 길이의 변을 가지는 다각형을 작도합니다. 다각형은 1024각형까지 가능하며 원에 내접/외접하는 형태의 다각형 또는 한쪽 모서리를 중심으로 생성되는 형태의 다각형을 작도합니다.

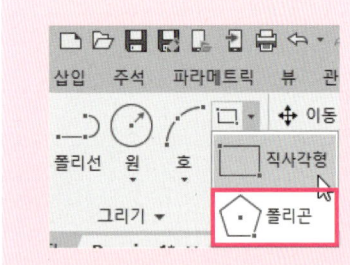

- 명령어 : POLYGON
- 단축키 : POL
- 아이콘 위치 : [홈] 탭 - [그리기] 패널 - 폴리곤

■ 명령 옵션

폴리곤 명령을 실행하고 면의 수를 입력하면 다음과 같은 옵션을 확인할 수 있습니다.

`POLYGON 폴리곤의 중심을 지정 또는 [모서리(E)]:`
①

① 모서리(E) : 첫 번째 모서리의 끝점을 지정하여 폴리곤을 정의합니다.

폴리곤 명령을 실행하고 면의 수와 중심을 지정하면 다음과 같은 옵션을 확인할 수 있습니다.

`POLYGON 옵션을 입력 [원에 내접(I) 원에 외접(C)] <I>:`
  ①   ②

① 원에 내접(I) : 폴리곤의 모든 정점이 있는 원의 반지름을 지정합니다.
② 원에 외접(C) : 폴리곤의 중심에서 폴리곤 모서리의 중간점까지의 거리를 지정합니다.

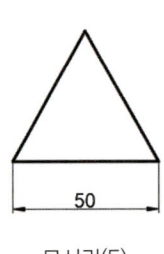
모서리(E)

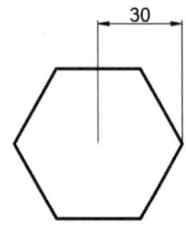
원에 내접(I)

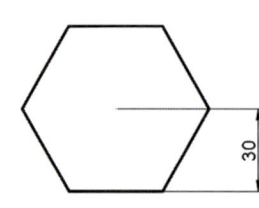
원에 외접(C)

SECTION 07
타원 (ELLIPSE)

길이가 다른 두 개의 지름을 설정하여 타원 형태의 객체를 작도합니다.

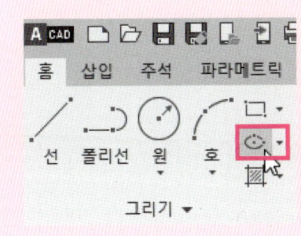

- 명령어 : ELLIPSE
- 단축키 : EL
- 아이콘 위치 : [홈] 탭 – [그리기] 패널 – 타원

■ 명령 옵션

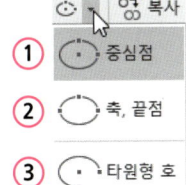

1 중심점 : 첫 번째 축의 중심점과 끝점 및 두 번째 축의 길이를 사용하여 타원을 작성합니다. 원하는 간격만큼 떨어진 위치를 클릭하거나 길이 값을 입력하여 거리를 지정할 수 있습니다.

2 축, 끝점 : 두 끝점을 사용하여 첫 번째 축을 정의합니다. 첫 번째 축의 각도가 타원의 각도를 결정합니다. 첫 번째 축이 타원의 장축 또는 단축을 정의할 수 있습니다.

3 타원형 호 : 타원형 호의 처음 두 점은 첫 번째 축의 위치와 길이를 정의합니다. 세 번째 점은 타원형 호의 중심과 두 번째 축의 끝점 간의 거리를 정의합니다. 네 번째 및 다섯 번째 점은 시작 각도와 끝 각도입니다.

SECTION 08
해치 (HATCH)

닫힌 영역이나 선택한 객체를 해치 패턴, 솔리드 채우기 또는 그라데이션 채우기로 채웁니다.

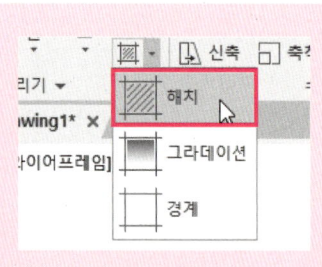

- 명령어 : HATCH
- 단축키 : H
- 아이콘 위치 : [홈] 탭 – [그리기] 패널 – 해치

■ 상황별 탭

해치 명령을 실행하면 리본이 활성 상태인 경우 해치 작성 상황별 탭이 표시됩니다.

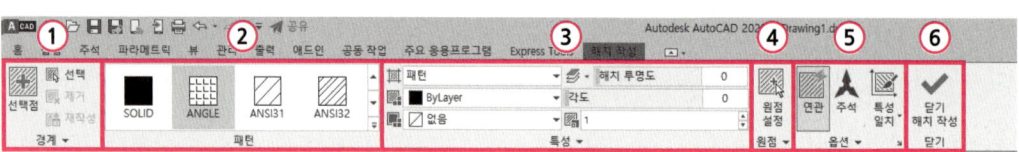

1 경계 : 해치를 추가할 영역을 지정합니다.

2 패턴 : 채우기 할 패턴의 유형을 지정합니다. 특성 패널에서 타입을 솔리드나 그라데이션으로 바꾸면 해당 패턴이 솔리드나 그라데이션 유형으로 바뀝니다.

3 특성 : 해치의 색상이나 배경색, 투명도, 각도, 축척을 지정합니다.

4 원점 : 패턴 유형의 배치 위치에 관한 원점을 지정합니다.

5 옵션 : 연관 옵션과 주석 축척 및 특성 일치 등 세부 옵션을 지정합니다.

6 닫기 : 해치 명령을 마치고 창을 닫습니다.

> **Tip**
>
> 해치 리본 상황별 탭 대신 해치 및 그라데이션 대화상자를 사용하려면 HPDGLMODE 시스템 변수를 1로 설정합니다.

01 경계

1 선택점
지정된 점을 기준으로 닫힌 영역을 구성하는 기존 객체로부터 경계를 결정합니다.

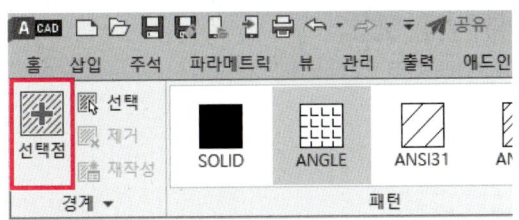 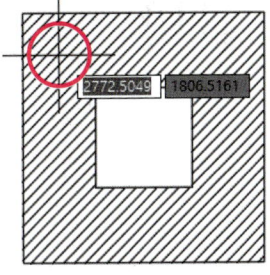

2 선택
선택된 객체에서 닫힌 영역을 구성하는 경계를 결정합니다.

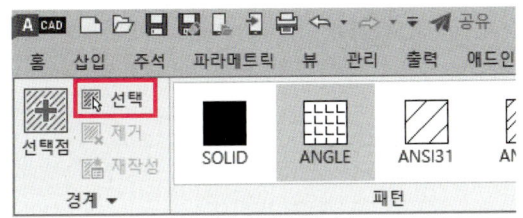 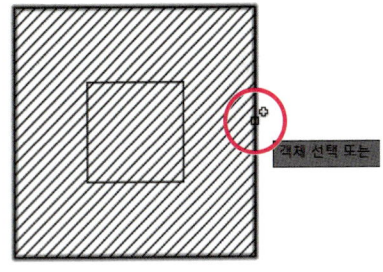

02 패턴

기존 객체 또는 닫힌 영역을 채울 패턴을 선택합니다. 패턴 종류는 미리 정의된 해치 패턴, 사용자 해치 패턴, 솔리드 채우기, 그라데이션 채우기가 있습니다.

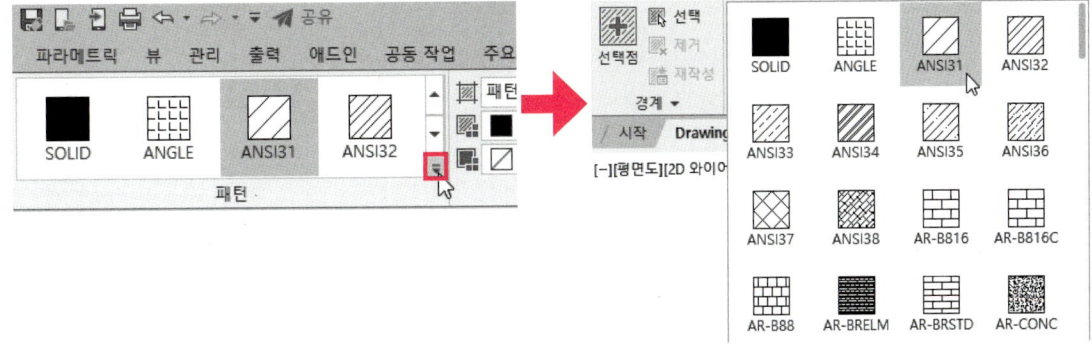

PART 4 그리기 명령 91

03 특성

해치 패턴의 종류, 도면층, 색상, 투명도, 각도, 축척 등 해치 패턴의 특성을 지정할 수 있습니다.

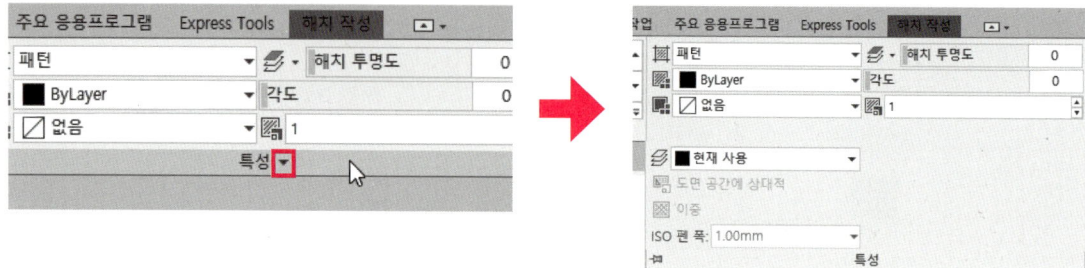

04 원점

해치 패턴 생성의 시작 위치를 조정합니다. 벽돌 패턴과 같은 일부 해치는 해치 경계 내에 있는 한 점과 정렬시켜야 합니다. 기본값으로, 모든 해치 원점은 현재 UCS 원점에 해당합니다.

1 현재 원점 사용 (기본값)

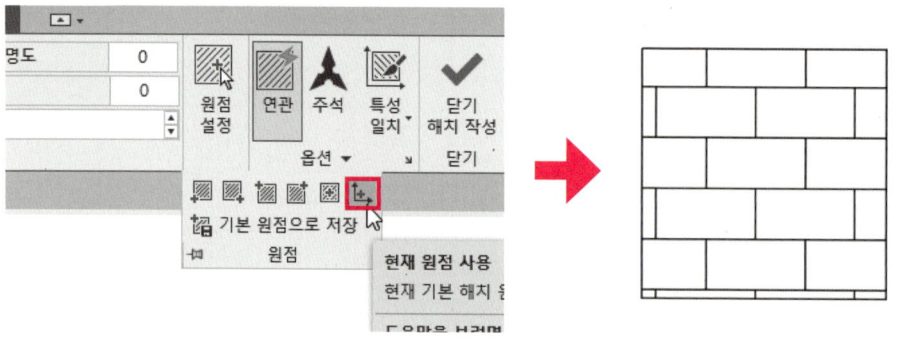

2 맨 아래 왼쪽

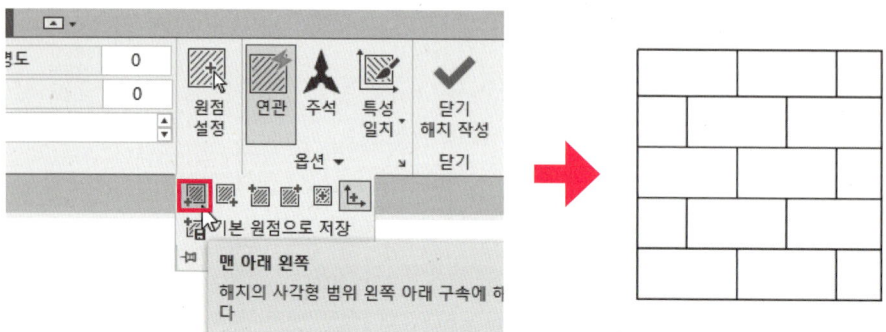

05 옵션

해치 패턴 생성의 시작 위치를 조정합니다. 벽돌 패턴과 같은 일부 해치는 해치 경계 내에 있는 한 점과 정렬시켜야 합니다. 기본값으로, 모든 해치 원점은 현재 UCS 원점에 해당합니다.

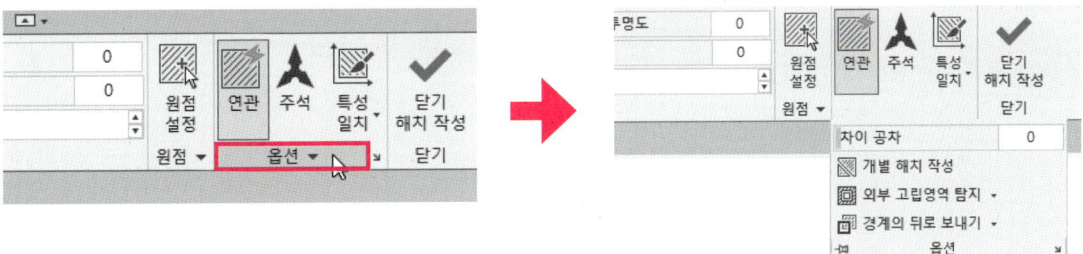

1 연관

연관 해치의 경계 객체를 수정하여 결과에 닫힌 경계가 유지되는 경우에는 연관된 해치 객체가 자동으로 업데이트됩니다.

- **연관 해치로 경계를 편집한 결과**

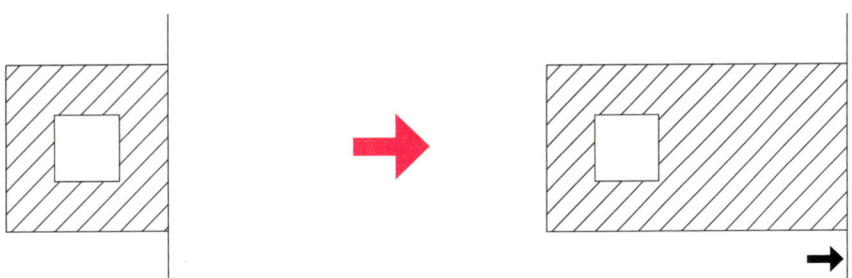

- **비연관 해치로 경계를 편집한 결과**

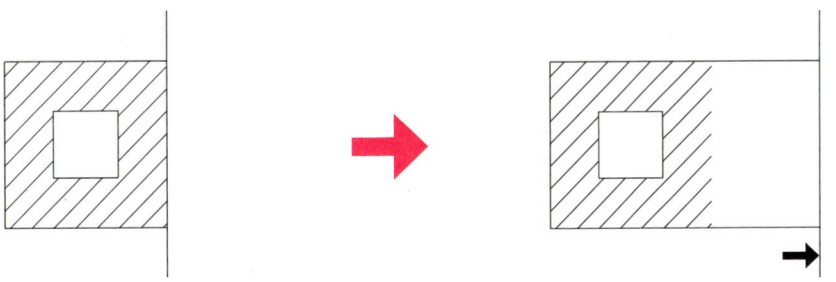

2 해치 고립영역 정보

일반 고립영역 탐지를 사용하여 표시되는 내부 선택점을 지정하는 경우 고립영역이 해치되지 않은 상태로 유지되며 고립영역 내의 고립영역이 해치됩니다.

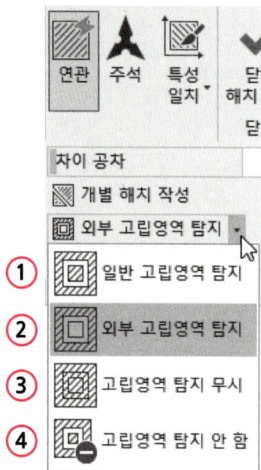

● 일반 고립영역 탐지

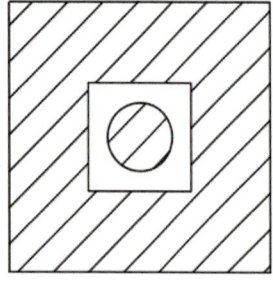

● 외부 고립영역 탐지

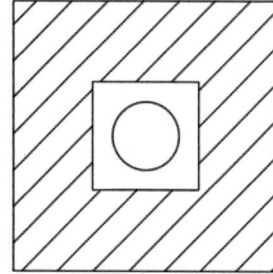

● 고립영역 탐지 무시

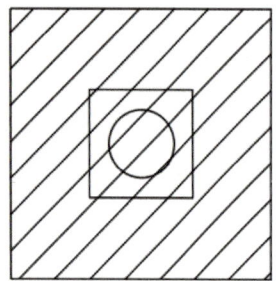

● 고립영역 탐지 안 함

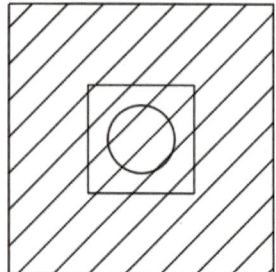

SECTION 09
스플라인 (SPLINE)

스플라인은 부드러운 곡선을 그릴 수 있는 명령입니다. 스플라인의 종류에는 스플라인 맞춤 명령과 스플라인 CV 명령이 있습니다.

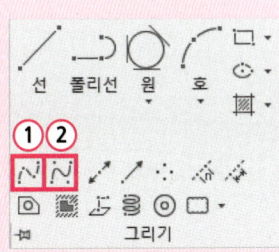

· 명령어 : SPLINE
· 단축키 : SPL
· 아이콘 위치 : [홈] 탭 - [그리기] 패널 - ① 스플라인 맞춤
　　　　　　　　　　　　　　　　　　　　　② 스플라인 CV

1 스플라인 맞춤 : 스플라인이 통과해야 하는 맞춤점을 지정하여 차수 3(3차원) B-스플라인을 작성합니다.

2 스플라인 CV : 조정 정점을 지정하여 스플라인을 작성합니다. 조정 정점을 이동하여 스플라인의 형태를 조정하는 것이 맞춤점을 이동하는 것보다 효율적인 결과를 얻을 수 있는 경우가 많습니다.

■ 명령 옵션

스플라인 명령을 실행하면 다음과 같은 옵션을 확인할 수 있습니다.

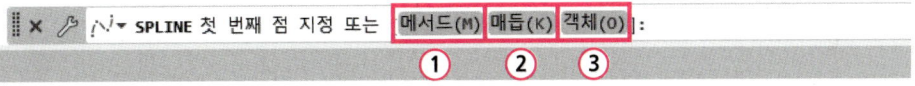

1 메서드(M) : 스플라인을 맞춤점으로 작성할지 조정 정점(CV)으로 작성할지 조정합니다.

2 매듭(K) : 스플라인 내의 연속하는 맞춤점 간에 구성요소 곡선을 혼합하는 방법을 결정하는 여러 계산 방법 중 하나인 매듭 매개변수화를 지정합니다.

3 객체(O) : 2D 또는 3D(2차원 또는 3차원) 스플라인 맞춤 폴리선을 해당하는 스플라인으로 변환합니다. 원래 폴리선은 DELOBJ 시스템 변수의 설정에 따라 유지되거나 삭제됩니다.

● 스플라인 맞춤　　　　　　　　　● 스플라인 CV

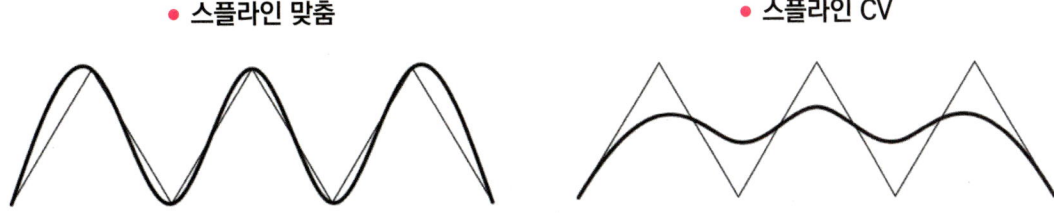

SECTION 10
구성선 (XLINE)

길이가 무한한 구성선을 작성합니다. 구성선 및 참조선을 작성하고, 경계를 자르는 데 유용합니다.

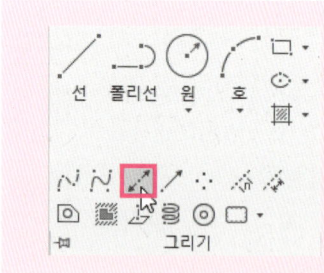

· 명령어 : XLINE
· 단축키 : XL
· 아이콘 위치 : [홈] 탭 – [그리기] 패널 – 구성선

■ 명령 옵션

구성선 명령을 실행하면 다음과 같은 옵션을 확인할 수 있습니다.

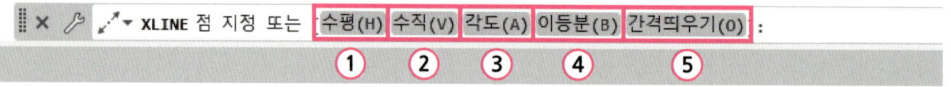

1 **수평(H)** : 지정한 점을 통과하는 수평 X선을 작성합니다.

2 **수직(V)** : 지정한 점을 통과하는 수직 X선을 작성합니다.

3 **각도(A)** : 지정한 각도로 X선을 작성합니다.

4 **이등분(B)** : 선택한 각도 정점을 통과하면서 첫 번째 선과 두 번째 선 사이를 이등분하는 X선을 작성합니다.

5 **간격띄우기(O)** : 다른 객체에 평행하게 X선을 작성합니다.

SECTION 11
광선 (RAY)

한 점에서 시작하여 무한히 이어지는 선형 객체를 작성합니다. 광선은 시작점과 통과점에 의해 정의된 방향으로 화면의 모서리까지 연장됩니다.

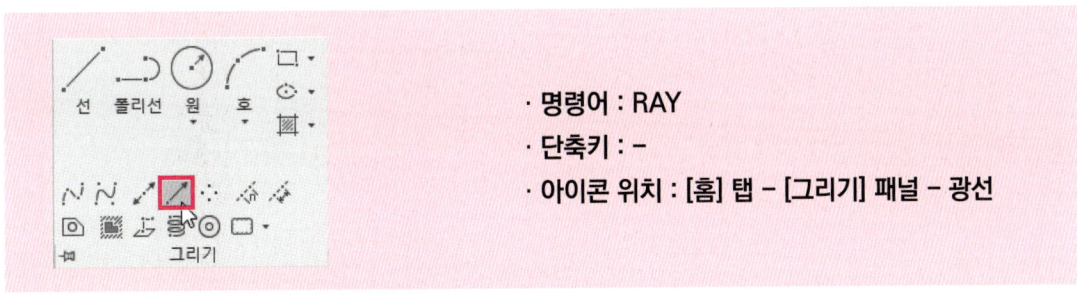

· 명령어 : RAY
· 단축키 : -
· 아이콘 위치 : [홈] 탭 - [그리기] 패널 - 광선

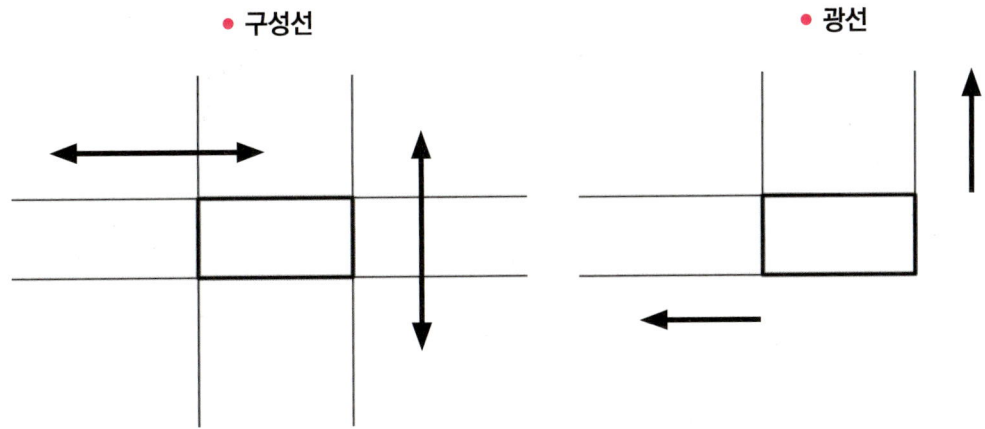

SECTION 12
도넛 (DONUT)

채워진 원 또는 넓은 링을 작성하는 명령입니다.

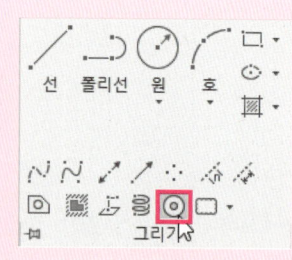

· 명령어 : DONUT
· 단축키 : DO
· 아이콘 위치 : [홈] 탭 – [그리기] 패널 – 도넛

도넛 명령은 내부 지름과 외부 지름을 설정하여 작성할 수 있습니다.

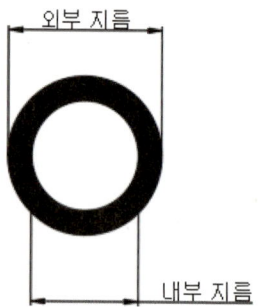

내부 지름을 0으로 하고 외부 지름만 설정하게 되면 다음과 같이 채워진 원이 작성됩니다.

SECTION 13
구름형 리비전 (REVCLOUD)

도면에서 검토되는 부분을 강조 표시하기 위해 사용되는 구름형 리비전을 작성할 수 있습니다.

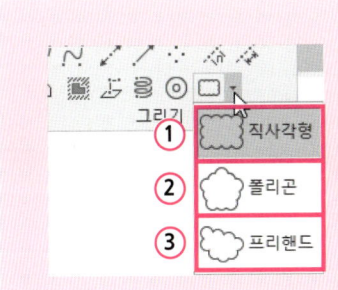

· 명령어 : REVCLOUD
· 단축키 : -
· 아이콘 위치 : [홈] 탭 - [그리기] 패널 - ① 직사각형
　　　　　　　　　　　　　　　　　　　　② 폴리곤
　　　　　　　　　　　　　　　　　　　　③ 프리핸드

■ 명령 옵션

구름형 리비전 명령을 실행하면 다음과 같은 옵션을 확인할 수 있습니다.

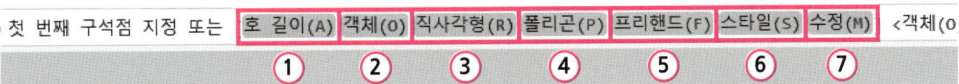

① **호 길이(A)** : 각 호의 현 길이 근사값을 지정합니다.

② **객체(O)** : 구름형 리비전으로 변환할 객체를 지정합니다.

③ **직사각형(R)** : 대각선 반대 구석으로 지정된 점을 사용하여 직사각형 구름형 리비전을 작성합니다.

④ **폴리곤(P)** : 구름형 리비전의 정점으로 세 개 이상 점에 의해 정의된 비직사각형 리비전 구름을 작성합니다.

⑤ **프리핸드(F)** : 프리핸드 구름형 리비전을 작성합니다.

⑥ **스타일(S)** : 구름형 리비전의 스타일을 지정합니다.

⑦ **수정(M)** : 기존 구름형 리비전에서 측면을 추가하거나 제거합니다.

[호 길이(A)] 옵션은 각 호의 현 길이 근사값을 지정하는 옵션이며, 호의 현 길이는 호의 끝점 사이의 거리입니다. 호 현 길이의 기본값은 도면에서 구름형 리비전을 처음 작성할 때 자동으로 결정됩니다.

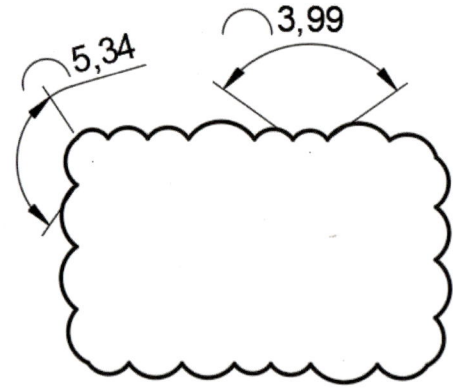

1 구름형 리비전의 종류

- 직사각형
- 폴리곤
- 프리핸드

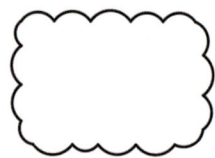

Section 1	이동 (MOVE)		104
Section 2	회전 (ROTATE)		105
Section 3	자르기 (TRIM)		106
Section 4	연장 (EXTEND)		107
Section 5	지우기 (ERASE)		108
Section 6	복사 (COPY)		109
Section 7	대칭 (MIRROR)		110
Section 8	모깎기 (FILLET)		111
Section 9	모따기 (CHAMFER)		112
Section 10	분해 (EXPLODE)		113
Section 11	신축 (STRETCH)		114
Section 12	축척 (SCALE)		115
Section 13	배열 (ARRAY)		116
Section 14	간격띄우기 (OFFSET)		119
Section 15	길이조정 (LENGTHEN)		121
Section 16	끊기와 점에서 끊기 (BREAK)		122
Section 17	결합 (JOIN)		124
Section 18	맨 앞으로 가져오기 (DRAWORDER)		125
Section 19	명령 취소 / 복구 (UNDO/REDO)		126

CHAPTER.05

수정 명령

SECTION 01
이동 (MOVE)

선택한 객체를 원하는 위치로 이동하는 명령입니다.

이동하는 방법으로는 임의의 위치 또는 입력한 거리만큼 이동하거나 객체스냅을 활용하여 이동할 수 있으며, 임의의 위치로 이동하거나 입력한 거리만큼 이동할 땐 기준점 위치가 중요하지 않습니다.

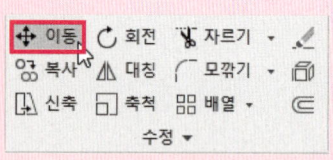

- 명령어 : MOVE
- 단축키 : M
- 아이콘 위치 : [홈] 탭 - [수정] 패널 - 이동

■ **명령 옵션**

이동 명령을 실행하고 객체 선택을 완료하면 다음과 같은 옵션을 확인할 수 있습니다.

1 **변위(D)** : 상대 거리 및 방향을 지정합니다. 지정한 두 점은 복사한 객체를 배치할 위치의 원본으로부터의 거리 및 방향을 나타내는 벡터를 정의합니다.

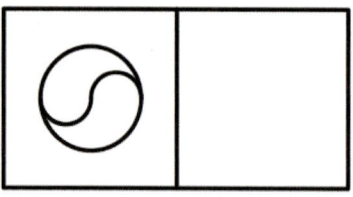 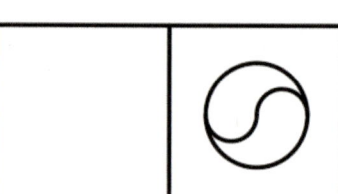

SECTION 02
회전 (ROTATE)

작성한 객체를 기준점을 중심으로 객체를 회전하는 명령입니다.

회전 명령시 시계 방향으로 회전하려면 각도 값 앞에 '-' 부호를 추가해야 합니다. 각도 값을 양수로 입력하면 객체가 반 시계 방향으로 회전됩니다.

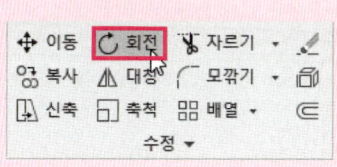

· 명령어 : ROTATE
· 단축키 : RO
· 아이콘 위치 : [홈] 탭 - [수정] 패널 - 회전

■ 명령 옵션

회전 명령을 실행한 후 객체를 선택하고 기준점을 지정하면 다음과 같은 옵션을 확인할 수 있습니다.

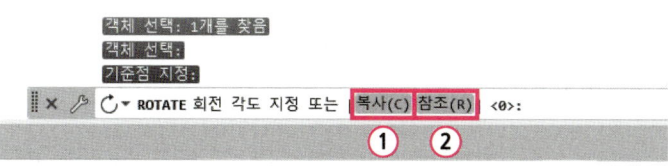

1 **복사(C)** : 회전하기 위해 선택된 객체의 사본을 작성합니다.

2 **참조(R)** : 지정된 각도부터 새 절대 각도까지 객체를 회전합니다. 뷰포트 객체를 회전하면 뷰포트의 경계는 도면 영역의 모서리에 평행하게 유지됩니다.

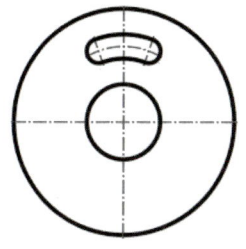 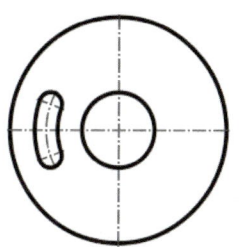

SECTION 03
자르기 (TRIM)

객체를 잘라 다른 객체의 모서리와 만나도록 하는 명령입니다. 2021버전부터 빠른 작업 모드가 추가되어 명령을 실행한 다음 자를 객체를 선택하면 됩니다.
빠른 작업 모드를 끄려면 TRIMEXTENDMODE(시스템 변수) 값을 변경합니다.
· 빠른 작업 모드 : TRIMEXTENDMODE 〉 1
· 표준 작업 모드 : TRIMEXTENDMODE 〉 0

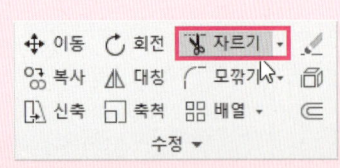

· 명령어 : TRIM
· 단축키 : TR
· 아이콘 위치 : [홈] 탭 - [수정] 패널 - 자르기

■ 명령 옵션

자르기 명령을 실행하면 다음과 같은 추가 옵션을 확인할 수 있습니다.

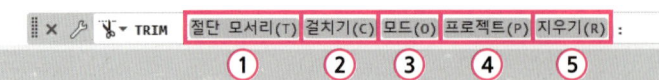

1 절단 모서리(T) : 선택된 추가 객체를 사용하여 객체를 자르려는 경계 모서리를 정의합니다.

2 걸치기(C) : 자를 객체를 선택하기 위해서 사각형을 작성해 걸치는 객체를 삭제합니다.

3 모드(O) : 기본 자르기 모드를 모든 객체를 잠재적 절단 모서리로 사용하는 '빠른 작업 모드' 또는 절단 모서리를 선택하라는 프롬프트가 표시되는 '표준 모드'로 설정합니다.

4 프로젝트(P) : 자를 객체를 선택하기 위해서 투영 방법을 지정해 삭제합니다.

5 지우기(R) : 기준 객체와 상관없이 선택한 객체를 삭제합니다.

SECTION 04
연장 (EXTEND)

객체를 연장하여 다른 객체의 모서리와 만나도록 합니다. 2021버전부터 빠른 작업 모드가 추가되어 명령을 실행한 다음 연장할 객체를 선택하면 됩니다.

빠른 작업 모드를 끄려면 TRIMEXTENDMODE(시스템 변수) 값을 변경합니다.

· 빠른 작업 모드 : TRIMEXTENDMODE 〉 1
· 표준 작업 모드 : TRIMEXTENDMODE 〉 0

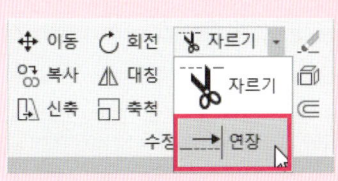

· 명령어 : EXTEND
· 단축키 : EX
· 아이콘 위치 : [홈] 탭 – [수정] 패널 – 연장

■ 명령 옵션

연장 명령을 실행하면 다음과 같은 추가 옵션을 확인할 수 있습니다.

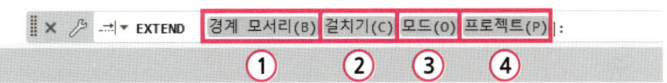

1 경계 모서리(B) : 선택된 객체를 사용하여 객체를 연장하려는 경계 모서리를 정의합니다.

2 걸치기(C) : 연장할 객체를 선택하기 위해서 사각형을 작성해 걸치는 객체를 연장합니다.

3 모드(O) : 기본 연장 모드를 모든 객체를 잠재적 경계 모서리로 사용하는 '빠른 작업 모드' 또는 경계 모서리를 선택하라는 프롬프트가 표시되는 '표준 모드'로 설정합니다.

4 프로젝트(P) : 연장할 객체를 선택하기 위해서 투영 방법을 지정해 연장합니다.

SECTION 05
지우기 (ERASE)

도면에서 선택한 객체를 지울 수 있습니다.

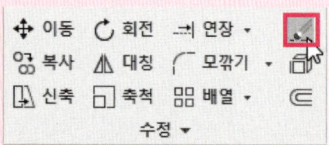

· 명령어 : ERASE
· 단축키 : E
· 아이콘 위치 : [홈] 탭 - [수정] 패널 - 지우기

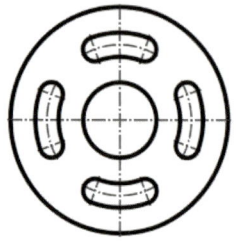  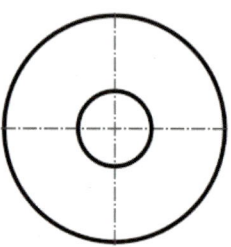

Tip

삭제할 객체를 선택한 다음 키보드의 Delete 키를 눌러 지울 수도 있습니다.

SECTION 06
복사 (COPY)

지정된 방향으로 지정된 거리만큼 떨어진 곳에 객체를 복사합니다.

이동과 복사 명령은 사용 방법은 비슷하나 명령의 이름 그대로 원본 객체를 이동할 것인지 원본 객체를 그대로 두고 사본 객체를 추가로 생성할 것인지에 대한 차이가 있습니다.

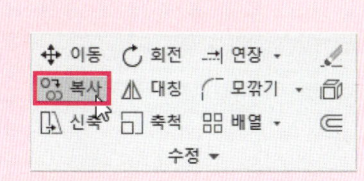

· 명령어 : COPY
· 단축키 : CO
· 아이콘 위치 : [홈] 탭 – [수정] 패널 – 복사

■ 명령 옵션

복사 명령을 실행하고 객체를 선택하면 다음과 같은 옵션을 확인할 수 있습니다.

1 변위(D) : 좌표를 사용하여 상대 거리 및 방향을 지정합니다.
2 모드(O) : 명령을 자동으로 반복할지 조정합니다.

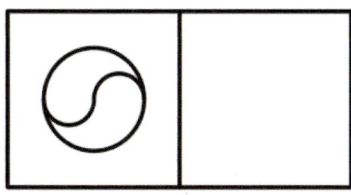  

SECTION 07
대칭 (MIRROR)

도면의 절반을 표현하는 객체를 작성하고 이를 선택하여 특정 선에 대해 대칭 이미지를 만들어 다른 절반을 작성할 수 있습니다.

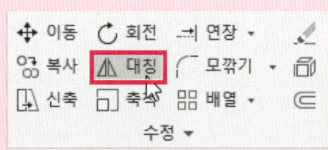

- 명령어 : MIRROR
- 단축키 : MI
- 아이콘 위치 : [홈] 탭 – [수정] 패널 – 대칭

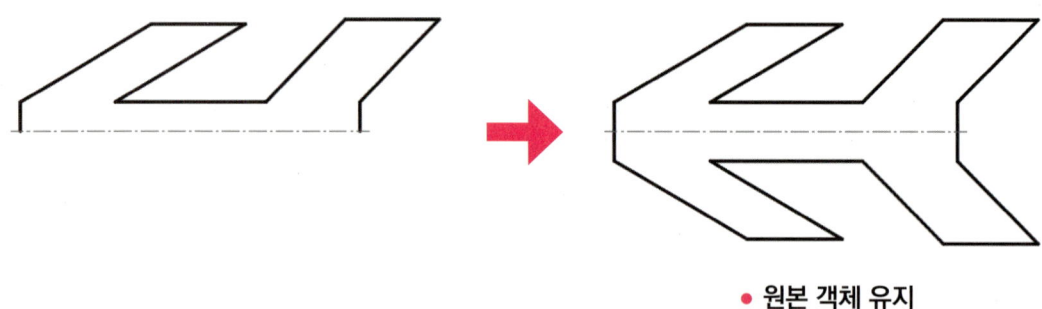

● 원본 객체 유지

● 원본 객체 삭제

SECTION 08
모깎기 (FILLET)

선택한 객체의 모서리에 대해 모깎기를 추가하는 명령입니다.

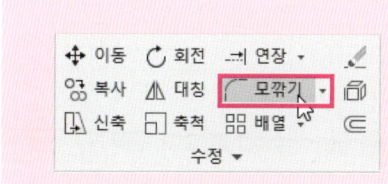

· 명령어 : FILLET
· 단축키 : F
· 아이콘 위치 : [홈] 탭 – [수정] 패널 – 모깎기

■ 명령 옵션

모깎기 명령을 실행하면 다음과 같은 추가 옵션을 확인할 수 있습니다.

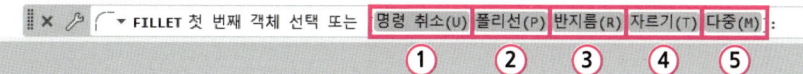

1 명령 취소(U) : 방금 작성한 모깎기를 취소합니다.

2 폴리선(P) : 폴리라인 객체의 모서리에 모깎기를 작도합니다.

3 반지름(R) : 모깎기할 모서리의 반지름을 설정합니다

4 자르기(T) : 모깎기할 모서리의 유지/유지 안함을 설정합니다.

5 다중(M) : 같은 설정으로 연속 모깎기를 작성할 수 있습니다.

반지름이 0일 경우

SECTION 09
모따기 (CHAMFER)

선택한 객체의 모서리에 대해 모따기를 추가하는 명령입니다.

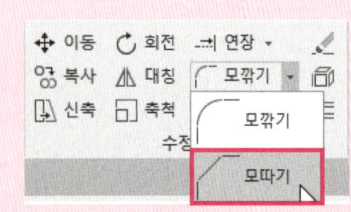

- 명령어 : CHAMFER
- 단축키 : CHA
- 아이콘 위치 : [홈] 탭 – [수정] 패널 – 모따기

■ 명령 옵션

모따기 명령을 실행하면 다음과 같은 추가 옵션을 확인할 수 있습니다.

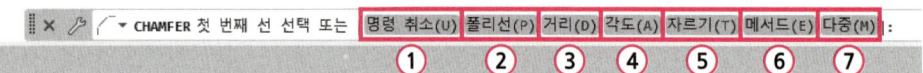

1 명령 취소(U) : 방금 작성한 모따기를 취소합니다.

2 폴리선(P) : 폴리라인 객체의 모서리에 모따기를 작도합니다.

3 거리(D) : 두 모서리의 거리를 지정해 모따기를 작도합니다.

4 각도(A) : 한 개의 모서리 거리와 그 모서리에서 기울어지는 각도를 지정해 모따기를 작도합니다.

5 자르기(T) : 모따기할 모서리를 유지/유지 안 함을 설정합니다.

6 메서드(E) : 시스템에 저장된 모따기의 거리값과 각도값 중 어느 것을 선택해 모따기를 할지 결정합니다.

7 다중(M) : 현재의 설정으로 연속된 모따기를 작도합니다.

거리가 0일 경우

SECTION 10
분해 (EXPLODE)

복합 객체(폴리선, 치수, 블록 등)를 구성요소 객체로 분해합니다.

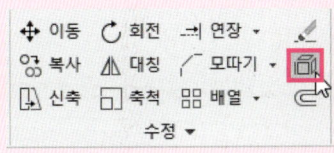

- 명령어 : EXPLODE
- 단축키 : X
- 아이콘 위치 : [홈] 탭 – [수정] 패널 – 분해

Tip

분해한 객체는 결합 명령으로 다시 되돌릴 수 있지만 속성을 갖고 있는 복합객체(치수, 블록 등)는 분해 후 되돌릴 수 없습니다.

SECTION 11
신축 (STRETCH)

걸치기 선택 방식으로 선택한 객체를 신축(늘이거나 줄이는) 하는 명령입니다.
 신축(STRETCH) 명령을 사용할 때 객체는 오른쪽에서 왼쪽으로 선택하는 "걸치기 선택" 방식으로 범위를 지정해주어야 합니다. 클릭해서 선택하거나 윈도우 선택 방식으로 선택하면 정점 또는 끝점이 아닌 객체 자체가 선택되어 신축되지 않고 이동됩니다.

 신축 명령 실행 후 C를 입력하면 어떤 방향으로 선택하여도 "걸치기 선택"이 됩니다.

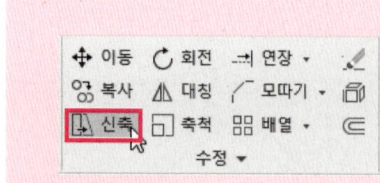

· 명령어 : STRETCH
· 단축키 : S
· 아이콘 위치 : [홈] 탭 - [수정] 패널 - 신축

■ **명령 옵션**

신축 명령을 실행하고 객체를 선택하면 다음과 같은 옵션을 확인할 수 있습니다.

1 **변위(D)** : 신축의 상대 거리 및 방향을 지정합니다.

SECTION 12
축척 (SCALE)

선택한 객체의 비율을 동일하게 유지하면서 확대 또는 축소합니다.

축척(SCALE) 명령으로 객체의 비율을 키우려면 1 보다 큰 수 1.5, 2 ... 등을 입력하면 되며, 객체의 비율을 줄이려면 1 보다 작은 수 0.9, 0.8 또는 1/3, 1/5 ... 등을 비율로 입력하면 됩니다.

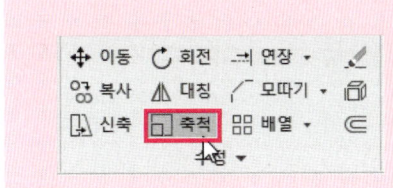

· 명령어 : SCALE
· 단축키 : SC
· 아이콘 위치 : [홈] 탭 – [수정] 패널 – 축척

■ 명령 옵션

축척할 객체를 선택하고 기준점을 선택하면 다음과 같은 추가 옵션을 확인할 수 있습니다.

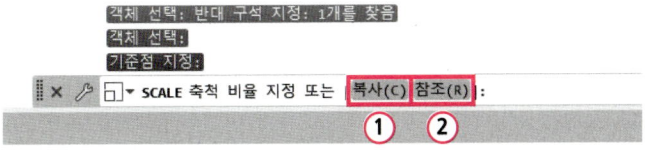

1 복사(C) : 축척된 객체가 원본 객체와 독립적으로 복사되어 작도됩니다.

2 참조(R) : 두 개의 참조 수치간의 배율을 계산하여 객체를 축척합니다.

SECTION 13
배열 (ARRAY)

작성한 객체를 정해진 패턴으로 배열 복사하는 명령입니다. 배열 유형으로는 직사각형, 경로, 원형 배열이 있습니다.

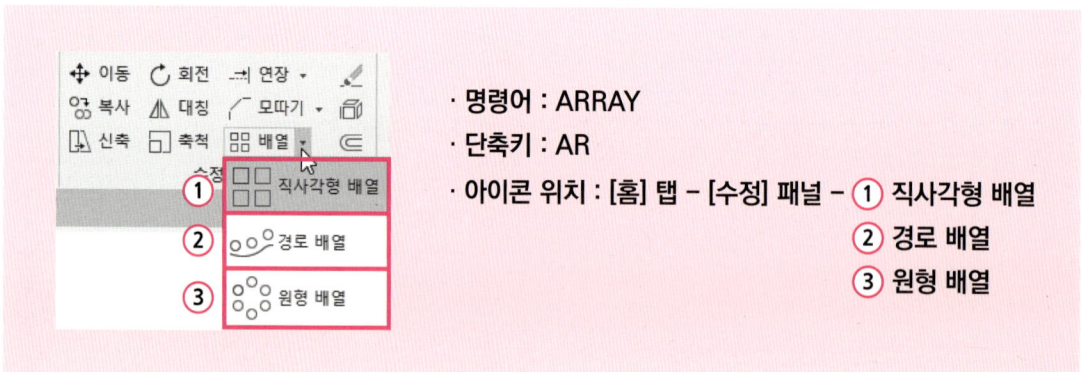

- 명령어 : ARRAY
- 단축키 : AR
- 아이콘 위치 : [홈] 탭 - [수정] 패널 - ① 직사각형 배열
  ② 경로 배열
  ③ 원형 배열

■ 직사각형 배열

직사각형 배열 명령을 실행하고 객체를 선택하면 아래와 같이 상황별 리본 탭이 나타납니다.

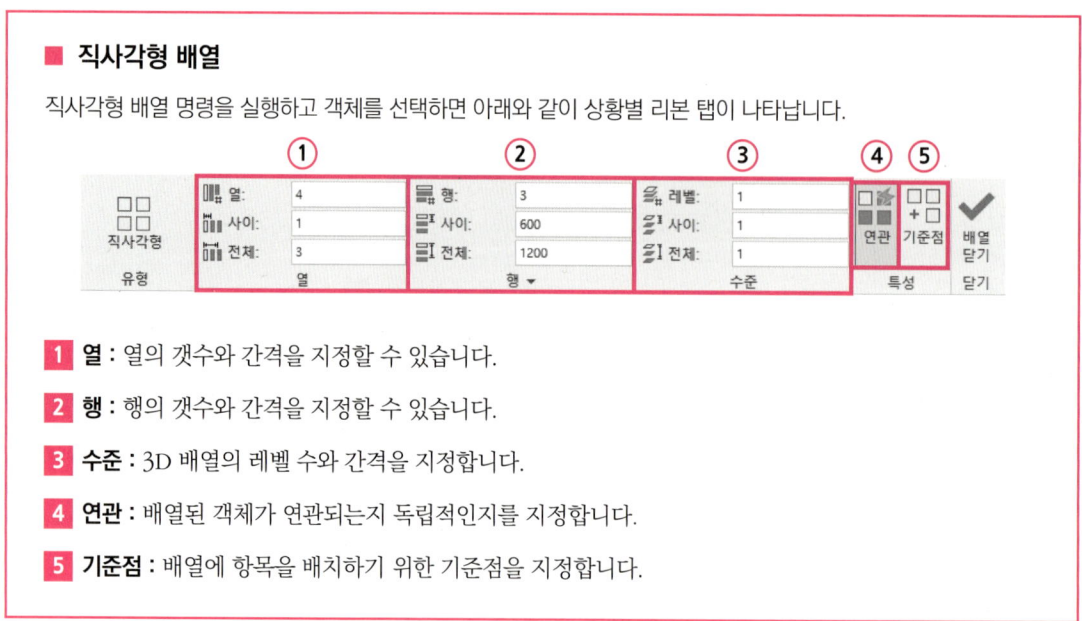

① 열 : 열의 갯수와 간격을 지정할 수 있습니다.

② 행 : 행의 갯수와 간격을 지정할 수 있습니다.

③ 수준 : 3D 배열의 레벨 수와 간격을 지정합니다.

④ 연관 : 배열된 객체가 연관되는지 독립적인지를 지정합니다.

⑤ 기준점 : 배열에 항목을 배치하기 위한 기준점을 지정합니다.

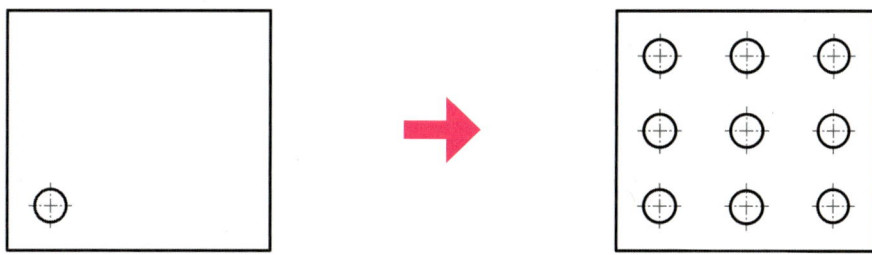

■ 경로 배열

경로 배열 명령을 실행하고 객체와 경로 곡선을 선택하면 아래와 같이 상황별 리본 탭이 나타납니다.

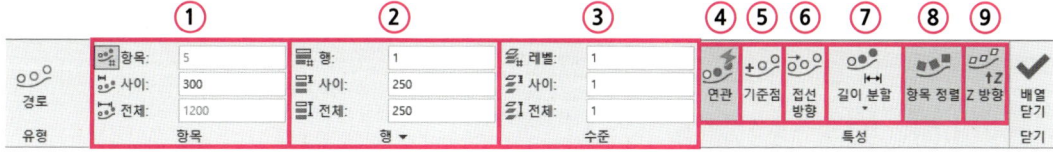

1 항목 : 방법 설정에 따라 항목의 수 또는 항목 간의 거리를 지정합니다.

2 행 : 배열의 행과 수, 행 간의 거리, 그리고 행 간 증분 고도를 지정합니다.

3 수준 : 배열의 레벨은 Z축 방향으로 배열의 행 및 열 패턴 연장을 의미합니다.

4 연관 : 배열된 객체를 작성할지 아니면 선택된 객체의 비연관 사본을 작성할지 지정합니다.

5 기준점 : 배열의 기준점을 정의합니다. 경로 배열의 항목이 기준점을 기준으로 배치됩니다.

6 접선 방향 : 경로의 시작 방향을 기준으로 배열된 항목을 정렬할 방법을 지정합니다.

7 길이 분할 : 항목을 지정된 간격으로 경로를 따라 분산시킵니다.

8 항목 정렬 : 각 항목을 경로 방향에 접하도록 정렬할지 여부를 지정합니다. 정렬은 첫 번째 항목의 방향을 기준으로 합니다.

9 Z 방향 : 항목의 원래 Z 방향을 유지할지 아니면 3D 경로를 따라 자연적으로 배열할지를 조정합니다.

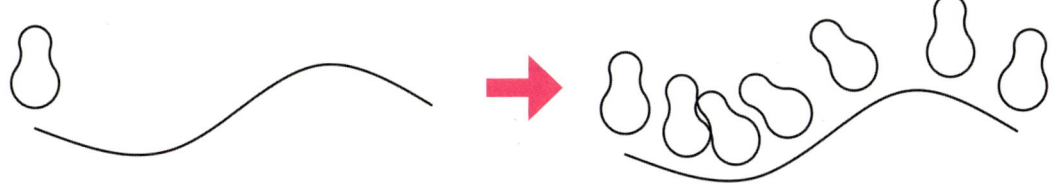

■ 원형 배열

원형 배열 명령을 실행하고 객체와 중심점을 선택하면 아래와 같이 상황별 리본 탭이 나타납니다.

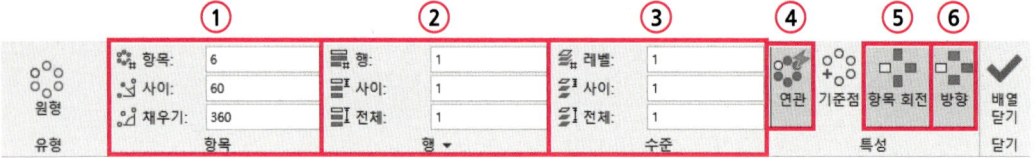

1 항목 : 중심점을 기준으로 채울 항목의 수와 간격을 지정할 수 있습니다.

2 행 : 중심점을 기준으로 하여 밖으로 배열할 행의 수와 거리를 지정할 수 있습니다.

3 수준 : Z축 방향으로 배열할 수 있으며 2차원 도면을 작성할 땐 사용하지 않습니다.

4 연관 : 연관 배열은 나중에 객체를 쉽게 수정할 수 있습니다. 배열 닫기 후 다시 배열된 객체를 클릭하면 상황별 리본 탭이 나타납니다.

5 항목 회전 : 배열할 때 항목이 회전되는지 여부를 결정합니다.

6 방향 : 항목의 채울 각이 360도 미만일 경우 시계 또는 반 시계 방향으로 배열할지를 결정합니다.

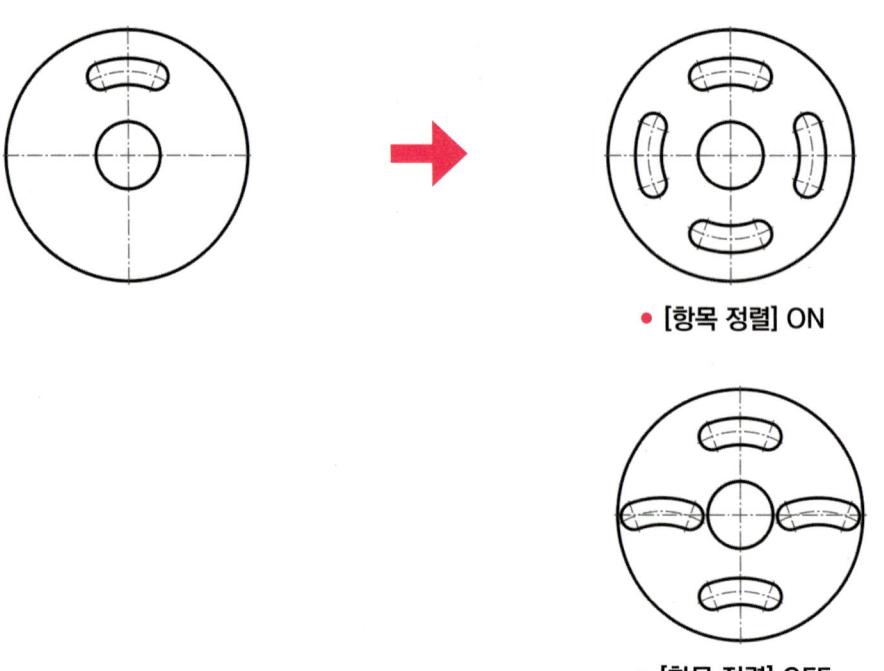

- [항목 정렬] ON

- [항목 정렬] OFF

SECTION 14
간격띄우기 (OFFSET)

선택한 객체에서 일정한 거리로 간격이 띄워진 객체를 추가로 작성하는 명령입니다.

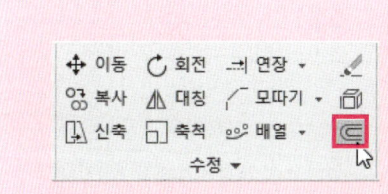

· 명령어 : OFFSET
· 단축키 : O
· 아이콘 위치 : [홈] 탭 – [수정] 패널 – 간격띄우기

■ 명령 옵션

간격띄우기 명령을 실행하면 다음과 같은 추가 옵션을 확인할 수 있습니다.

1 통과점(T) : 지정한 점을 통과하는 객체를 작도합니다.
2 지우기(E) : 원본 객체를 지웁니다.
3 도면층(L) : 작성된 객체가 원본 도면층을 따를지, 현재 도면층을 따를지를 결정합니다.

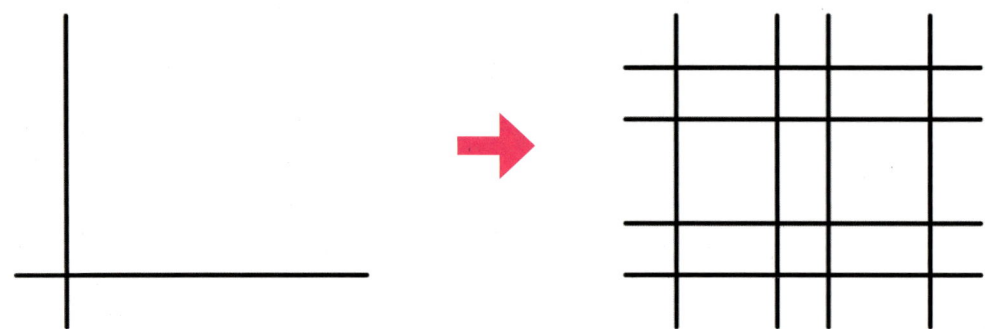

Tip

간격띄우기 명령을 실행하면 지정한 거리만큼 간격을 띄울 수 있으며, 명령을 종료하지 않고도 지정한 거리를 변경하여 간격을 띄울 수도 있습니다.

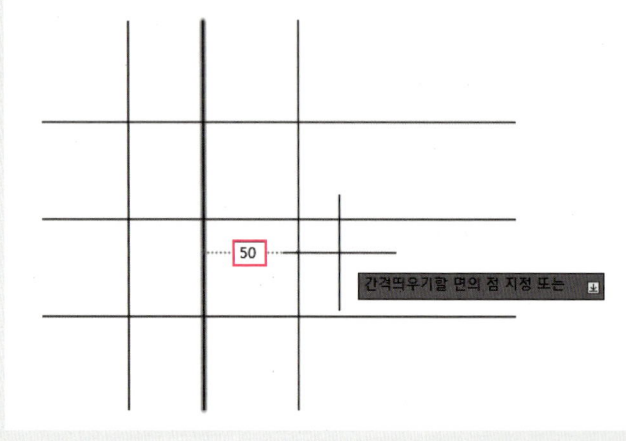

SECTION 15

길이조정 (LENGTHEN)

객체의 길이와 호의 사이각을 변경하는 명령입니다.

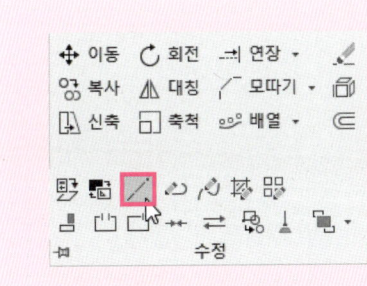

· 명령어 : LENGTHEN
· 단축키 : LEN
· 아이콘 위치 : [홈] 탭 - [수정] 패널 - 길이조정

■ 명령 옵션

길이조정 명령을 실행하면 다음과 같은 추가 옵션을 확인할 수 있습니다.

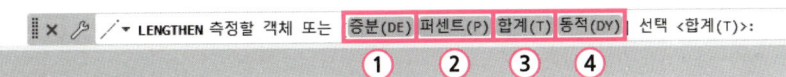

1 **증분(DE)** : 지정된 증분값만큼 객체의 길이를 변경합니다.

2 **퍼센트(P)** : 객체의 길이를 전체 길이에 대해 지정된 퍼센트로 설정합니다.

3 **합계(T)** : 선택점에 가장 가까운 끝점으로부터 지정된 값으로 객체의 길이를 조정합니다.

4 **동적(DY)** : 선택된 객체의 끝점 중 하나를 끌어 객체 길이를 변경할 수 있습니다. 다른 끝점은 고정된 채로 있습니다.

SECTION 16

끊기와 점에서 끊기 (BREAK)

작성한 객체의 일정 구간에 대해서 첫 번째 점과 두 번째 점을 선택해 끊기를 작성할 수 있고 점에서 끊기 도구를 사용하여 선택한 객체를 단일 점에서 끊을 수 있습니다.

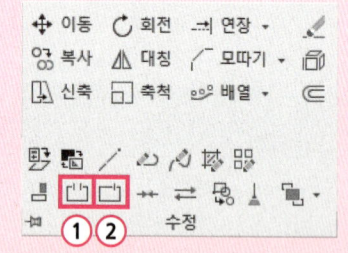

- 명령어 : BREAK
- 단축키 : BR
- 아이콘 위치 : [홈] 탭 – [수정] 패널 – ① 끊기
  ② 점에서 끊기

● 끊기

● 점에서 끊기

> **Tip**
> 점에서 끊기 명령은 기존에는 아이콘으로만 실행이 되었지만, 2021 버전부터는 "BREAKATPOINT" 라는 명령으로 실행이 가능합니다.

끊기 명령의 특징은 명령을 실행하고 객체를 마우스 커서로 선택한 점이 끊기 첫 번째 점이 됩니다.

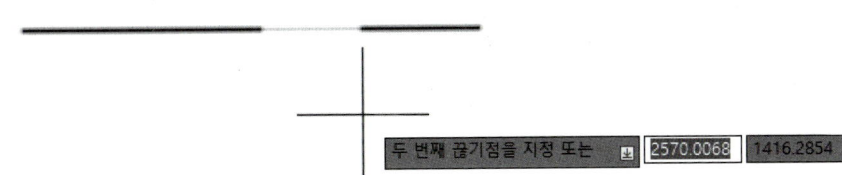

Tip

끊기 명령을 실행 후 첫 번째 점 옵션을 활용해 첫 번째 점과 두 번째 점을 동일한 위치로 지정하면 점에서 끊기와 같은 결과를 만들 수 있습니다.

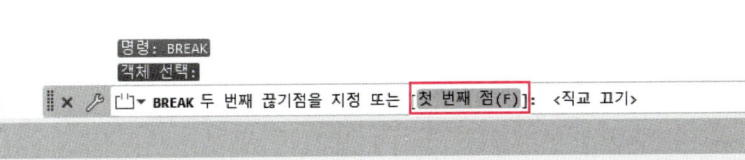

동일 선상에 서로 다른 도면층을 적용해야 할 경우 '점에서 끊기'를 활용하면 보다 빠르게 작업할 수 있습니다.

SECTION 17
결합 (JOIN)

선형 및 곡선형 객체의 끝점을 결합하여 단일 객체를 작성합니다.

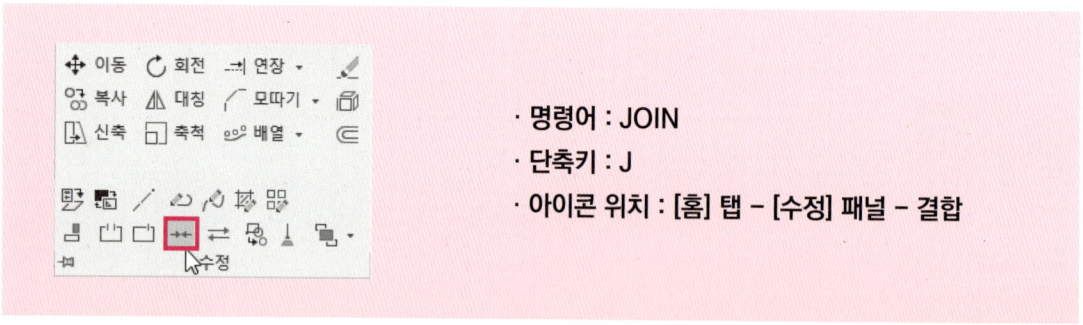

- 명령어 : JOIN
- 단축키 : J
- 아이콘 위치 : [홈] 탭 – [수정] 패널 – 결합

동일 선상에 위치한 2개 이상의 선을 결합하면 1개의 선으로 작성됩니다.

객체의 끝점이 연결되어 있는 선이나 호를 결합하면 1개의 폴리선으로 작성됩니다.

SECTION 18

맨 앞으로 가져오기 (DRAWORDER)

이미지 및 다른 객체의 그리기 순서를 변경합니다.

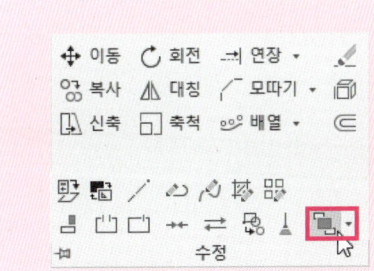

- 명령어 : DRAWORDER
- 단축키 : -
- 아이콘 위치 : [홈] 탭 - [수정] 패널 - 맨 앞으로 가져오기

■ 명령 옵션

명령행에 DRAWORDER를 입력하여 맨 앞으로 가져오기 명령을 실행하고 객체를 선택하면 다음과 같은 추가 옵션을 확인할 수 있습니다.

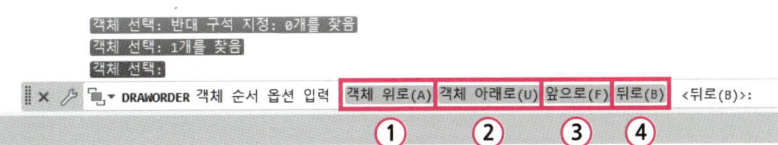

① 객체 위로(A) : 선택된 객체를 지정된 참조 객체의 위로 이동합니다.

② 객체 아래로(U) : 선택된 객체를 지정된 참조 객체의 아래로 이동합니다.

③ 앞으로(F) : 도면에서 선택된 객체를 객체 순서의 맨 위로 이동합니다.

④ 뒤로(B) : 도면에서 선택된 객체를 객체 순서의 맨 아래로 이동합니다.

SECTION 19
명령 취소 / 복구 (UNDO/REDO)

01 명령 취소

이전까지 작업한 명령을 취소합니다.

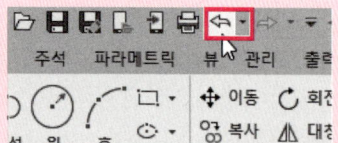

- 명령어 : UNDO
- 단축키 : CTRL + Z
- 아이콘 위치 : 신속 접근 도구막대 – 명령 취소

■ 명령 옵션

명령행에 UNDO를 입력하여 명령 취소 명령을 실행하면 다음과 같은 추가 옵션을 확인할 수 있습니다.

① 자동(A) : 단일 명령의 작업들을 모아서 Undo 명령으로 한꺼번에 되돌립니다.

② 조정(C) : Undo 명령의 세부 옵션을 조정합니다.

③ 시작(BE)/끝(E) : 일련의 작업을 세트로 그룹화합니다.

④ 표식(M)/뒤(B) : 표식은 명령 취소 정보 내에 표식을 배치합니다. 뒤는 이 표식 뒤로 수행한 모든 작업을 취소합니다.

Tip

신속 접근 도구막대에서 UNDO 아이콘 옆의 확장 버튼을 클릭하면 지금까지 작업했던 리스트가 표시됩니다. 원하는 리스트를 선택하면 해당 작업 상태로 돌아갑니다.

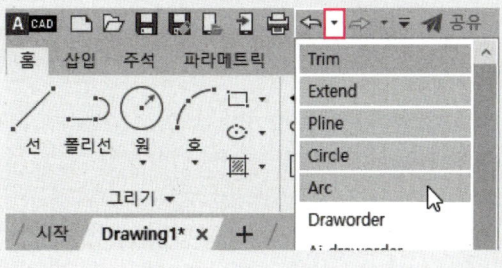

02 명령 복구

이전 UNDO 또는 U 명령의 효과를 되돌립니다.

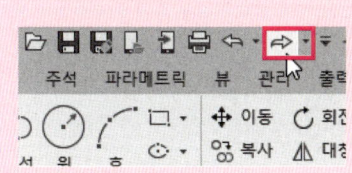

- 명령어 : REDO
- 단축키 : CTRL + Y
- 아이콘 위치 : 신속 접근 도구막대 – 명령 복구

Tip

신속 접근 도구막대에서 REDO 아이콘 옆의 확장 버튼을 클릭하면 지금까지 작업했던 리스트가 표시됩니다. 원하는 리스트를 선택하면 해당 작업 상태로 REDO가 실행됩니다.

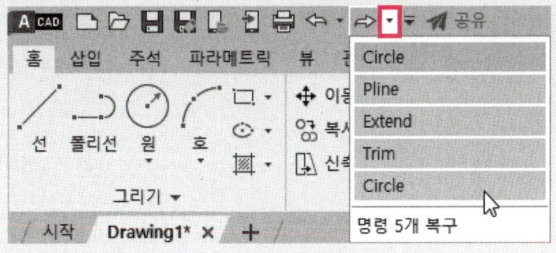

Section 1   도면층 (LAYER)   ---------------- 130
Section 2   객체 특성   ---------------- 137

CHAPTER.06

도면층과 특성 관리

SECTION 01
도면층 (LAYER)

　도면층이란 투명한 한 장의 필름이라고 생각하면 됩니다. 여러 장의 투명한 필름에 각각의 형상을 작도한 후, 이것을 모두 겹쳐서 보면 아래 그림과 같이 한 장의 필름에 그려진 형상으로 보이는데, 이것이 AutoCAD의 작업화면이라고 이해하면 됩니다.

　사용자는 새로운 도면층을 추가하여 작성한 객체를 종류 및 목적에 따라 구분할 수 있으며, 각 도면층에 선 종류, 색상, 선 가중치 등을 설정할 수 있습니다.

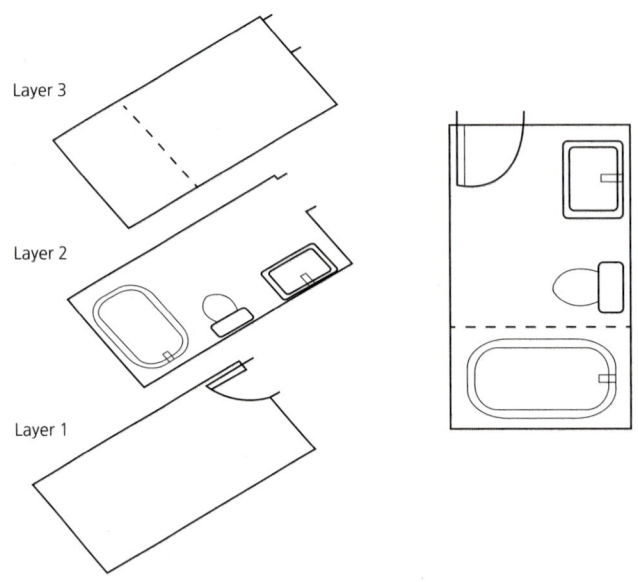

01　도면층 특성 관리자

　도면층을 추가, 삭제하거나 도면층의 이름을 바꿀 수 있습니다. 또한, 특성을 변경하거나 설명을 추가하는 등의 작업을 할 수 있습니다.

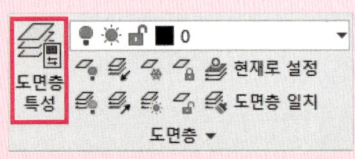

· 명령어 : LAYER
· 단축키 : LA
· 아이콘 위치 : [홈] 탭 – [도면층] 패널 – 도면층 특성

■ **도면층 특성 관리자**

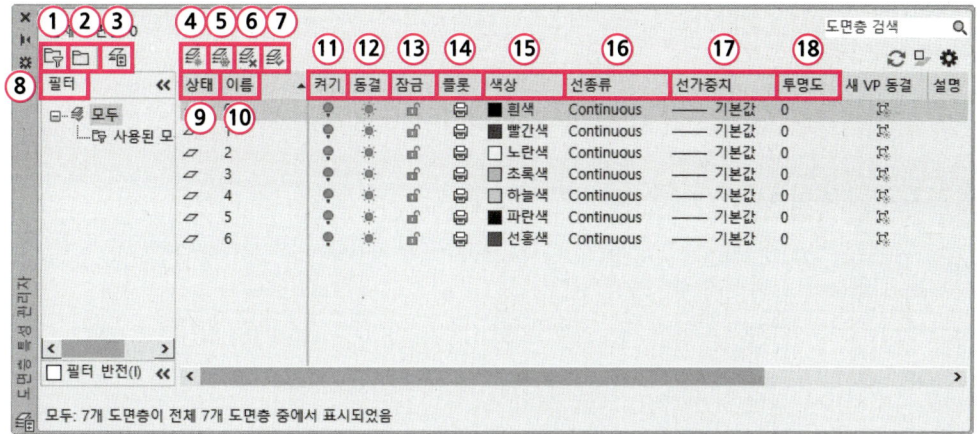

1 **새 특성 필터** : 새로운 특성 필터 항목을 추가합니다. 사용자는 여기서 원하는 대로 필터를 설정해 사용할 수 있습니다.

2 **새 그룹 필터** : 새로운 그룹 필터 항목을 추가합니다.

3 **도면층 상태 관리자** : 새로운 도면층 상태 리스트를 만들어 관리할 수 있습니다.

4 **새 도면층** : 새로운 도면층을 작성합니다.

5 **새 도면층 VP가 모든 뷰포트에서 동결됨** : 새로운 도면층을 만들고 만들어진 도면층은 모든 뷰포트에서 동결됩니다.

6 **도면층 삭제** : 작성된 도면층을 삭제합니다.

7 **현재로 설정** : 현재의 활성 레이어를 선택한 레이어로 전환합니다.

8 **필터** : 필터 항목 리스트를 표시합니다. 사용자는 여기서 필터의 트리 구조를 파악할 수 있습니다.

9 **상태** : 현재 도면층의 활성 상태를 표시합니다.

10 **이름** : 현재 도면층의 이름을 표시합니다.

11 **켜기** : 도면층이 꺼지면 꺼진 도면층에 해당하는 객체는 화면에서 사라집니다. 이때, 객체는 여전히 도면상에 존재합니다.

12 **동결** : 도면층이 동결되면 도면층에 해당하는 객체는 화면에서 사라질 뿐 아니라 도면에 존재하지 않는 객체로 인식됩니다. 도면이 복잡한 경우 필요없는 도면층을 동결하면 작업속도 향상에 도움을 줍니다.

13 **잠금** : 도면층이 잠기게 되면 화면에서 잠긴 도면층에 해당하는 객체는 보이지만 선택할 수 없습니다.

14 **플롯** : 현재 도면층을 출력에 포함시킬지 제외시킬지를 결정합니다.

15 **색상** : 현재 도면층의 색상을 변경합니다.

16 **선종류** : 현재 도면층의 선 종류를 변경합니다.

17 **선가중치** : 현재 도면층의 선 가중치를 변경합니다.

18 **투명도** : 현재 도면층의 투명도를 변경합니다.

02 도면층 설정

도면층 설정시 일반적으로 AutoCAD에서는 선의 굵기가 아닌 색상으로써 선을 정의하고 출력 결과는 이 설정을 따릅니다. 따라서 선의 용도와 굵기에 따라서 레이어를 설정해야 합니다.

1 새 도면층 작성 방법

도면층 특성 관리자 대화상자에서 [새 도면층]을 클릭하여 새로운 도면층을 추가할 수 있습니다.
('0'은 기본 도면층으로 삭제가 불가능합니다.)

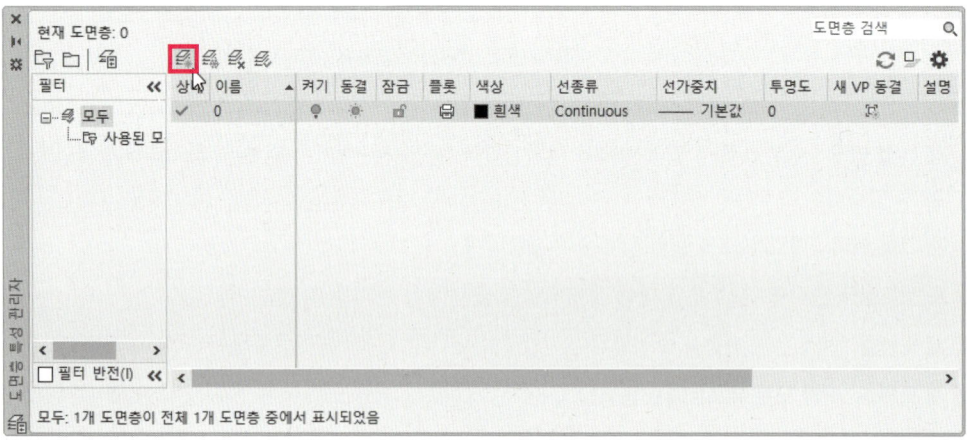

2 이름 변경 방법

새 도면층 버튼을 클릭하면 도면층의 이름을 바로 변경하여 등록할 수 있습니다. 혹은 도면층의 이름을 시간 텀을 두고 두 번 클릭하여 이름을 변경할 수도 있습니다.

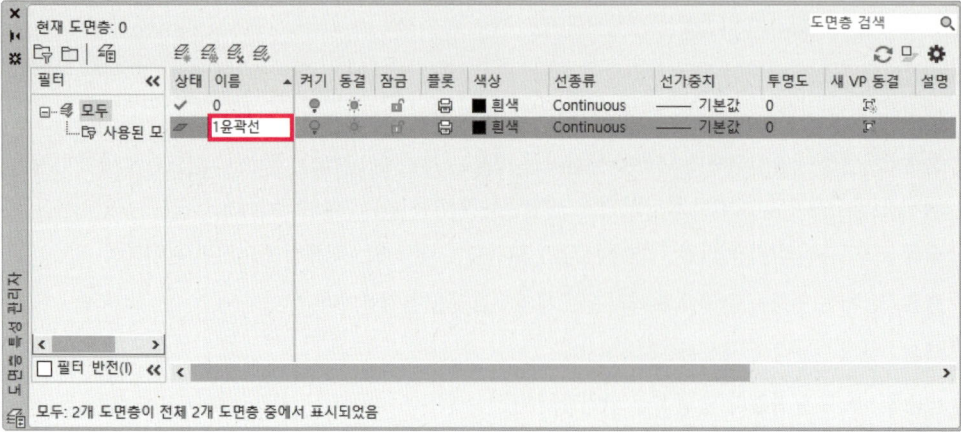

3 색상 지정 방법

새로 만든 도면층의 [색상]을 클릭하고 색상 선택 대화상자에서 변경할 색상을 선택하여 색상을 지정할 수 있습니다.

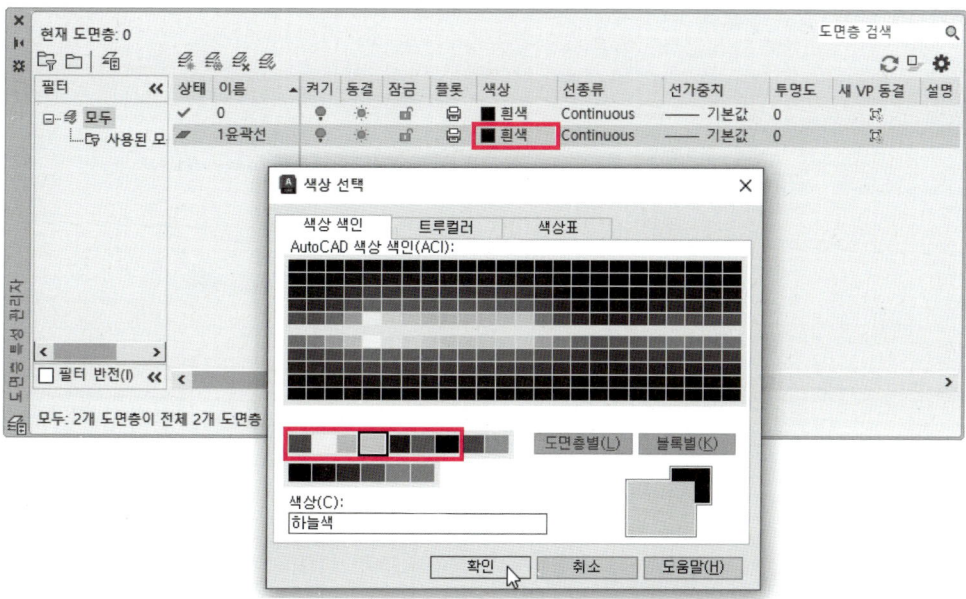

> **Tip**
>
> AutoCAD에서 도면층 설정시 주로 사용하는 색상입니다. 테두리 안의 색상을 선택하면 이름으로 구분할 수 있지만 플롯 스타일 편집기에서는 이름이 아닌 색인 번호로 구분됩니다.

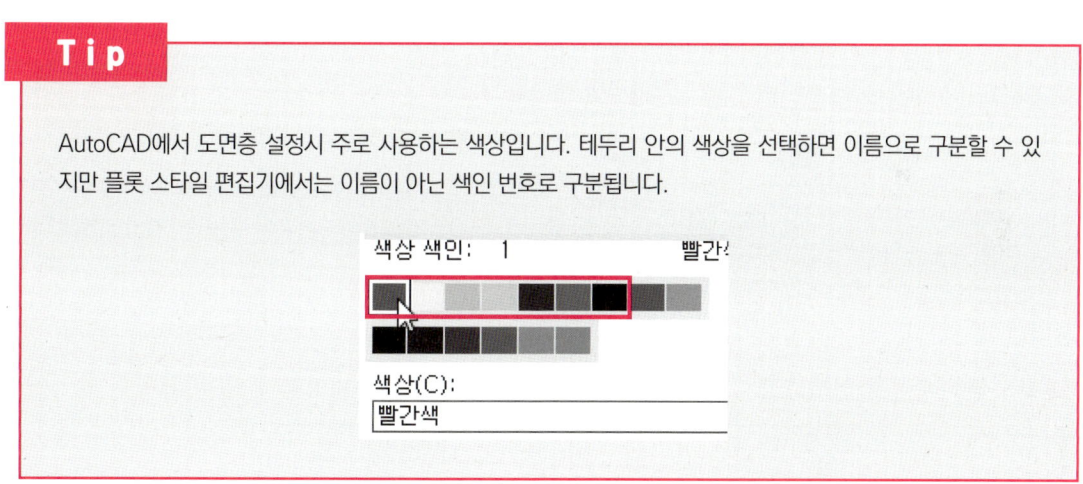

4 선종류 지정 방법

01 도면층의 선 종류 지정시 [선종류]를 클릭한 다음 [로드(L)]를 클릭합니다.

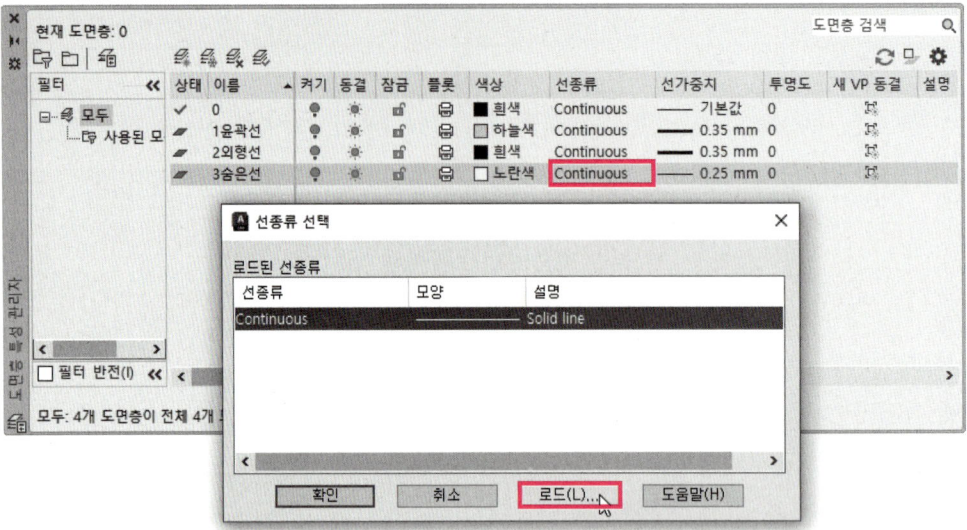

02 변경할 선종류를 선택하고 확인을 클릭합니다.

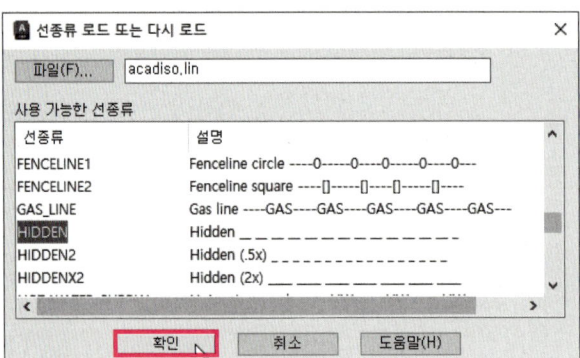

03 로드된 선종류를 선택하고 다시 한번 확인을 클릭하여 선종류를 변경할 수 있습니다.

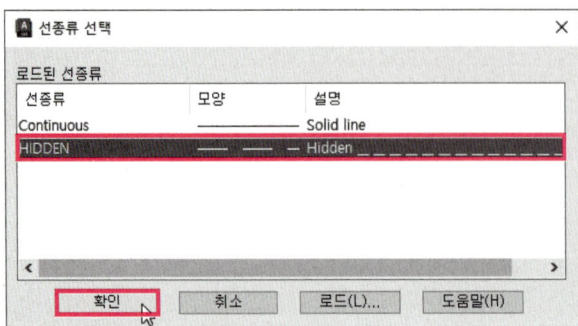

5 선가중치 지정 방법

[선가중치]를 클릭하고 대화상자에서 변경할 선가중치를 선택하여 선가중치를 지정할 수 있습니다.

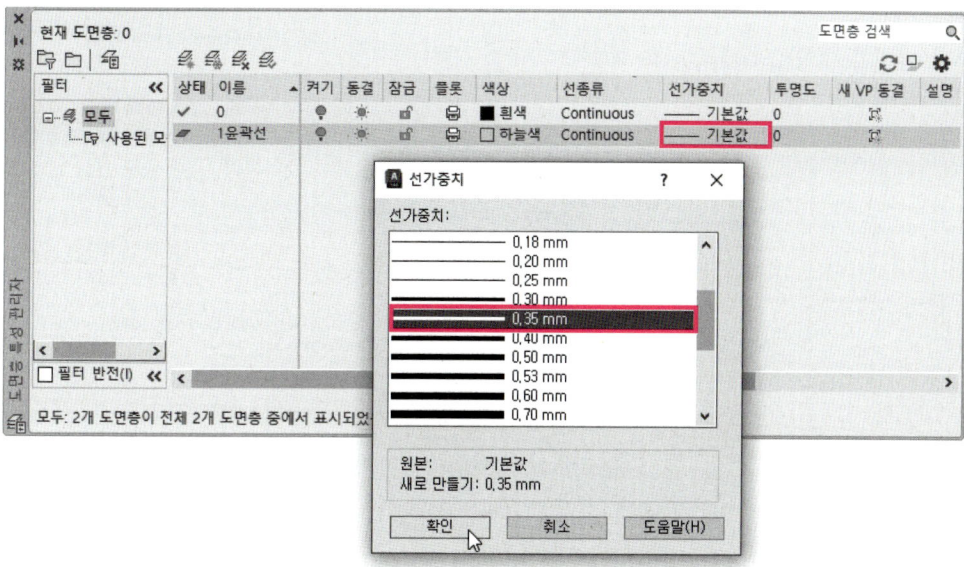

6 도면층 설정 예

도면층을 추가하는 방법을 통해 아래 이미지를 참고하여 도면층 설정을 연습해보시기 바랍니다.
아래 이미지는 학습자 분들께 이해를 돕기 위한 참고용이며 상황에 따라 도면층 이름, 색상, 선종류 가중치는 자유롭게 지정하여 사용하시기 바랍니다.

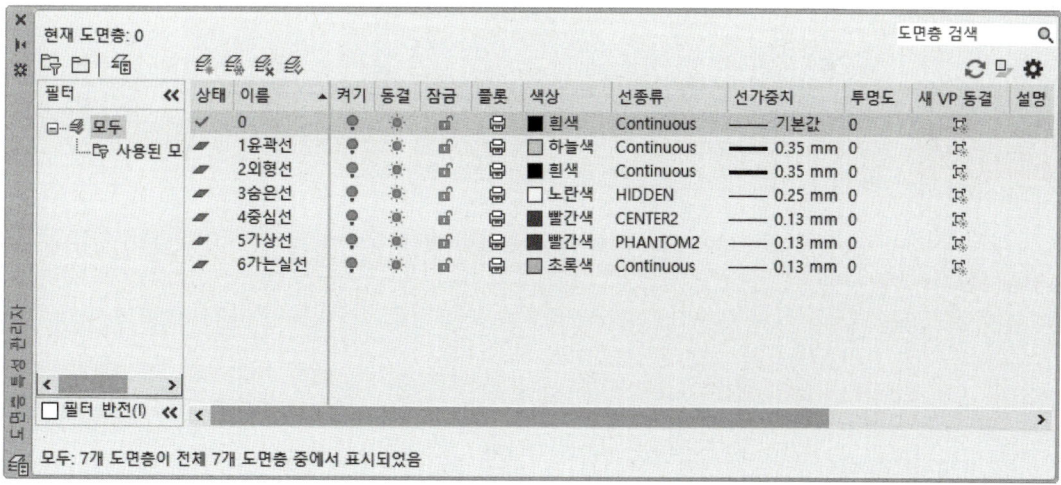

03 도면층 적용

객체에 도면층 적용시에는 도면층을 변경할 객체를 선택한 다음 [도면층] 패널에서 변경할 도면층을 클릭하여 작업할 수 있습니다.

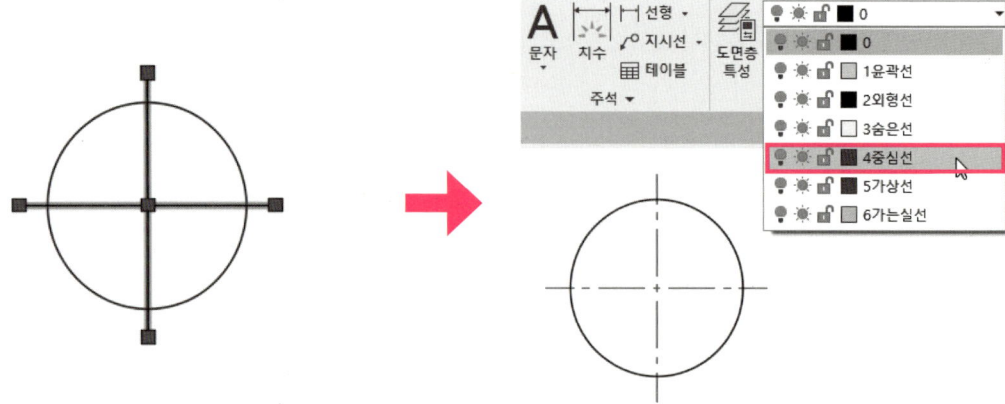

또한, CHPROP(객체 특성 변경) 명령을 실행하고 도면층을 변경할 객체를 선택한 다음 변경할 도면층의 이름을 입력하는 [도면층(LA)] 옵션을 활용하여 도면층을 변경할 수도 있습니다.

> **Tip**
>
> 기본적으로 작성한 객체의 특성(색상, 선종류, 선가중치)은 도면층별(ByLayer)로 지정되어 있기 때문에 객체에 지정된 도면층에 따라 색상, 선종류, 선가중치가 변경됩니다.
> 만약 기본으로 지정되어 있는 도면층별(Bylayer)을 다른 색상이나 선종류, 선가중치로 변경하게 된다면 해당 객체는 도면층을 변경하여도 특성이 변경되진 않습니다.
>
>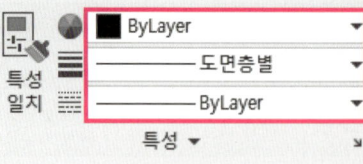

SECTION 02
객체 특성

객체 특성은 객체의 모양과 동작을 조정하며 도면을 구성하는 데 사용됩니다. 모든 객체에는 도면층, 색상, 선종류, 선종류 축척, 선가중치, 투명도, 플롯 스타일 등의 일반 특성이 있습니다. 또한 해당 객체 유형과 관련된 특성도 있습니다. 예를 들어 원의 특수 특성에는 원의 반지름과 면적이 포함됩니다. 도면에서 현재 특성을 지정하면 새로 작성하는 모든 객체가 해당 설정을 자동으로 사용합니다. 예를 들어 현재 도면층을 치수로 설정하면 작성하는 객체가 치수 도면층에 배치됩니다.

- **1** 객체 색상 : 객체 색상을 변경합니다.
- **2** 선가중치 : 객체 선가중치를 변경합니다.
- **3** 선종류 : 객체의 선종류를 변경합니다.
- **4** 투명도 : 선택한 객체의 투명도를 조정합니다.

● **도면층별(ByLayer)과 블록별(ByBlock)**

블록으로 그룹화된 AutoCAD 도면 요소 (객체)에는 BYBLOCK (블록 별) 및 BYLAYER (레이어 별)라는 두 가지 특수 속성이 있습니다. 이러한 특성은 도면에 블록을 삽입(참조) 할 때 도면 요소가 표시되는 방식에 영향을 줍니다. 색상, 선종류, 선 폭 및 플롯 스타일 특성에 이 값을 사용할 수 있습니다.

블록 구성 요소의 BYLAYER 설정은 블록이 삽입된 도면층에서 특성을 상속함을 의미합니다. 즉, 레이어 설정이 바뀌면 그 레이어 안의 요소들이 그 값을 따라가게 됩니다.

블록 구성 요소의 BYBLOCK 설정은 블록의 특성에서 특성을 상속함을 의미합니다. 즉, 현재 레이어의 종류에 상관없이 블록 특성 값을 따릅니다.

예를 들면 LAYER 명령으로 녹색 속성의 레이어에 블록을 삽입하고, Ctrl+1을 통하여 속성값에서 빨간색을 할당하면 BYLAYER 색상의 선(블록)은 녹색이고 BYBLOCK 색상의 선은 빨간색입니다.

01 특성 팔레트 (CTRL+1)

 선택한 객체의 특성을 확인할 수 있으며 도면층, 객체 특성, 문자 내용 등 편집 가능한 특성을 팔레트에서 편집할 수 있습니다.

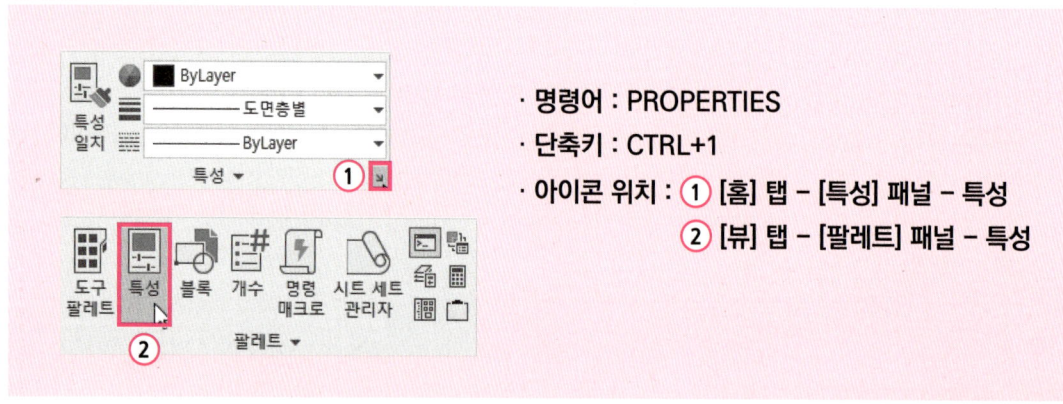

· 명령어 : PROPERTIES
· 단축키 : CTRL+1
· 아이콘 위치 : ① [홈] 탭 – [특성] 패널 – 특성
　　　　　　　② [뷰] 탭 – [팔레트] 패널 – 특성

1 도면층 변경

 특성 팔레트에서 도면층 변경시 변경할 객체를 선택한 다음 특성 팔레트에서 도면층 버튼을 클릭하여 변경할 도면층을 선택하면 됩니다.

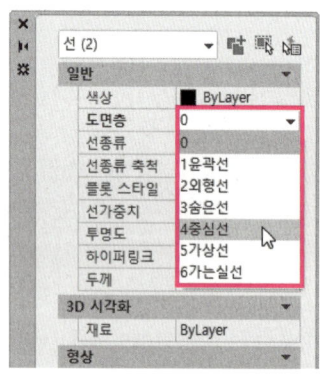
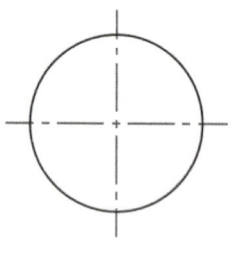

Tip

특성 팔레트는 리소스를 많이 차지합니다. 필요할 때만 켜서 사용하면 속도 향상에 도움을 줄 수 있습니다. 특성 팔레트는 [Ctrl+1] 키를 통해 켜거나 끌 수 있습니다.

2 선종류 축척 변경

특성 팔레트에서는 각 객체 별로 선 종류 축척을 변경할 수 있습니다.

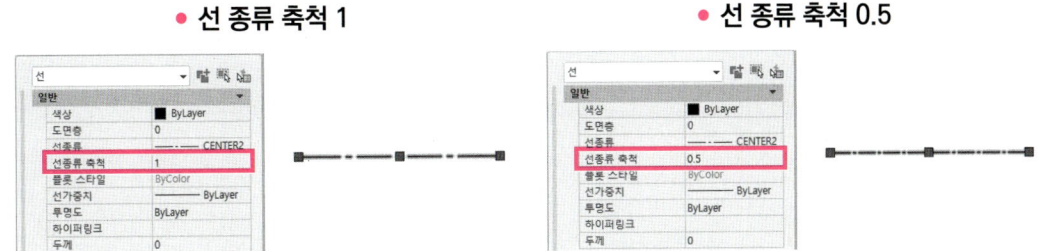

도면에 있는 모든 객체의 선종류 축척 비율은 LTSCALE 명령(단축키 : LTS)을 사용하여 조정할 수 있습니다. 선종류 축척 비율을 변경하면 도면이 재생성됩니다.

> **Tip**
>
> 상황에 따라 선종류 축척 비율을 조정하면 되지만, 형상의 크기가 30mm 정도 되는 객체의 경우 선종류 축척 비율을 0.2로 설정하면 적절합니다.

02 특성 일치

선택한 객체의 특성을 다른 객체에 적용하는 명령입니다. 적용할 수 있는 특성 유형에는 색상, 도면층, 선종류, 선종류 축척, 선가중치 등 지정한 특성이 포함됩니다.

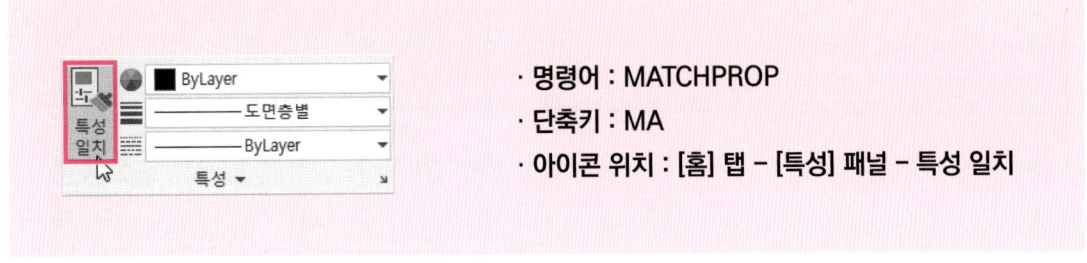

- 명령어 : MATCHPROP
- 단축키 : MA
- 아이콘 위치 : [홈] 탭 – [특성] 패널 – 특성 일치

1 특성 일치 명령으로 도면층 일치

특성 일치 명령으로 도면층 일치시 명령 실행 후 특성을 가지고 있는 원본 객체를 선택한 다음 원본 객체의 특성을 일치시킬 대상 객체를 클릭하거나 드래그하여 도면층의 특성을 일치시킬 수 있습니다.

> **Tip**
>
> 특성 일치 명령으로 도면층 외에 문자, 치수 등의 객체 특성을 일치시킬 수 있습니다.

2 특성 일치 속성

객체 특성 일치할 때 설정을 통해 대상 객체에 복사할 객체 특성을 조정할 수 있습니다.

01 특성 일치 명령 실행 후 원본 객체를 선택하면 명령행에서 '설정(S)' 옵션을 실행할 수 있습니다.

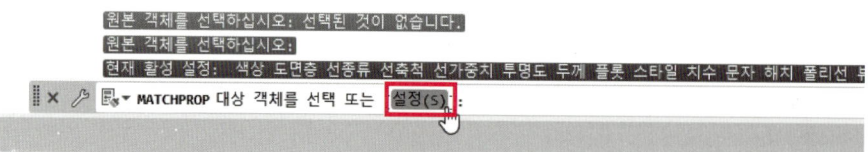

02 기본적으로 모든 특성 값이 선택되어 있지만 필요에 따라 복사하고자 하는 특성만 선택하여 특성 일치시킬 수 있습니다.

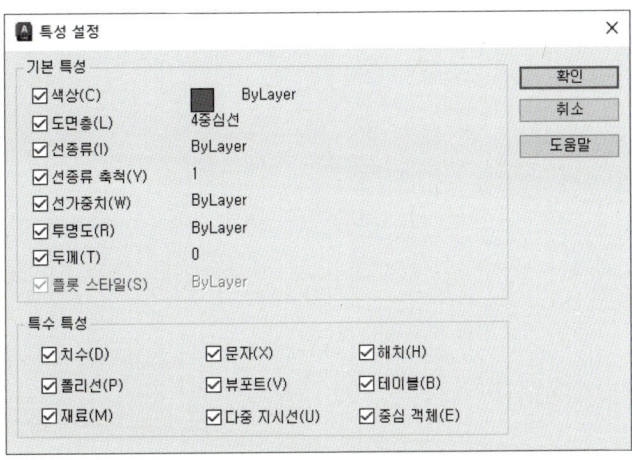

Section 1	문자	----------	144
Section 2	치수	----------	154
Section 3	다중 지시선	----------	169
Section 4	지시선	----------	174
Section 5	테이블	----------	177

CHAPTER.07
― 주석

SECTION 01

문자

01 문자 스타일

문자 스타일은 글꼴, 행 간격, 자리맞추기 및 색상과 같은 문자의 모양을 조정하고, 문자 스타일을 작성하면 신속하게 문자의 형식을 지정할 수 있습니다.

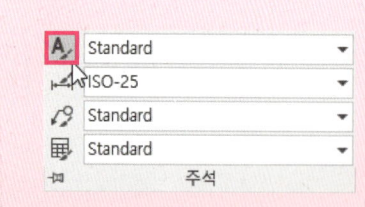

- 명령어 : STYLE
- 단축키 : ST
- 아이콘 위치 : [홈] 탭 – [주석] 패널 – 문자 스타일
  [주석] 탭 – [문자] 패널 – 문자 스타일

■ 문자 스타일 관리자

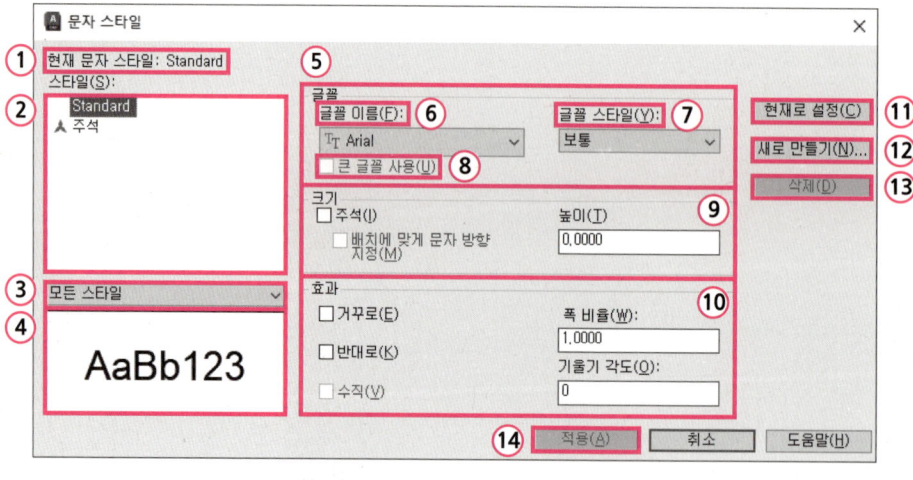

1 **현재 문자 스타일** : 현재 문자 스타일의 이름을 표시합니다.

2 **스타일** : 문자 스타일 리스트를 표시합니다.

3 **필터** : 스타일 리스트의 필터를 설정합니다.

4 **미리보기** : 현재 선택한 문자 스타일을 미리보기합니다.

5 글꼴 : 글꼴을 선택합니다.

6 글꼴 이름 : AutoCAD가 가지는 고유한 폰트인 SHX 폰트를 선택합니다.

7 글꼴 스타일 : Windows 기본 폰트입니다.

8 큰 글꼴 사용 : SHX 글꼴을 무시하고 큰 글꼴을 사용합니다.

9 크기 : 문자의 크기를 변경합니다.

10 효과 : 문자 스타일에 여러 가지 효과를 줍니다.

11 현재로 설정 : 현재 선택된 문자 스타일을 활성 스타일로 바꿉니다.

12 새로 만들기 : 문자 스타일을 새로 만듭니다.

13 삭제 : 현재 선택된 문자 스타일을 삭제합니다.

14 적용 : 설정한 문자 스타일 내용을 저장합니다.

02 문자 스타일 새로 만들기

글꼴 중 굴림과 romans 글꼴을 사용하여 문자 스타일을 새로 만들어 보겠습니다.

01 [주석] 패널에서 [문자 스타일]을 클릭합니다.

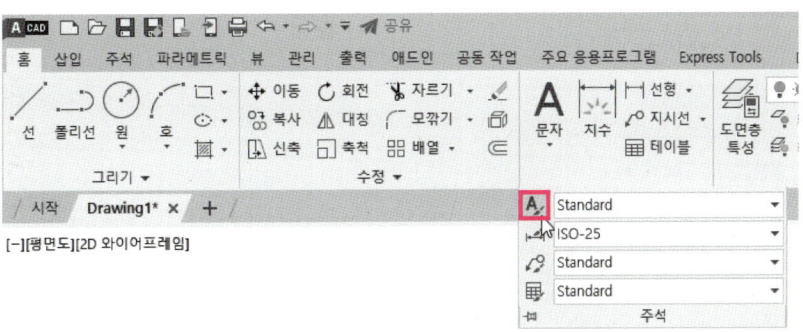

02 문자 스타일 대화상자에서 스타일을 새로 만들기 위해 [새로 만들기(N)...]를 클릭합니다.

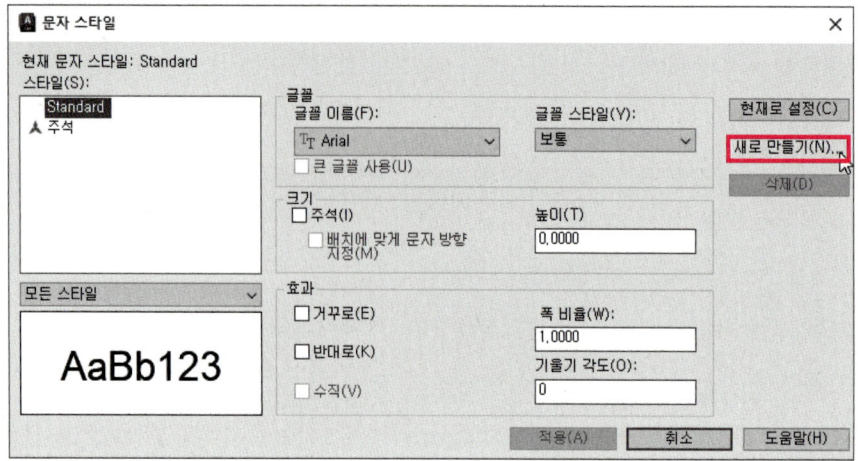

03 스타일 이름은 자유롭게 지정하면 되지만 스타일 변경시 스타일 이름을 선택하기 때문에 글꼴 이름과 동일하게 지정하겠습니다.

04 글꼴을 지정하기 위해 [글꼴 이름(F)] 버튼을 클릭하고 '굴림'을 선택한 다음 적용을 클릭해 굴림 스타일 설정을 완료합니다.

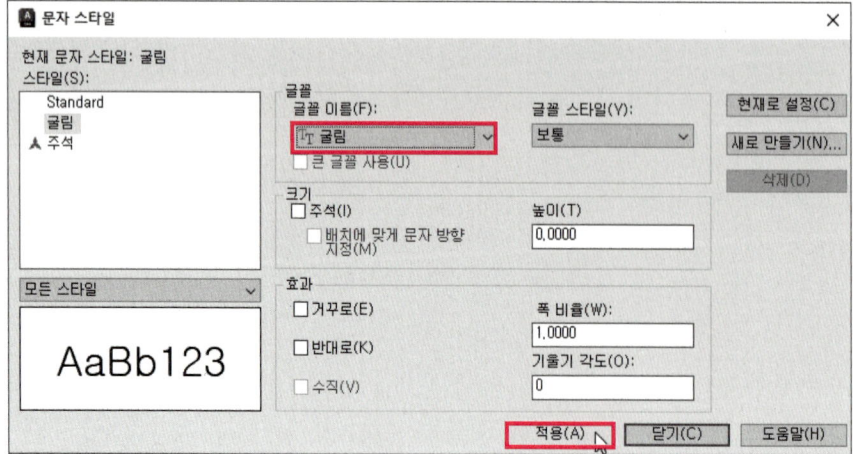

05 위 방법과 동일하게 romans.shx 글꼴을 선택해 스타일을 새로 만듭니다.

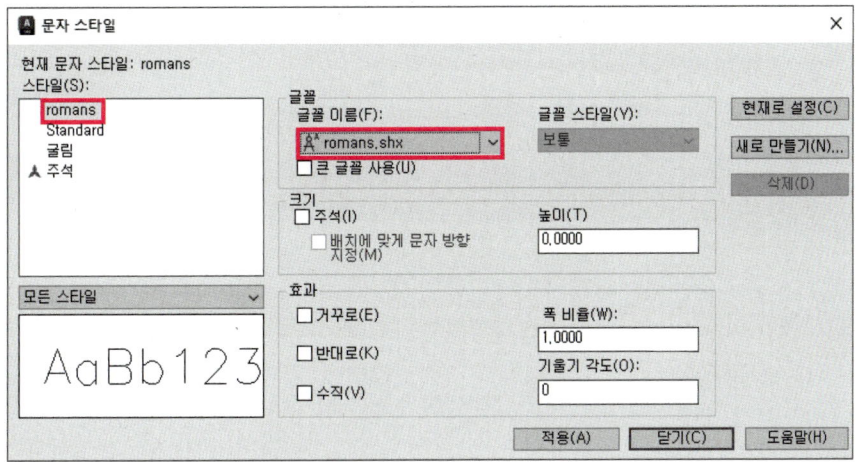

06 romans.shx 글꼴의 경우 굴림과 다르게 큰 글꼴 사용을 체크하고 큰 글꼴을 'whgtxt.shx'로 선택한 다음 스타일 만들기를 완료합니다.

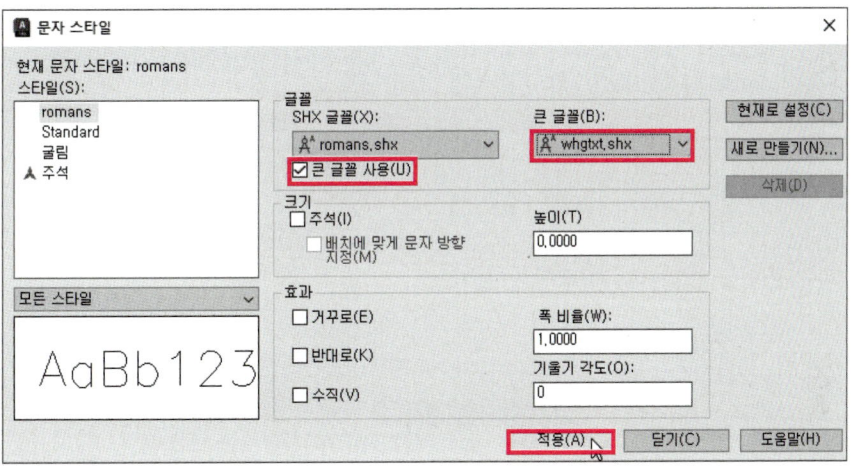

> **Tip**
>
> shx 글꼴은 아시아 문자(한글, 일본어 등)를 지원하지 않기 때문에 큰 글꼴 사용을 체크하지 않고 한글을 사용할 경우 입력한 문자가 물음표(?)로 나타납니다.
> 영문과 숫자만 지원하는 shx 글꼴을 사용할 경우 큰 글꼴 사용을 체크한 다음 큰 글꼴 폰트를 지정하면 아시아 문자를 입력했을 때 지정한 큰 글꼴로 대체되어 문자가 작성됩니다.

03 문자 작성 및 편집하기

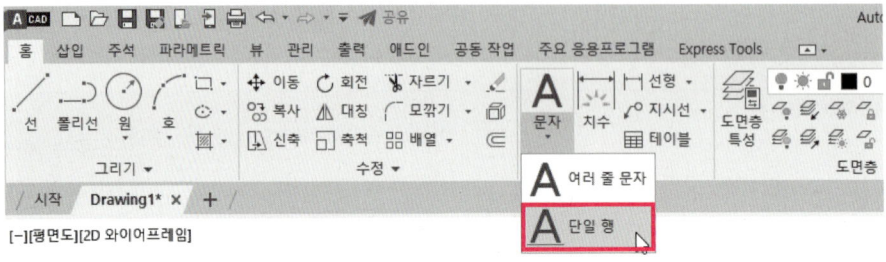

1 단일 행 문자

단일 행 문자를 사용하여 문자를 작성하면 각 문자 행이 이동, 형식 지정 또는 수정 가능한 독립 객체인 하나 이상의 문자 행을 작성할 수 있습니다.

01 [주석] 패널에서 [단일 행]을 클릭합니다.

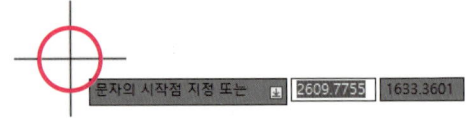

02 문자의 시작점을 도면 영역에 지정합니다.

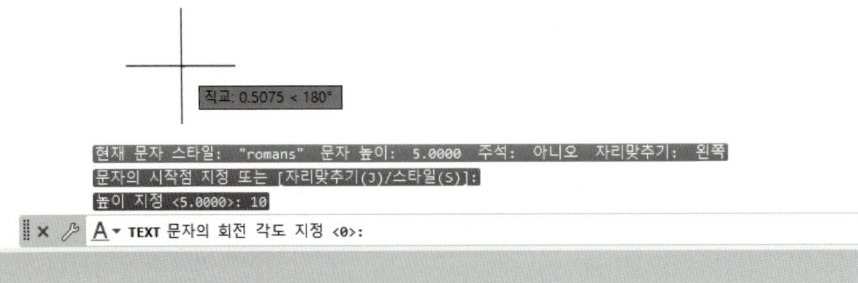

03 문자 높이를 지정한 다음 ENTER를 누르고 회전 각도를 지정합니다.
  (문자 높이는 10, 회전 각도는 문자를 수평으로 작성하기 위해 0을 지정하였습니다.)

04 지정한 삽입 점에 문자 입력 커서가 나타나면 작성할 문자를 입력합니다.

05 ENTER를 누르면 다음 행에 문자를 이어서 작성하거나 ENTER를 두 번 눌러 문자 작성을 완료합니다.

Tip

단일 행 문자 작성을 완료하려면 'ENTER'를 두 번 입력하거나 'CTRL + ENTER'를 누릅니다.

단일 행 문자 작성 중 ENTER를 누르지 않고 마우스 커서로 도면 영역의 다른 지점을 클릭하면 클릭한 지점을 기준으로 새로운 단일 행 문자를 작성할 수 있습니다.

---

2 여러 줄 문자

여러 개의 문자 단락을 하나의 여러 줄 문자(mtext) 객체로 작성할 수 있습니다. 내장 편집기를 사용하여 문자 모양, 열 및 경계에 대한 형식을 지정할 수 있습니다.

• **여러 줄 문자 작성하기**

01 [주석] 패널에서 [여러 줄 문자]를 클릭합니다.

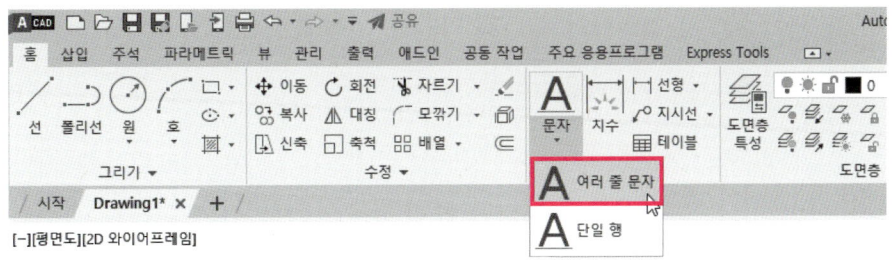

02 문자의 시작 점과 두 번째 점을 도면 영역에 지정하여 여러 줄 문자를 작성할 범위를 지정합니다.

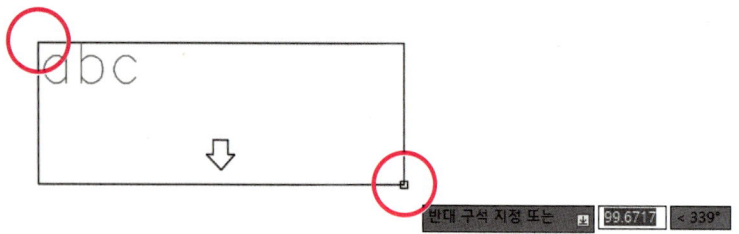

03 여러 줄 문자를 작성할 범위를 지정하면 상황별 리본 탭과 내부 편집기 창이 나타나며, 문자 스타일, 문자 높이 등을 지정해서 문자를 작성합니다.

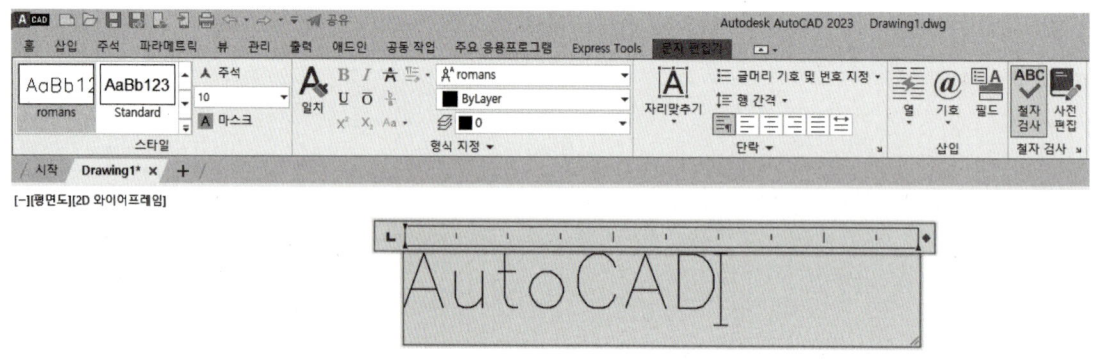

04 문자 작성을 완료하려면 [문서 편집기 닫기] 버튼을 클릭하거나 'CTRL+ENTER'를 누릅니다.

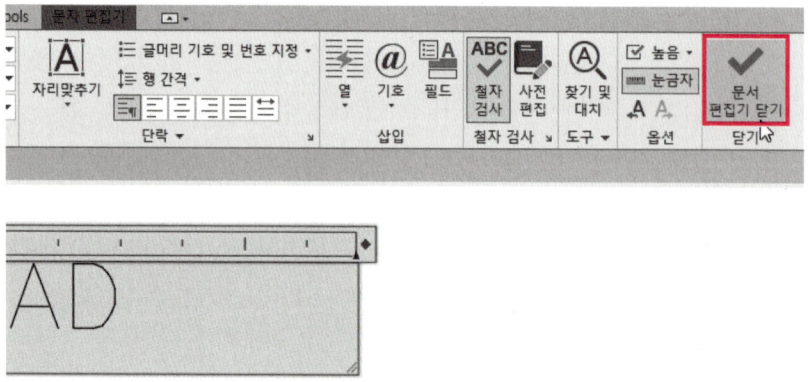

● **기호 입력하기**

　여러 개의 문자 단락을 하나의 여러 줄 문자(mtext) 객체로 작성할 수 있습니다. 내장 편집기를 사용하여 문자 모양, 열 및 경계에 대한 형식을 지정할 수 있습니다.

01 여러 줄 문자 명령 실행 후 상황별 리본 탭에서 [기호]를 누른 다음 원하는 기호를 선택하거나 원하는 기호가 없으면 [기타…] 버튼을 눌러 문자표에서 찾도록 합니다.

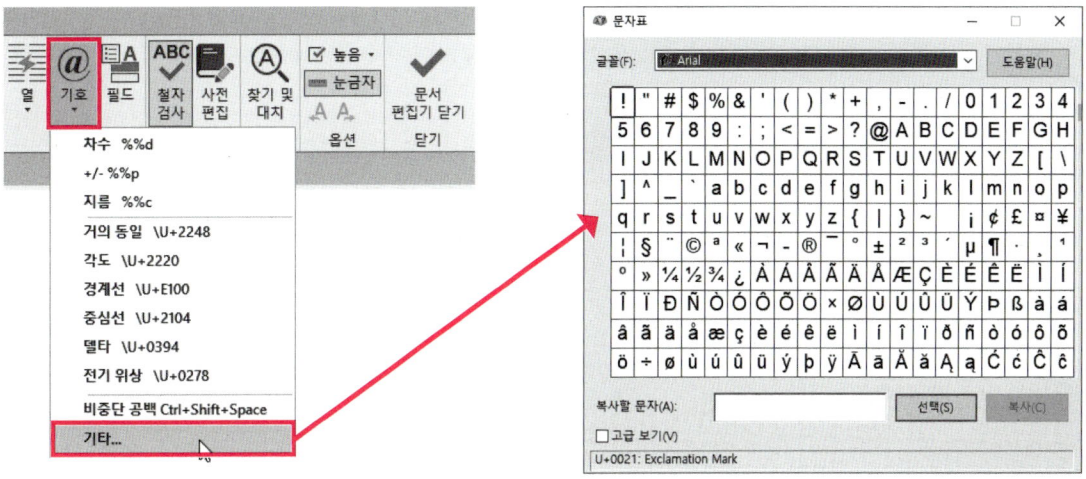

02 자주 사용하는 기호는 특수문자와 알파벳을 입력하여 사용할 수도 있습니다.

Ø (파이) = %%c, °(각도) = %%d, ±(플러스/마이너스) = %%p

3 문자 편집

단일 행 문자, 치수 문자, 속성 정의 및 기능 제어 프레임을 편집합니다.

- 작성한 문자를 더블 클릭하여 내용을 편집합니다.

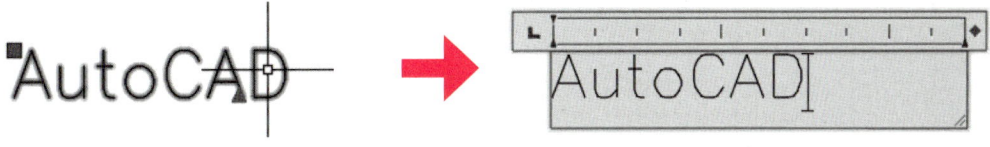

- 명령어 [TEXTEDIT] (단축키 ED) 를 입력하고 문자를 선택하여 편집할 수 있습니다.

Tip

문자를 더블 클릭했을 때 편집되지 않는 경우에는 옵션 - [사용자 기본 설정] 탭 - [두 번 클릭 편집]이 체크되어 있는지 확인합니다.

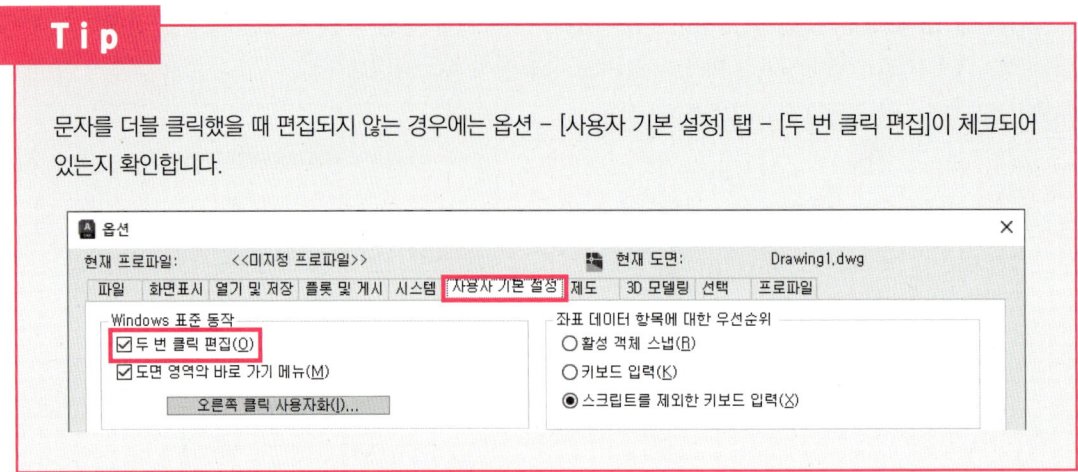

4 SHX 문자 인식과 문자 결합

AutoCAD 도면에서 생성된 PDF 파일을 다시 AutoCAD로 가져오는 경우 SHX 문자가 기하학적 객체로 저장됩니다. PDFSHXTEXT 명령을 사용하여 SHX 형상을 다시 문자로 변환할 수 있습니다. TXT2MTXT 명령을 사용하여 단일 행 문자를 변환하여 여러 줄 문자로 변환할 수 있습니다.

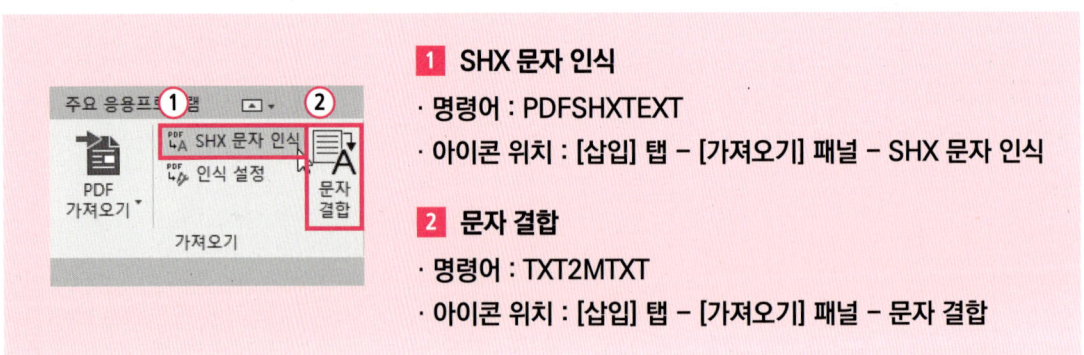

1 SHX 문자 인식
· 명령어 : PDFSHXTEXT
· 아이콘 위치 : [삽입] 탭 - [가져오기] 패널 - SHX 문자 인식

2 문자 결합
· 명령어 : TXT2MTXT
· 아이콘 위치 : [삽입] 탭 - [가져오기] 패널 - 문자 결합

| 기하학적 객체 | SHX 문자 인식
(단일 행 문자) | 문자 결합
(여러 줄 문자) |

5 자리 맞추기

AutoCAD에서 도면 영역에 작성되는 선, 원, 문자, 치수 등은 객체로 구분되고 문자도 다른 객체와 마찬가지로 삽입 기준점의 위치를 나타내는 그립을 갖고 있습니다. 기본 그립 위치는 단일 행 문자의 경우 왼쪽 아래, 여러 줄 문자의 경우 왼쪽 위이며 문자의 배치 등의 이유로 자리 맞추기 기능을 이용해 그립의 위치를 조정하여 사용합니다.

단일 행 문자 그립   여러 줄 문자 그립

또한 문자의 시작점 지정 프롬프트에서도 이 옵션들 중 어느 것이든 입력할 수 있습니다.

- 왼쪽(L)
- 중심(C)
- 오른쪽(R)
- 정렬(A)
- 중간(M)
- 맞춤(F)
- 맨 위 왼쪽(TL)
- 맨 위 중심(TC)
- 맨 위 오른쪽(TR)
- 중간 왼쪽(ML)
- 중간 중심(MC)
- 중간 오른쪽(MR)
- 맨 아래 왼쪽(BL)
- 맨 아래 중심(BC)
- 맨 아래 오른쪽(BR)

SECTION 02

치수

01 치수 스타일

치수 스타일을 작성하여 치수선, 화살촉, 문자 등을 지정하고 치수의 모양을 설정할 수 있습니다.

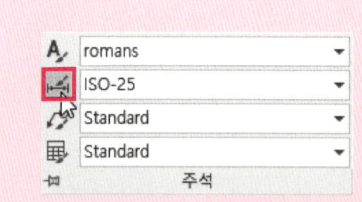

- 명령어 : DIMSTYLE
- 단축키 : D, DST, DDIM
- 아이콘 위치 : [홈] 탭 – [주석] 패널 – 치수 스타일
  [주석] 탭 – [문자] 패널 – 치수 스타일

■ 치수 스타일 관리자

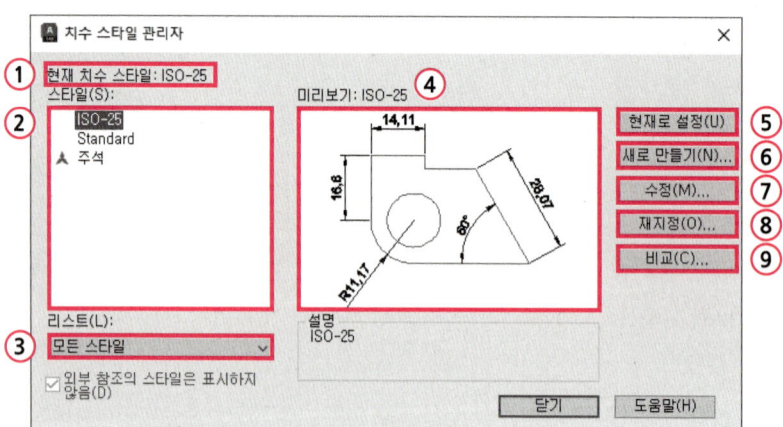

1 현재 치수 스타일 : 현재 치수 스타일의 이름을 표시합니다. 기본 치수 스타일은 ISO-25입니다.

2 스타일 : 도면에 치수 스타일을 나열합니다.

3 리스트 : 스타일 리스트의 스타일 표시를 조정합니다.

4 미리보기 : 스타일 리스트에서 선택한 스타일이 그래픽으로 표시됩니다.

5 **현재로 설정** : 스타일 아래에서 선택된 스타일을 현재 스타일로 설정합니다.

6 **새로 만들기** : 새 치수 스타일을 정의할 수 있는 새 치수 스타일 작성 대화상자를 표시합니다.

7 **수정** : 치수 스타일을 수정할 수 있는 치수 스타일 수정 대화상자를 표시합니다.

8 **재지정** : 치수 스타일에 임시 재지정을 설정할 수 있는 현재 스타일 재지정 대화상자를 표시합니다.

9 **비교** : 단일 치수 스타일의 모든 특성을 나열하거나 두 치수 스타일을 비교할 수 있는 치수 스타일 비교 대화상자를 표시합니다.

02 치수 스타일 새로 만들기

본 교재에서 입력하는 설정 값은 이해를 돕기 위한 참고용입니다.

01 [주석] 패널에서 [치수 스타일]을 클릭합니다.

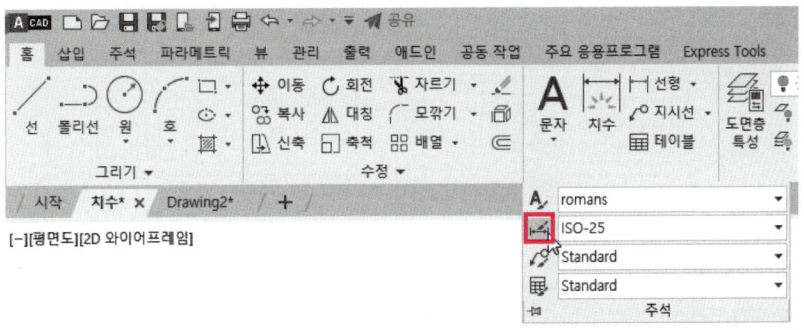

02 [치수 스타일 관리자] 대화상자가 나타나면 [새로 만들기(N)]를 클릭합니다.

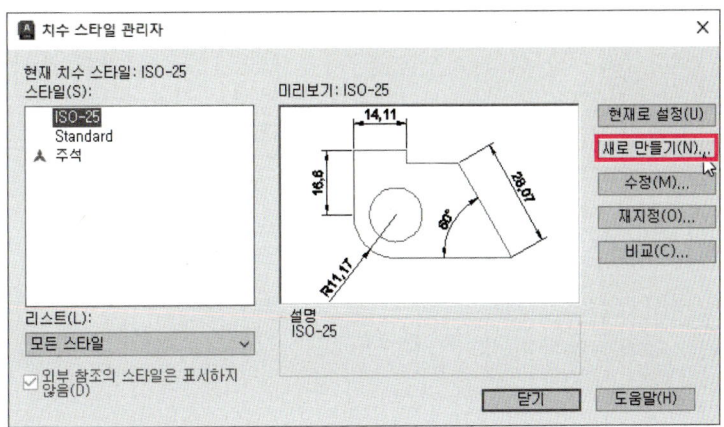

03 스타일 이름은 자유롭게 입력한 다음 [계속]을 클릭합니다.

04 [선] 탭은 치수선과 치수 보조선을 설정하기 위한 탭입니다.

치수선과 치수 보조선에 대한 색상, 선종류, 선가중치를 아래 이미지를 참고하여 지정합니다.

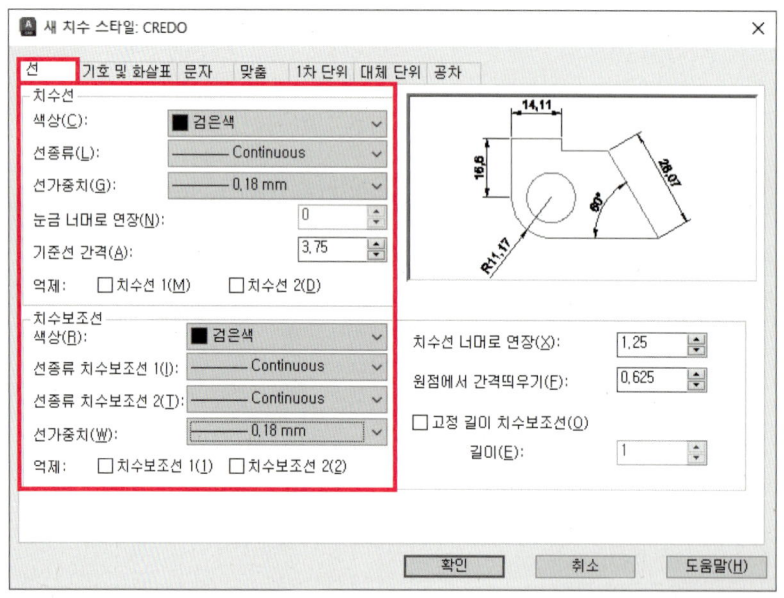

05 치수선 너머로 연장 값을 지정해 치수 보조선을 치수선 너머로 몇 mm를 연장할 건지 입력하고, 원점에서 간격띄우기 값을 지정해 형상에서 치수 보조선의 간격을 몇 mm 띄울 건지 지정합니다.

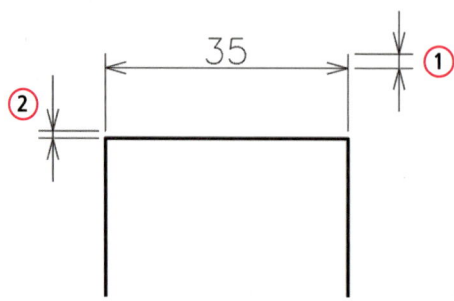

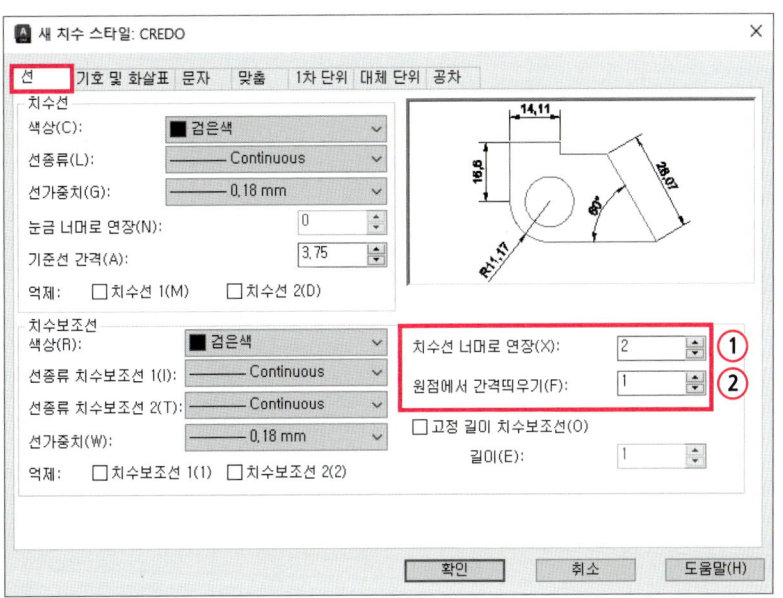

Tip

치수선과 치수보조선의 색상, 선종류, 선가중치가 기본값인 블록별(ByBlodck)로 되어있을 경우 도면층에 따라 색상, 선종류, 선가중치가 달라집니다.

도면층과 관계없이 항상 같은 설정 상태를 유지하기 원하면 위 설정 방법대로 색상, 선종류, 선가중치에 대한 값을 지정해주기 바랍니다.

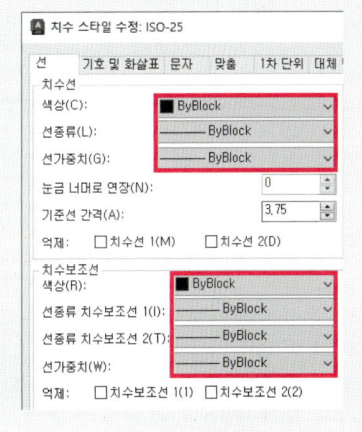

06 [기호 및 화살표] 탭에서 화살표 모양과 크기를 아래 이미지를 참고하여 지정합니다.

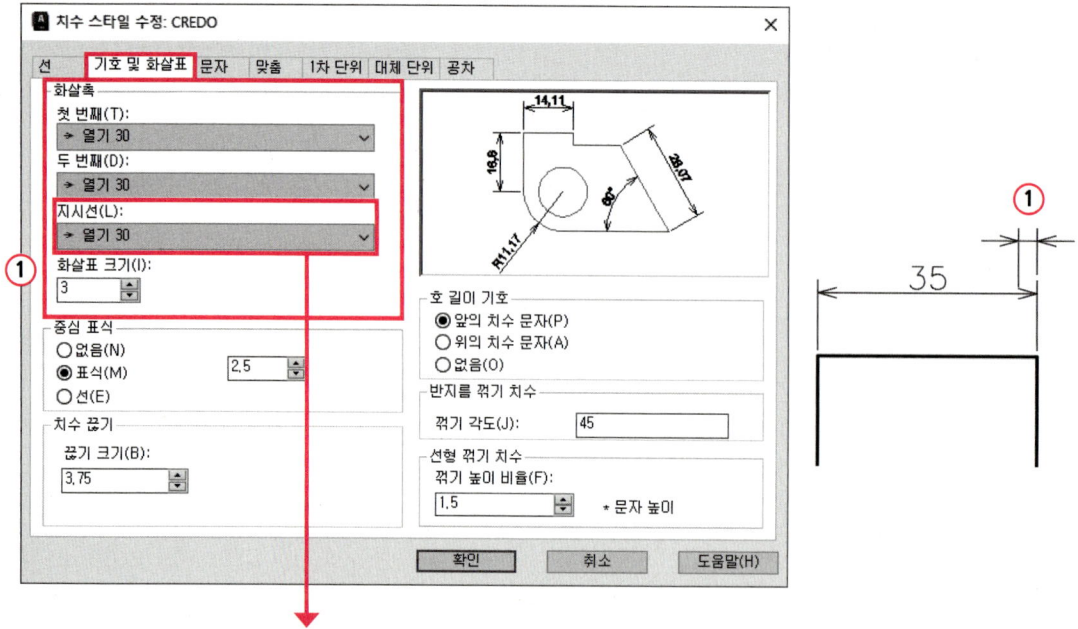

지시선 화살표는 LEADER 명령으로 작성한 지시선에 적용됩니다.
(LEADER 명령으로 작성된 지시선은 현재 설정된 치수 스타일이 적용됩니다.)

07 [문자] 탭에서 문자 스타일, 문자 색상, 채우기 색상, 문자 높이를 지정합니다.

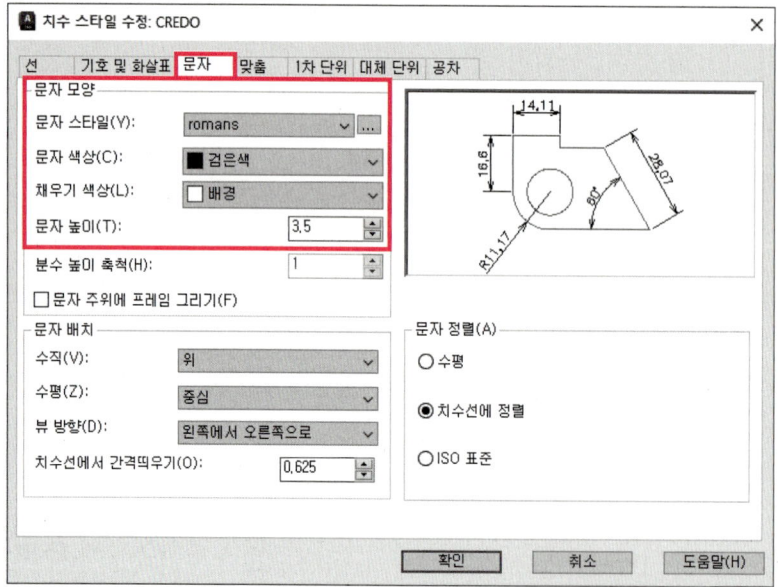

08 [1차 단위] 탭에서 [소수 구분 기호 (C)]를 '.' (마침표)로 지정합니다.

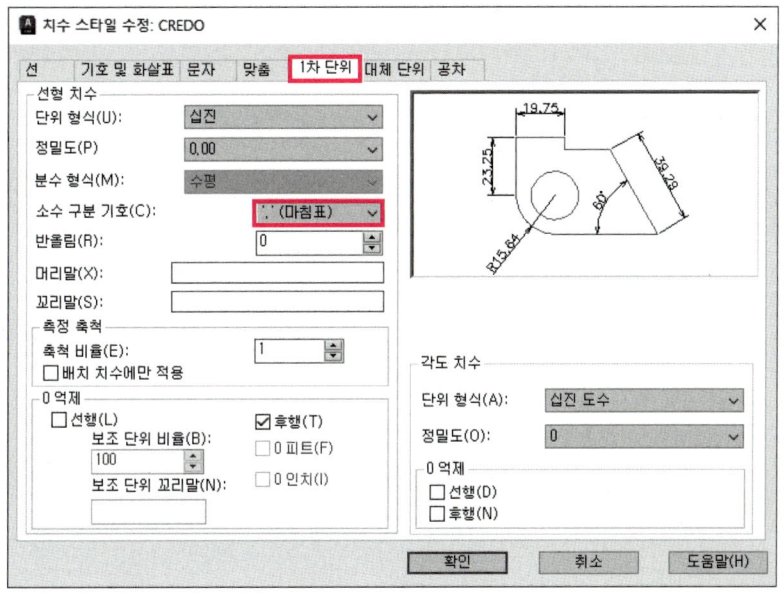

> **Tip**
>
> 문자 채우기 색상을 '배경'으로 지정하면 치수 문자 부분이 다른 객체와 겹쳤을 때 다른 객체를 자르지 않아도 문자가 겹쳐 보이지 않게 되는 효과가 있습니다.
>
>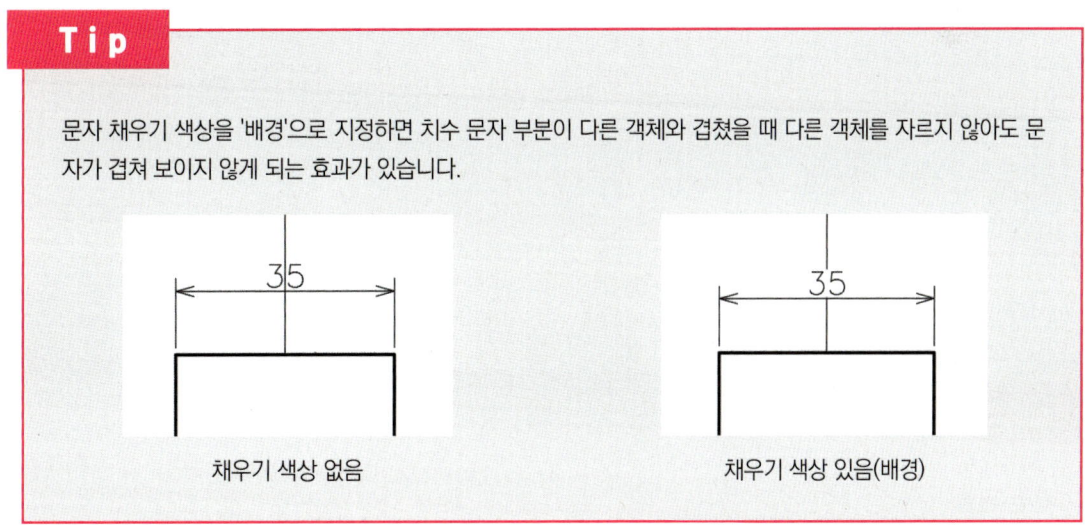
>
> 채우기 색상 없음   채우기 색상 있음(배경)

PART 7 주석   159

09 각도 치수 정밀도를 소수점 둘째 자리까지 나타나도록 0.00으로 변경하고 0억제 항목에서 [후행(N)]을 체크한 다음 [확인] 버튼을 클릭합니다.

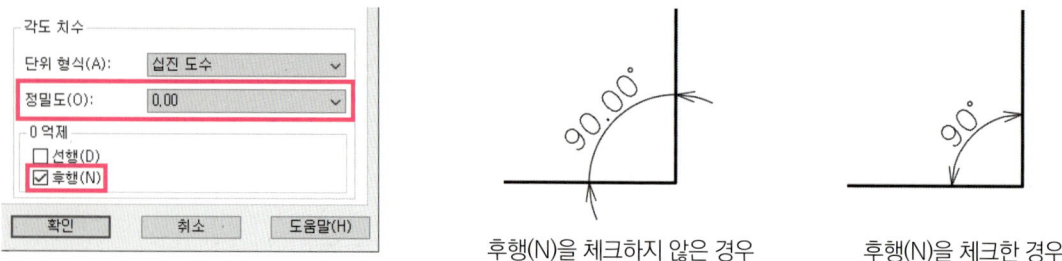

후행(N)을 체크하지 않은 경우   후행(N)을 체크한 경우

10 새로 만든 치수 스타일이 현재로 설정되어 있는지 확인하고 [닫기]를 클릭해 치수 스타일 설정을 완료합니다.

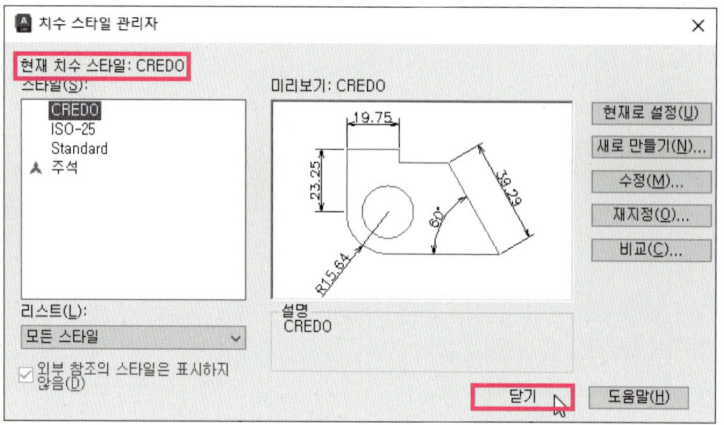

03 치수 명령

- **치수 패널**

1 **치수** : 이 명령어 하나로 모든 타입의 치수를 작성할 수 있습니다.

2 **치수 스타일 선택** : 등록되어 있는 치수 스타일로 변경합니다.

3 **레이어 선택** : 현재 작성할 치수에 부여될 도면층을 변경합니다.

4 **선형** : 일반 치수기입을 할 수 있는 명령어입니다.

5 **빠른 작업** : 선택한 객체를 이용해 빠르게 치수를 작성할 수 있습니다.

6 **연속** : 다중 치수를 기입할 수 있는 명령어입니다.

7 **공차** : 형상 공차 기호를 작성할 수 있는 명령입니다.

8 **기울기** : 이미 작성된 치수의 치수 보조선의 각도를 수정하는 명령입니다.

9 **문자 각도** : 이미 작성된 치수의 치수 문자의 각도를 수정하는 명령입니다.

10 **왼쪽 자리 맞추기** : 이미 작성된 치수의 치수문자를 왼쪽 정렬하는 명령입니다.

11 **가운데 자리 맞추기** : 이미 작성된 치수의 치수문자를 가운데로 정렬하는 명령입니다.

12 **오른쪽 자리 맞추기** : 이미 작성된 치수의 치수문자를 오른쪽 정렬하는 명령입니다.

13 **재지정** : 이미 작성된 치수의 시스템 변수를 재지정하거나 삭제합니다.

- **치수 명령 아이콘**

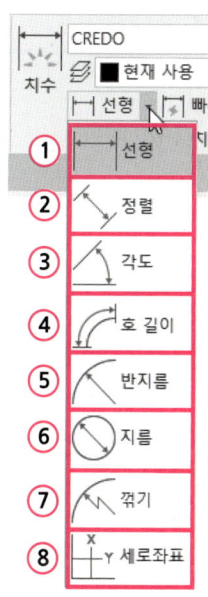

1 **선형 치수** : 수직 또는 수평 치수를 작성합니다.

2 **정렬 치수** : 치수를 작성할 객체에 평행하게 정렬된 치수를 작성합니다.

3 **각도 치수** : 평행하지 않은 두 개의 모서리 사이의 각도 치수를 작성합니다.

4 **호 길이 치수** : 호 길이 치수를 작성합니다.

5 **반지름 치수** : 반지름 치수를 작성합니다.

6 **지름 치수** : 지름 치수를 작성합니다.

7 **꺾기 치수** : 꺾기 치수를 작성합니다.

8 **세로좌표 치수** : 좌표계 타입의 치수를 작성합니다. 세로 좌표 치수를 사용하기 위해서는 좌표 치수 원점(0, 0) 위치에 UCS 아이콘을 재지정해야 합니다. 원하는 좌표 치수를 작성할 수 있습니다.

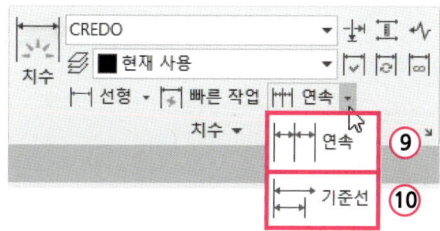

9 **연속 치수** : 연속 치수를 작성합니다.

10 **기준선 치수** : 누적 치수를 작성합니다.

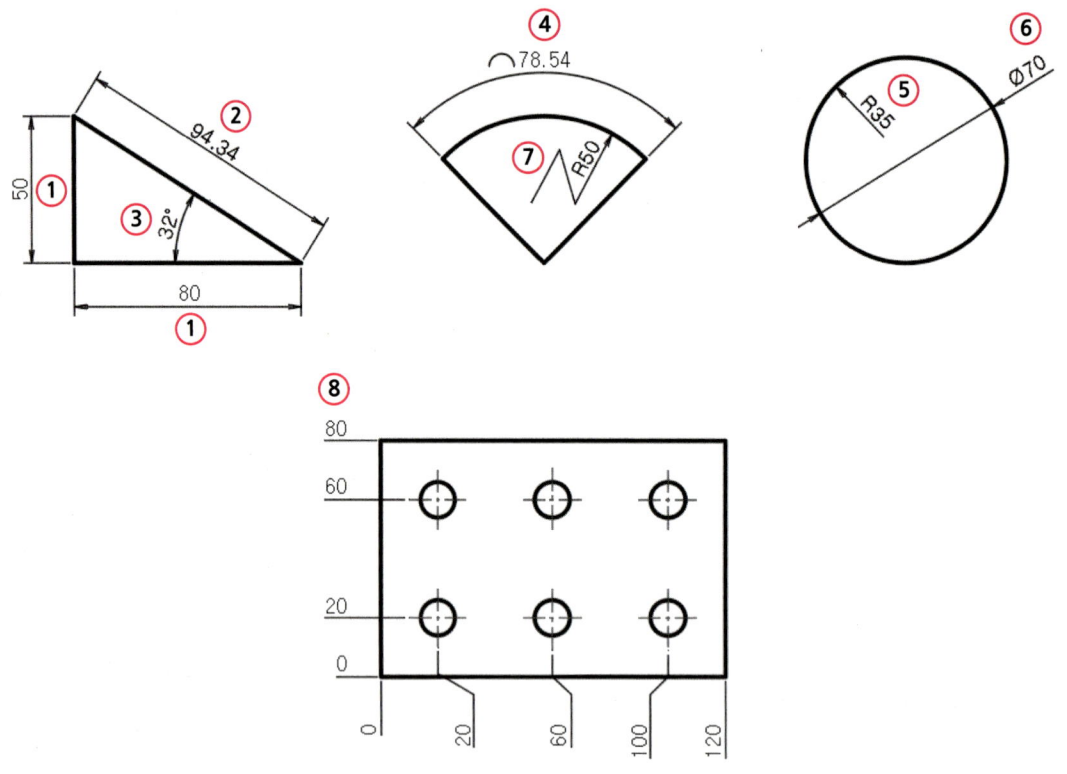

04 치수 작성 방법

선형, 정렬, 각도, 반지름, 지름 치수 사용 방법에 대해 알아보겠습니다.

1 선형, 정렬 치수

[선형] 또는 [정렬] 명령을 실행한 다음 치수 보조선에 ① 첫 번째 원점과 ② 두 번째 원점을 지정하고 ③ 치수선의 위치를 지정하면 선형/정렬 치수가 작성됩니다. (첫 번째 원점과 두 번째 원점을 지정하는 순서는 관계가 없습니다.)

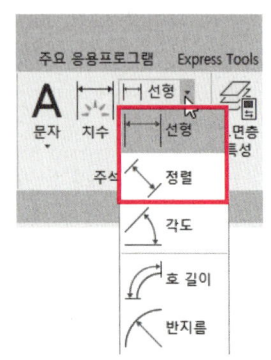
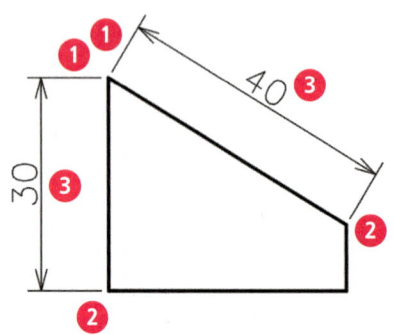

치수 보조선의 원점을 지정하기 전 ENTER를 눌러 〈객체 선택〉 옵션을 실행하고 객체를 클릭하면 선택한 객체의 선형 길이를 작성할 수 있습니다.

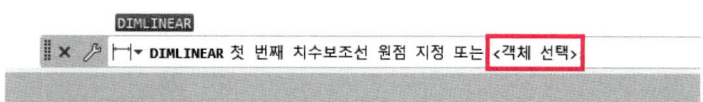

Tip

〈　　〉안에 있는 프롬프트 옵션을 실행하려면 아무것도 입력하지 않은 상태에서 ENTER를 누릅니다.

2 각도 치수

[각도] 명령을 실행한 다음 각도 치수를 작성할 ❶ 첫 번째 선과 ❷ 두 번째 선을 선택하고 ❸ 치수선의 위치를 작성하면 각도 치수가 작성됩니다. (첫 번째 선과 두 번째 선을 지정하는 순서는 관계가 없습니다.)

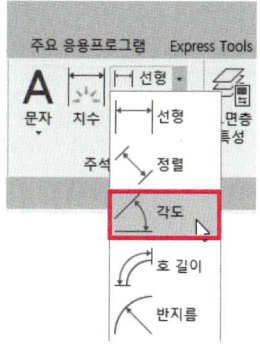 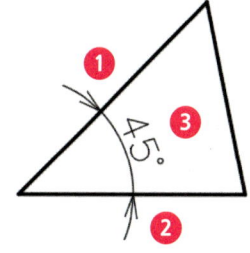

첫 번째 선을 선택하기 전 ENTER를 눌러 〈정점 지정〉 옵션을 실행하고 객체의 정점을 지정해서 각도 치수를 작성할 수도 있습니다.

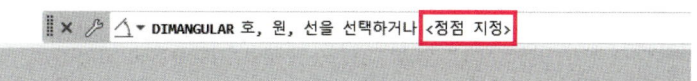

Tip

각도 치수는 선택한 객체의 사이 각도가 180도 미만인 경우에 작성됩니다.

3 반지름, 지름 치수

[반지름] 또는 [지름] 명령을 실행한 다음 ❶ 호 또는 원 객체를 선택하고 ❷ 치수선의 위치를 지정하면 치수가 작성됩니다.

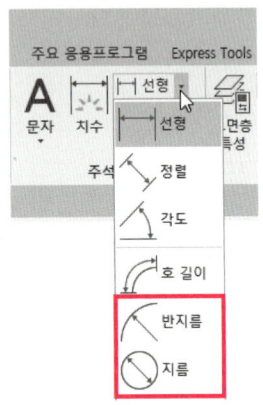 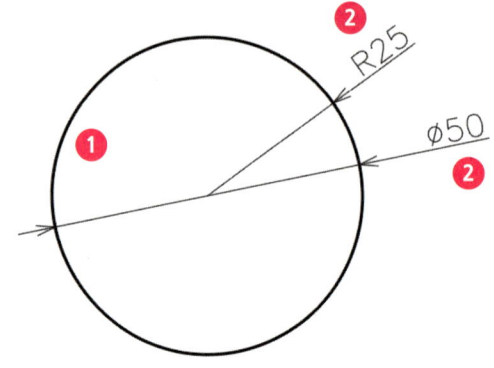

05 공차 작성

치수 공차를 작성하는 방법은 스택 특성을 활용하는 방법과 특성 팔레트를 활용하는 방법이 있습니다. 이 두 방법을 알아보도록 하겠습니다.

1 스택 특성 활용

01 공차를 작성할 치수를 더블 클릭하여 문자 편집기를 실행합니다.

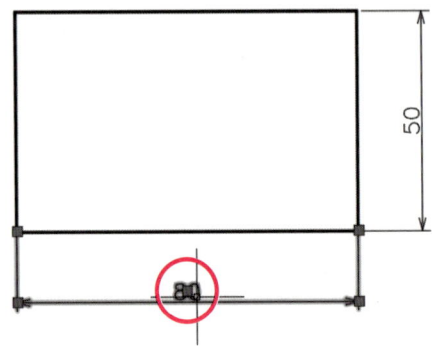

02 공차 값을 입력하고 상한 값과 하한 값을 구분하기 위해 '^' 기호(Shift+6)를 입력하고 ENTER를 누르면 공차 작성이 완료됩니다.

03 작성한 공차를 편집하려면 공차 부위를 더블 클릭해 '스택 특성' 대화상자를 실행합니다. 여기에서 공차 값, 문자 크기 등을 수정할 수 있습니다.

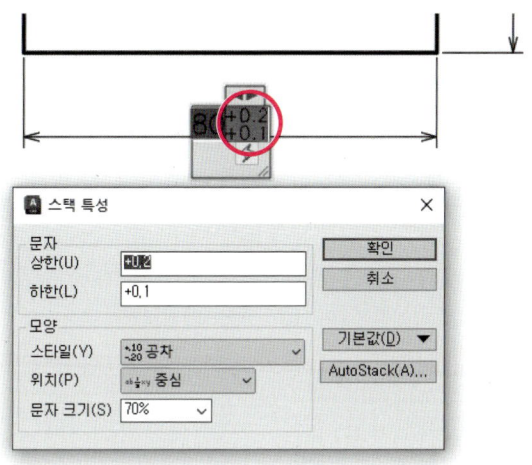

2 특성 팔레트 활용

01 공차를 작성할 치수를 선택한 다음 특성 팔레트를 실행(Ctrl+1)하고 [공차 표시]를 [편차]로 선택한 다음 공차의 상한 값과 하한 값을 입력합니다.

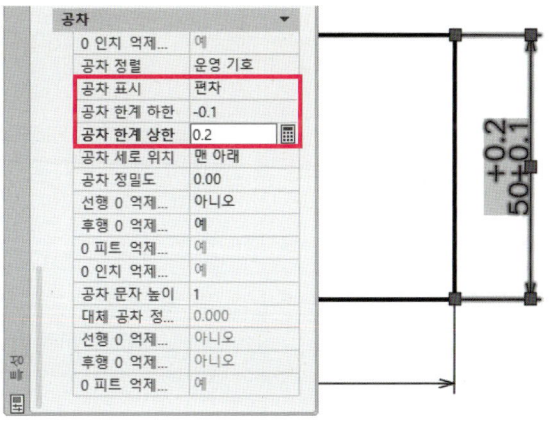

02 [공차 문자 높이]는 비율을 입력하여 조정이 가능합니다.

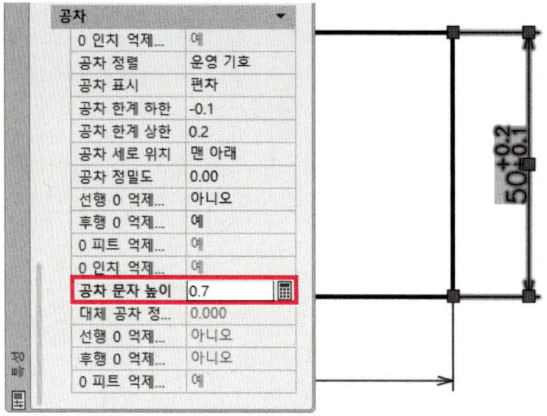

> **Tip**
>
> 특성 팔레트에서 공차 작성시 하한 값 기본이 '-' 이기 때문에 위 이미지와 같이 하한 값에 공차 값을 양수로 나타내려면 '-'부호를 추가해야 합니다.
>
> 공차 하한 값 입력 예) +0.1 공차 = -0.1 입력 / -0.1 공차 - 0.1 입력

● **특성 팔레트 공차 종류**

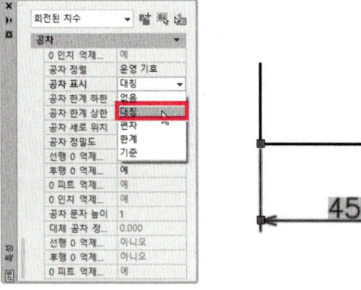

공차 표시 : 대칭

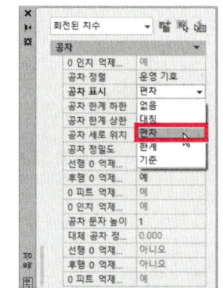

공차 표시 : 편차

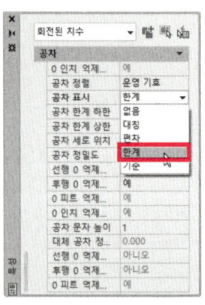

공차 표시 : 한계

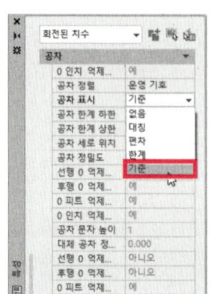

공차 표시 : 기준

06 기하공차 작성

기하공차는 TOLERANCE 명령으로 삽입하거나 QLEADER 명령으로 지시선을 작성할 때 주석을 공차 옵션으로 선택한 경우 삽입할 수 있습니다. (172 페이지 참고)

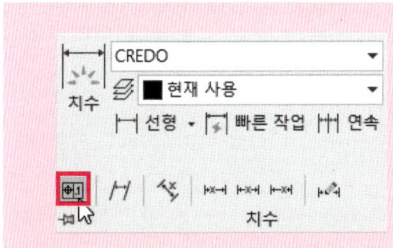

· 명령어 : TOLERANCE
· 단축키 : TOL
· 아이콘 위치 : [주석] 탭 - [치수] 패널 - 공차

■ 기하학적 공차

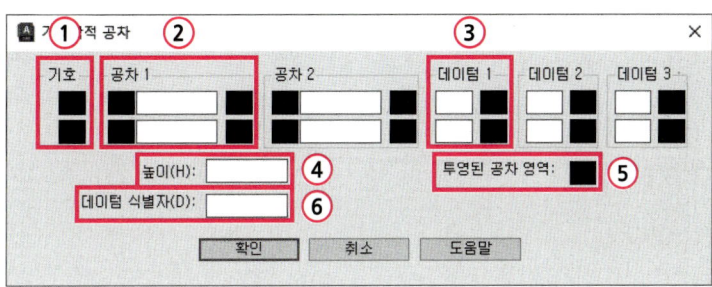

1 기호 : 기호 대화상자에서 선택한 기하학적 특성 기호를 표시합니다.

2 공차 : 형상 공차에서 공차값을 작성합니다. 공차값 앞에 지름 기호를 삽입할 수 있으며 공차값 뒤에는 재료 상태 기호가 올 수 있습니다.

3 데이텀 : 형상 공차에서 기본 데이텀 참조를 작성합니다.

4 높이 : 형상 공차에서 투영된 공차 영역값을 작성합니다.

5 투영된 공차 영역 : 투영된 공차 영역 값 뒤에 투영된 공차 영역 기호를 삽입합니다.

6 데이텀 식별자 : 참조 글자로 구성된 데이텀 식별 기호를 작성합니다.

1 데이텀 기호 작성

기하학적 공차 명령을 실행한 다음 데이텀 1에 구분 기호를 입력하고 확인을 클릭하여 데이텀 기호를 작성할 수 있습니다.

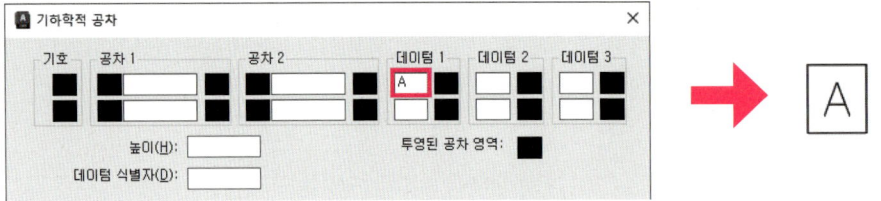

2 기하공차 작성

기하학적 공차 명령을 실행한 다음 기호 선택 및 공차 1, 데이텀 1에 값을 입력하고 확인을 클릭하여 기하공차를 작성할 수 있습니다.

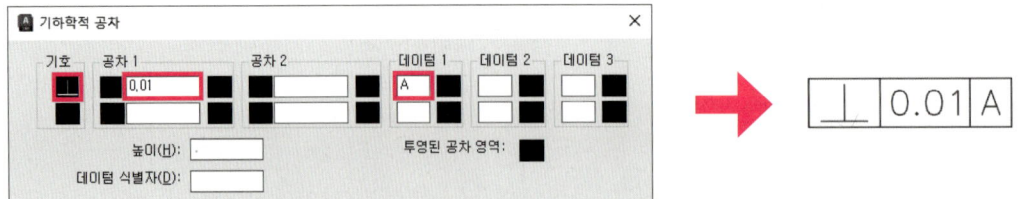

07 치수 축척 변경

치수 축척을 변경하려면 치수스타일 [맞춤] 탭에서 전체 축척 사용 값을 조정해 변경할 수 있습니다.

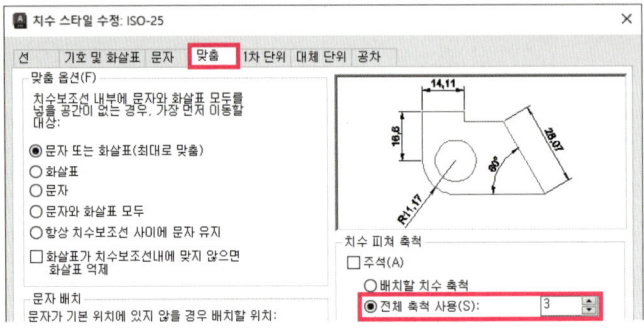

또한 DIMSCALE(시스템 변수)를 사용해 크기, 거리 또는 간격띄우기를 지정하는 치수 기입 변수에 적용되는 전체 축척 비율을 조정할 수 있습니다. 초기값은 1이고 객체의 크기에 따라 변경하여 사용할 수 있으며, LEADER, QLEADER 명령에 의한 지시선 객체에도 영향을 줍니다. DIMSCALE 값을 변경하면 치수 스타일의 축척값도 변경됩니다.

SECTION 03
다중 지시선

01 다중 지시선 스타일

다중 지시선 스타일을 사용하여 연결선, 지시선, 화살촉 및 컨텐츠에 대한 형식을 지정할 수 있습니다.

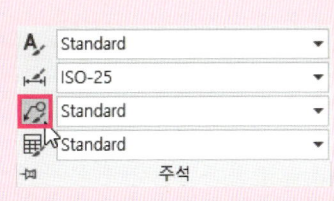

· 명령어 : MLEADERSTYLE
· 단축키 : MLS
· 아이콘 위치 : [홈] 탭 – [주석] 패널 – 다중 지시선 스타일
　　　　　　　　[주석] 탭 – [문자] 패널 – 다중 지시선 스타일

■ 다중 지시선 스타일 관리자

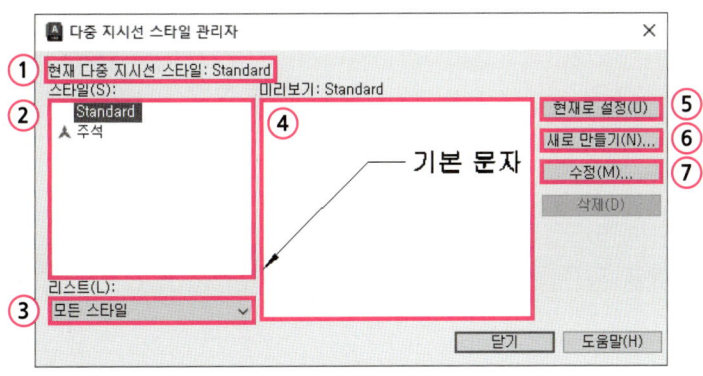

1 현재 다중 지시선 스타일 : 작성한 스타일의 이름을 표시합니다. 기본 스타일은 표준입니다.

2 스타일 : 다중 지시선 스타일 리스트를 표시합니다.

3 리스트 : 스타일 리스트의 내용을 조정합니다.

4 미리보기 : 스타일 리스트에서 선택된 다중 지시선 스타일의 미리보기 이미지를 표시합니다.

5 현재로 설정 : 스타일 리스트에서 선택된 스타일을 현재 스타일로 설정합니다.

6 새로 만들기 : 새 스타일을 정의할 수 있는 새 다중 지시선 스타일 작성 대화상자를 표시합니다.

7 수정 : 스타일을 수정할 수 있는 다중 지시선 스타일 수정 대화상자를 표시합니다.

02 다중 지시선 스타일 만들기

본 교재에서 입력하는 설정 값은 이해를 돕기 위한 참고용입니다.

01 [주석] 패널에서 [다중 지시선 스타일]을 클릭합니다.

02 [다중 지시선 스타일 관리자] 대화상자가 나타나면 새 스타일을 만들기 위해 [새로 만들기(N)]버튼을 클릭합니다.

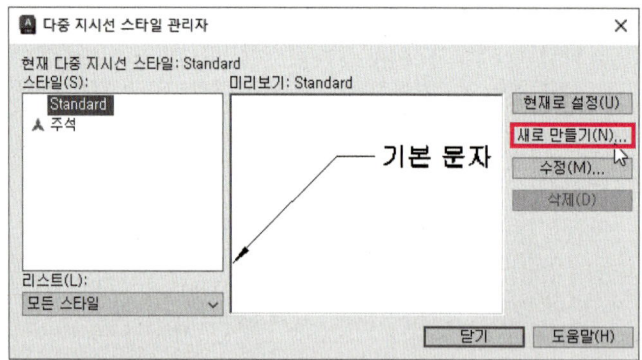

03 스타일 이름은 자유롭게 입력한 다음 [계속]을 클릭합니다.

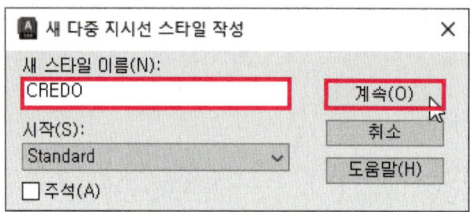

04 [지시선 형식]탭은 지시선과 화살표 모양을 설정하기 위한 탭입니다. 지시선의 색상, 선종류, 선가중치와 화살표 모양과 크기를 아래 이미지를 참고하여 지정합니다.

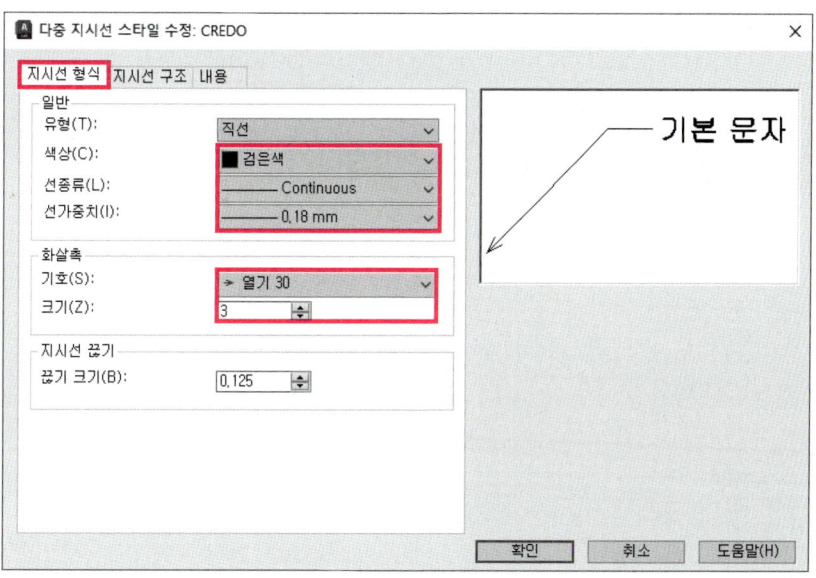

05 [지시선 구조] 탭에서는 [자동 연결선 포함] 옵션을 체크 해제합니다.

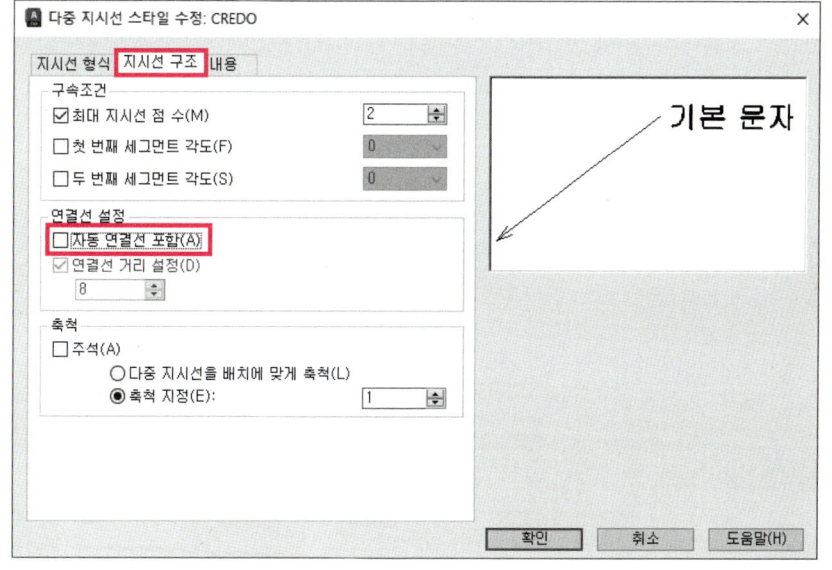

06 [내용] 탭에서 문자 스타일, 색상, 높이를 지정한 다음 지시선 연결 방법을 아래 이미지를 참고해 지정하고 [확인]을 클릭합니다.

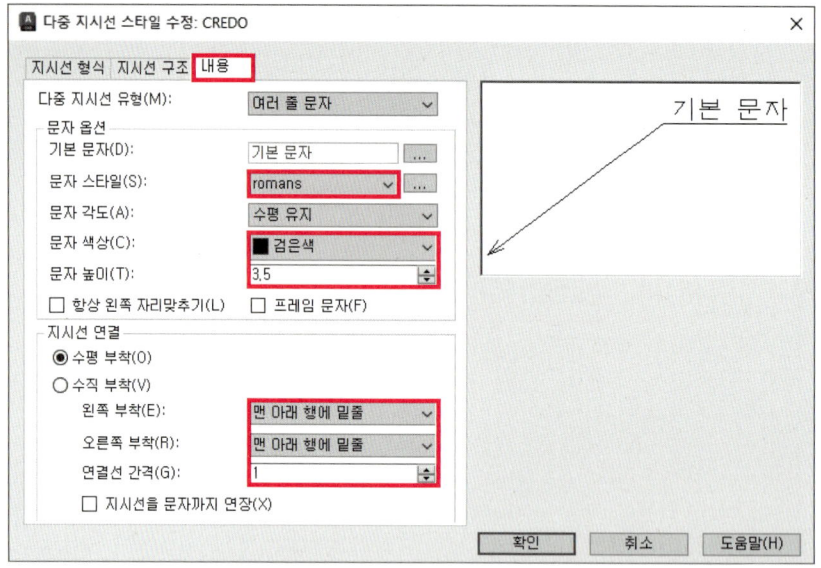

07 새로 만든 스타일이 현재로 설정되어 있는지 확인하고 [닫기]를 클릭해 다중 지시선 스타일 만들기를 완료합니다.

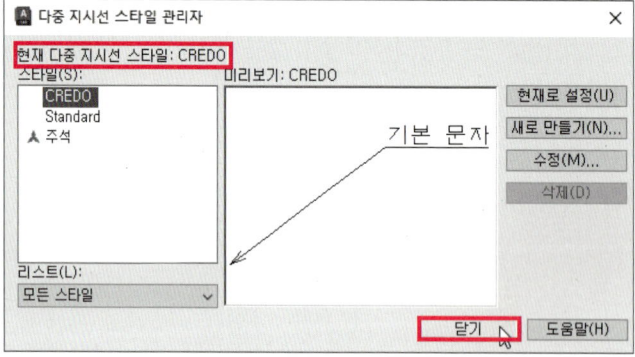

- **다중 지시선 스타일 비교**

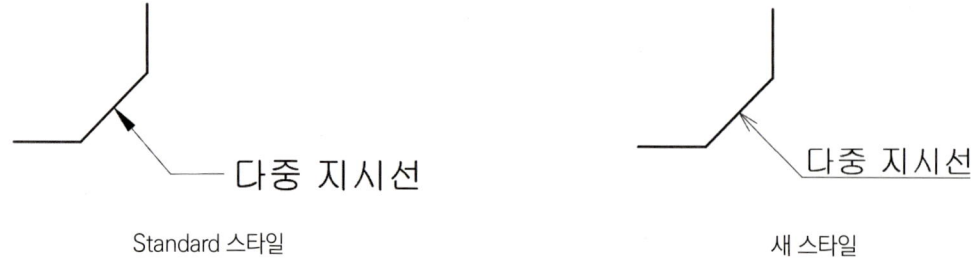

03 다중 지시선 작성 방법

01 [주석] 패널에서 [다중 지시선]을 클릭합니다.

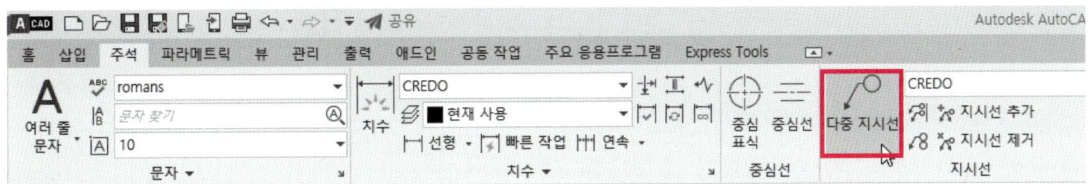

02 지시선을 삽입할 ❶ 화살촉의 위치를 지정한 다음 ❷ 지시선 연결선 위치를 지정합니다.

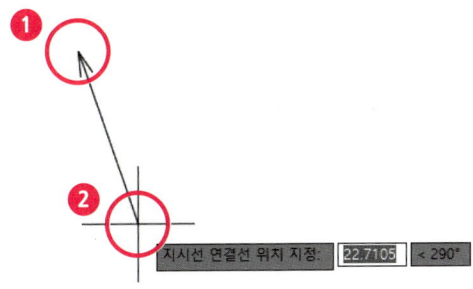

03 지시선에 나타낼 문자를 작성하고 지시선 작성을 완료합니다.

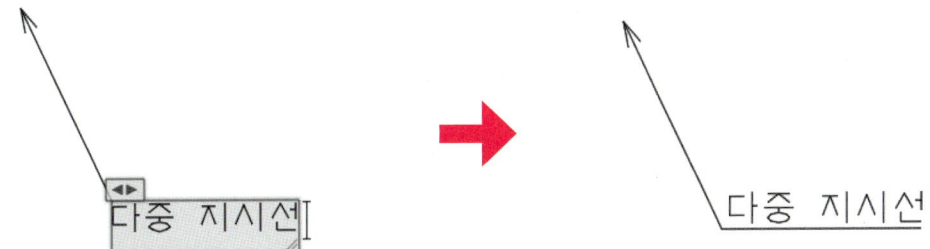

SECTION 04

지시선

지시선 및 지시선 주석을 작성하는 명령이며 아이콘은 없습니다. 설정에 따라 지시선을 이용해 문자를 작성하거나 기하 공차를 작성할 수 있습니다.

- 명령어 : QLEADER
- 단축키 : LE

01 지시선 설정

주석 유형을 여러 줄 문자로 작성하면 다중 지시선과 마찬가지로 지시선을 사용하여 형상의 치수나 작업 지시 등을 도면에 나타낼 수 있습니다. 주석 유형을 '공차'로 사용할 경우 지시선에 기하공차(TOLERANCE)를 부착해 나타낼 수 있습니다.

01 [QLEADER] 명령을 실행하고 명령 행에서 [설정(S)] 옵션을 클릭합니다.

02 [지시선 설정] 대화상자가 나타납니다. 기본 값은 [여러 줄 문자(M)]이며, 기하공차를 지시선에 부착해서 나타낼 경우 [공차(T)]를 선택합니다.

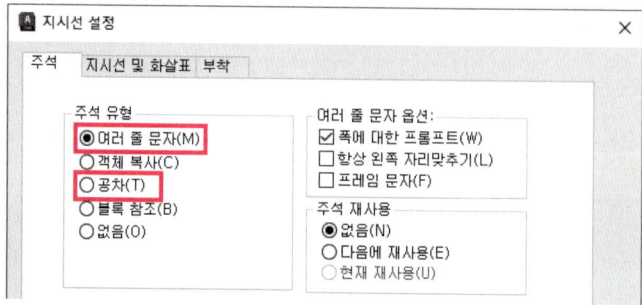

03 지시선 및 화살표 탭에서는 사용자가 필요한 설정을 변경합니다.

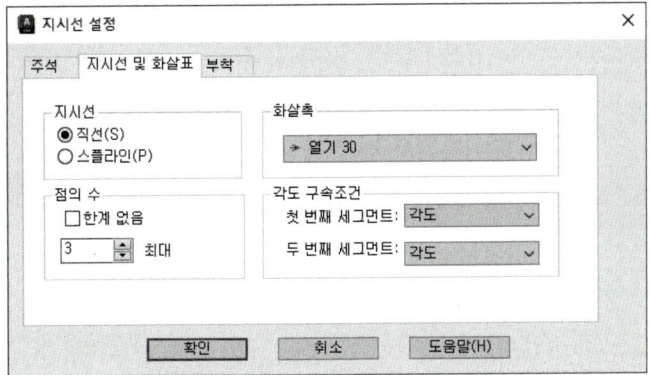

04 부착 탭에서 지시선을 문자 어느 위치에 부착할 지 설정할 수 있습니다. [맨 아래 행에 밑줄(U)]을 선택하고 [확인]을 클릭합니다. (주석 유형을 '공차'로 선택하면 [부착] 탭은 나타나지 않습니다.)

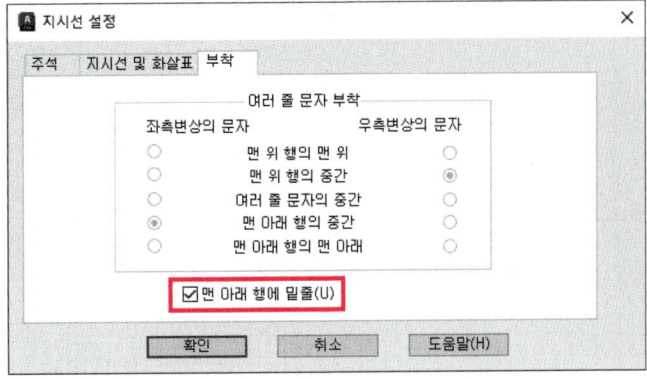

● **지시선을 여러 줄 문자로 설정했을 경우**

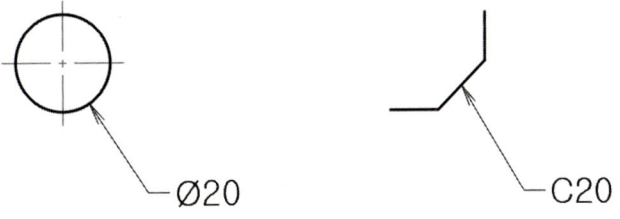

PART 7 주석　　175

● **지시선을 공차로 설정했을 경우**

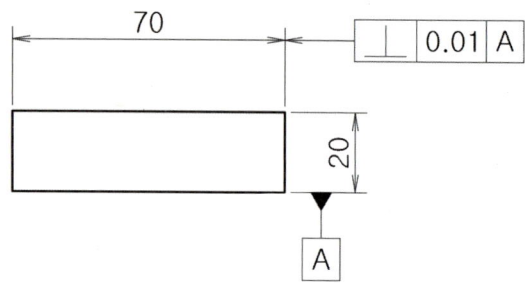

> **Tip**
>
> 데이텀 지시선 작성시 기본 지시선을 그린 다음 작성한 지시선을 선택하고 특성 팔레트를 실행하여 화살표 모양을 [데이텀 삼각형 채우기]로 변경하여 사용합니다.
>
>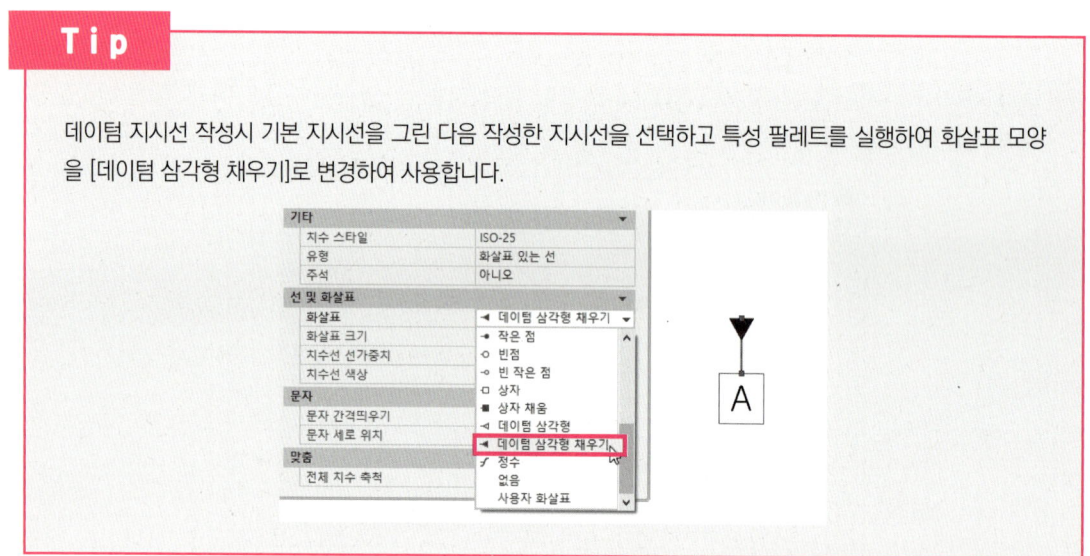

SECTION 05 테이블

01 테이블 스타일

테이블의 모양은 레이블 및 데이터의 셀 스타일 컬렉션을 저장하는 해당 테이블 스타일에 따라 조정됩니다. 새 테이블을 작성할 때 먼저 사용하려는 셀 스타일을 포함하는 테이블 스타일을 설정합니다.

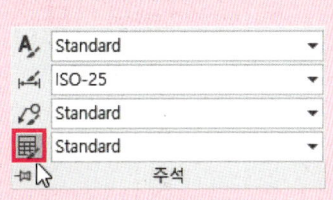

- 명령어 : TABLESTYLE
- 단축키 : -
- 아이콘 위치 : [홈] 탭 - [주석] 패널 - 테이블 스타일
  　　　　　　 [주석] 탭 - [문자] 패널 - 테이블 스타일

■ 테이블 스타일 관리자

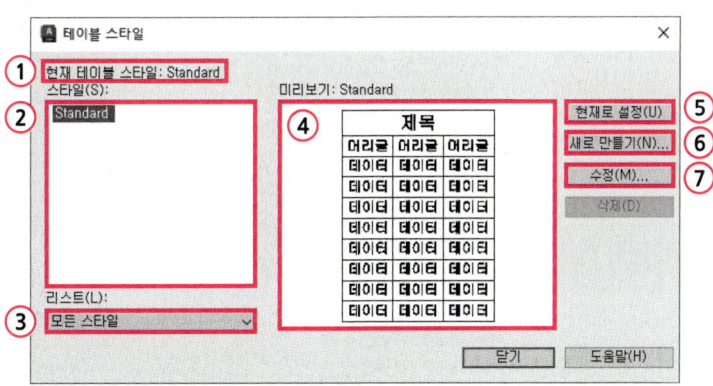

1 현재 테이블 스타일 : 작성한 테이블에 적용되는 테이블 스타일의 이름을 표시합니다.

2 스타일 : 테이블 스타일 리스트를 표시합니다.

3 리스트 : 스타일 리스트의 내용을 조정합니다.

4 미리보기 : 스타일 리스트에서 선택된 스타일의 미리보기 이미지를 표시합니다.

5 현재로 설정 : 스타일 리스트에서 선택된 테이블 스타일을 현재 스타일로 설정합니다.

6 새로 만들기 : 새 테이블 스타일을 정의할 수 있는 새 테이블 스타일 작성 대화상자를 표시합니다.

7 수정 : 테이블 스타일을 수정할 수 있는 테이블 스타일 수정 대화상자를 표시합니다.

02　테이블 스타일 만들기

　본 교재에서 입력하는 설정 값은 이해를 돕기 위한 참고용입니다. 테이블 작성시 첫 번째 행은 제목, 두 번째 행은 머리글, 그 이후부터는 데이터 행으로 구분되기 때문에 각 스타일에 대해 설정하도록 하겠습니다.

01 [주석] 패널에서 [테이블 스타일]을 클릭합니다.

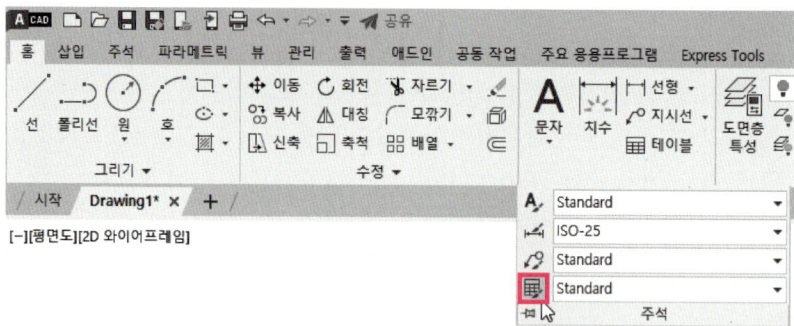

02 테이블 스타일 대화상자에서 새 스타일을 만들기 위해 [새로 만들기(N)] 버튼을 클릭합니다.

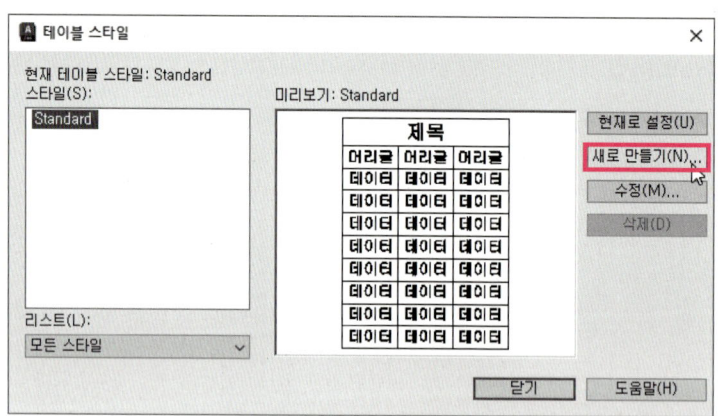

03 스타일 이름은 자유롭게 입력한 다음 계속을 클릭합니다.

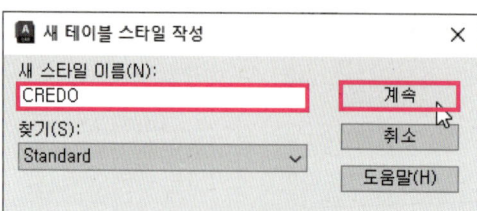

04 셀 스타일은 [데이터]를 선택하고 [일반] 탭에서 정렬을 [중간 중심]으로 지정합니다.

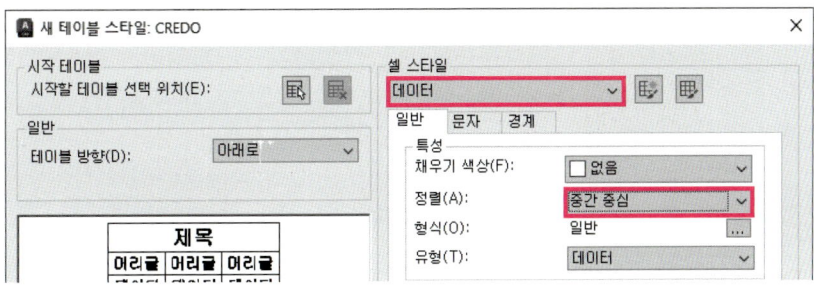

05 [문자] 탭에서 문자 스타일, 문자 높이, 색상을 지정합니다.

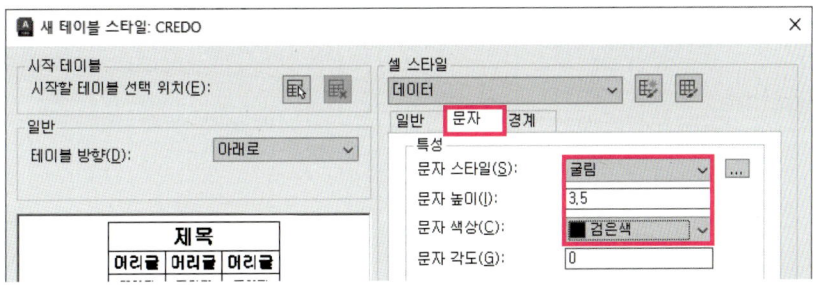

06 [경계] 탭에서 외부 경계를 지정하기 위해 선가중치, 선종류, 색상을 지정한 다음 경계 외부를 클릭합니다.

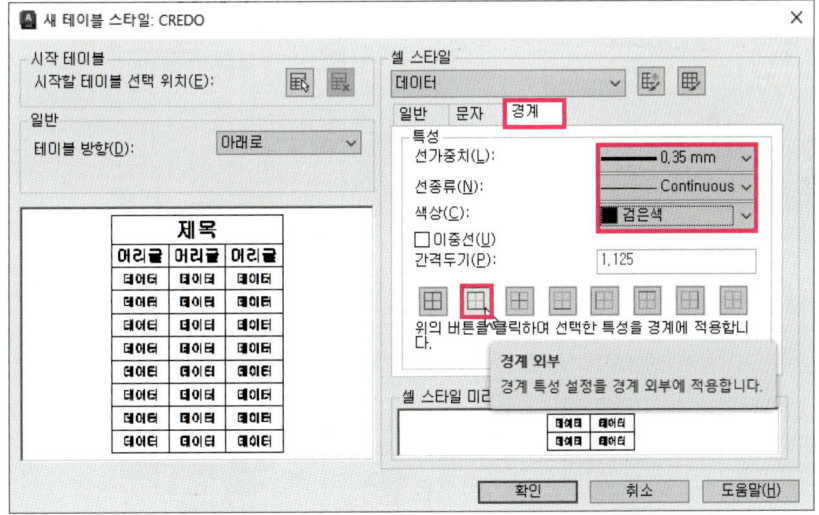

07 경계 내부를 외부와 구분하기 위해 선가중치, 선종류, 색상을 지정하고 경계 내부를 클릭합니다.

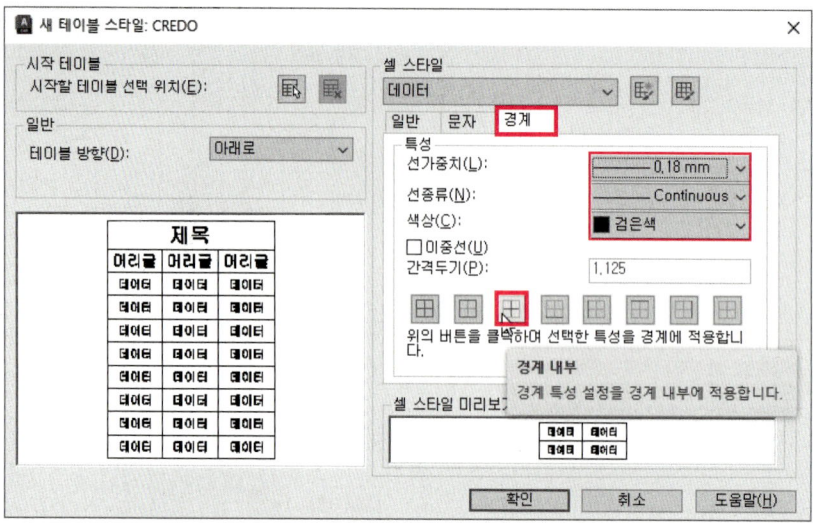

08 셀 스타일은 [머리글]을 선택하고 [문자] 탭에서 문자 높이를 데이터 셀과 동일하게 3.5로 지정합니다.

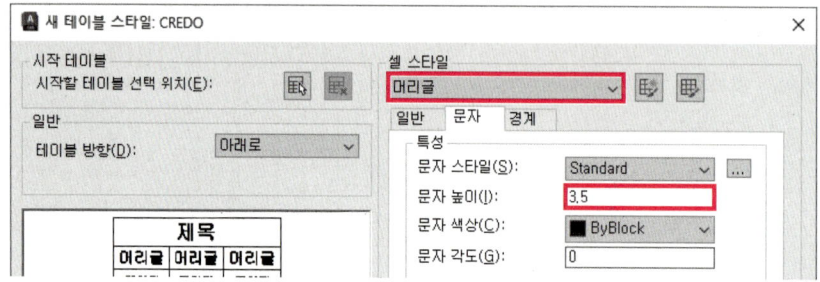

09 셀 스타일은 [제목]을 선택하고 [문자] 탭에서 문자 높이를 다른 셀과 동일하게 3.5로 지정한 다음 확인을 클릭합니다.

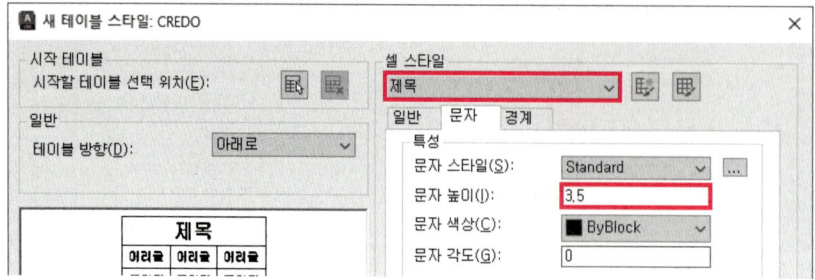

10 테이블 스타일 설정이 완료되었으면 [닫기]를 클릭합니다.

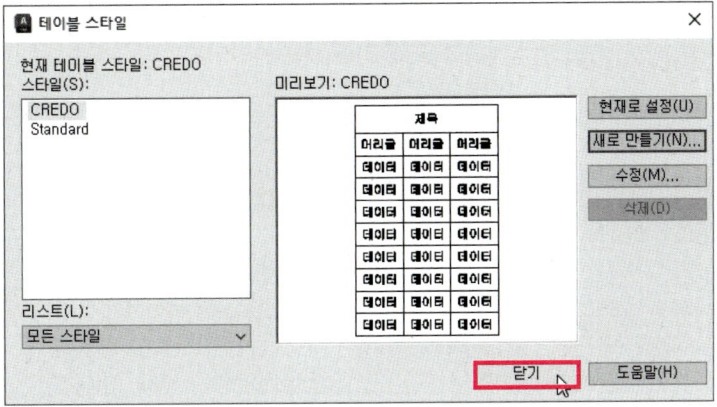

> **Tip**
>
> '제목', '머리글' 셀 스타일의 문자 높이를 지정한 이유는 제목 셀(첫 번째 행)과 머리글 셀(두 번째 행) 높이가 문자 높이에 따라 달라지기 때문입니다.

03 테이블 명령을 활용해 표 작성하기 (표제란)

 테이블 명령을 활용해 아래 이미지와 같이 표제란을 작성하여 테이블을 어떻게 작성하고 편집하는지 알아보겠습니다.

01 [주석] 패널에서 [테이블]을 클릭합니다.

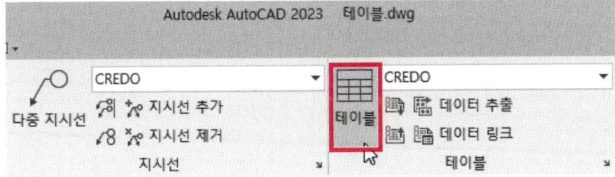

02 테이블 스타일이 앞서 만든 스타일인지 확인합니다. 만약 테이블 스타일을 새롭게 만들려면 '테이블 스타일 실행 대화상자' 아이콘을 클릭해 스타일을 새로 만들거나 수정할 수 있습니다.

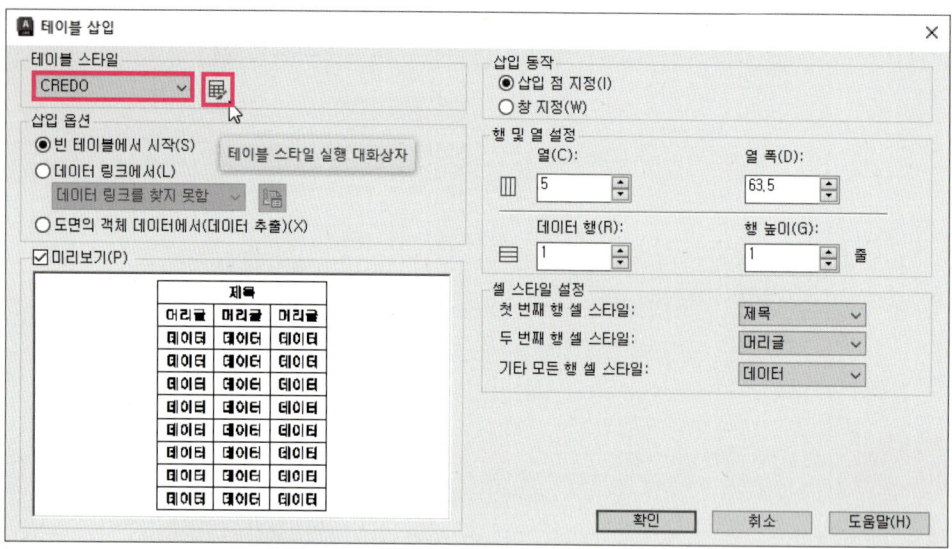

03 작성할 표제란 열의 수는 '6'이지만 기본 값 '5'를 그대로 두고 열 폭은 넓지 않게 '20'으로 지정합니다.

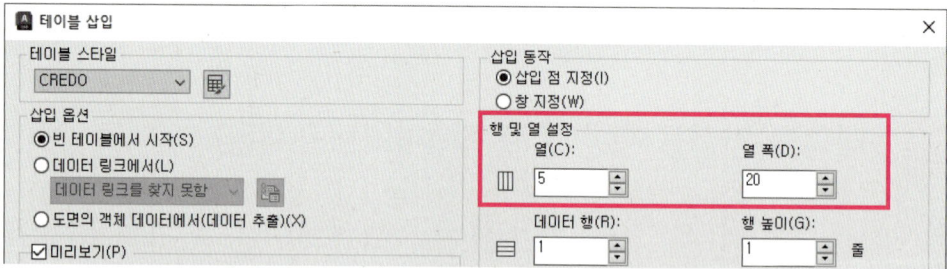

04 데이터 행과 행 높이(줄 수)는 기본 값 '1'을 그대로 두고 첫 번째, 두 번째 셀 스타일을 '데이터'로 변경하고 확인을 클릭합니다.

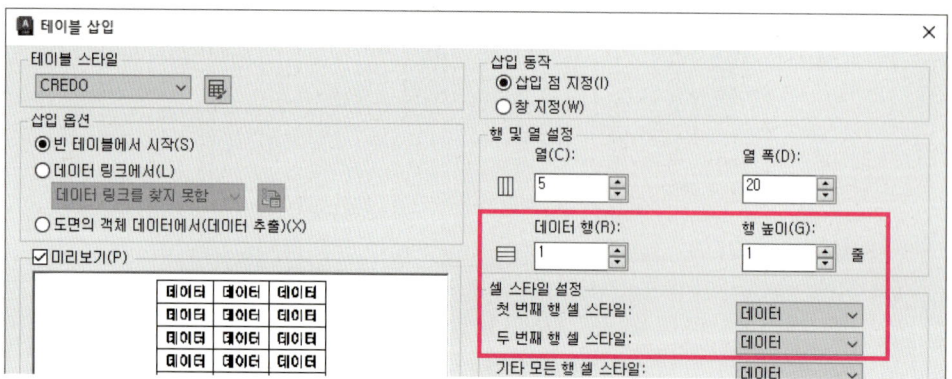

> **Tip**
>
> 테이블을 작성할 때 제목 행과 머리글 행은 기본적으로 포함되어 있기 때문에 데이터 행을 1로 지정하면 제목 행과 머리글 행이 포함되어 3행이 삽입됩니다. 셀 스타일 설정에서 첫 번째 행은 제목 행, 두 번째 행은 머리글 행입니다.

05 도면 영역에 테이블을 삽입한 다음 테이블의 셀을 선택하면 '테이블 셀' [리본] 탭이 나타납니다. 이 테이블 셀 [리본] 탭에서 작성한 테이블을 편집할 수 있습니다.

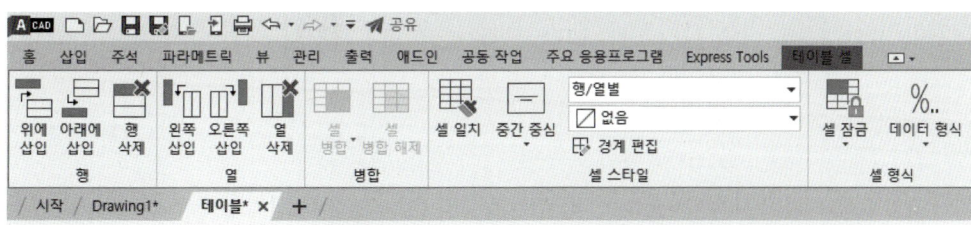

06 특성 팔레트를 실행하고 셀을 선택하여 셀 폭, 셀 높이 등 셀 특성을 편집할 수 있습니다.

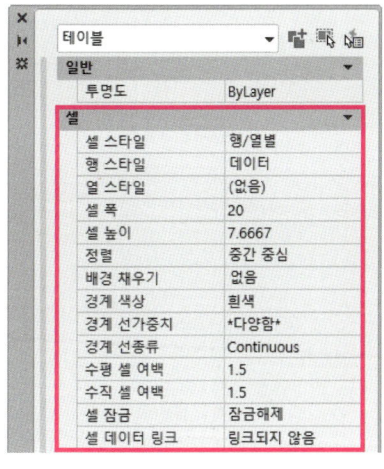

07 삽입한 테이블의 열은 5개이고 표제란의 열은 6개이기 때문에 우측 열을 선택하고 오른쪽 삽입을 클릭하여 열을 추가합니다.

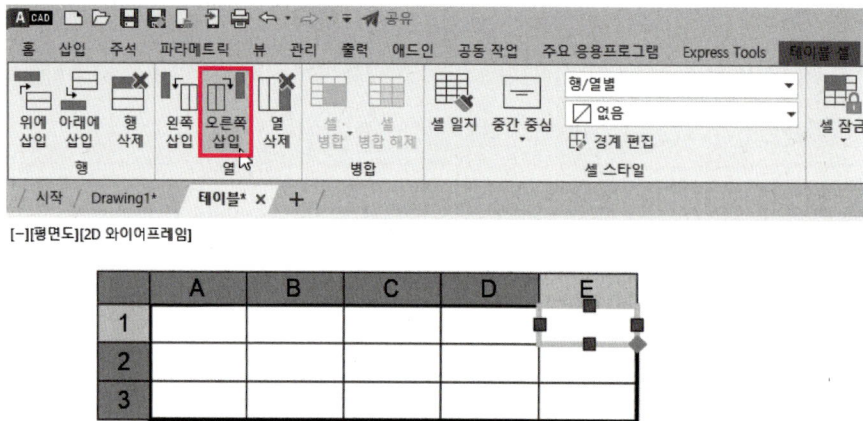

08 표제란의 양식을 갖추기 위해 셀을 드래그하여 선택한 다음 전체 병합을 클릭합니다. 같은 방법으로 위 표제란 모양을 참고하여 필요한 셀은 병합하도록 합니다.

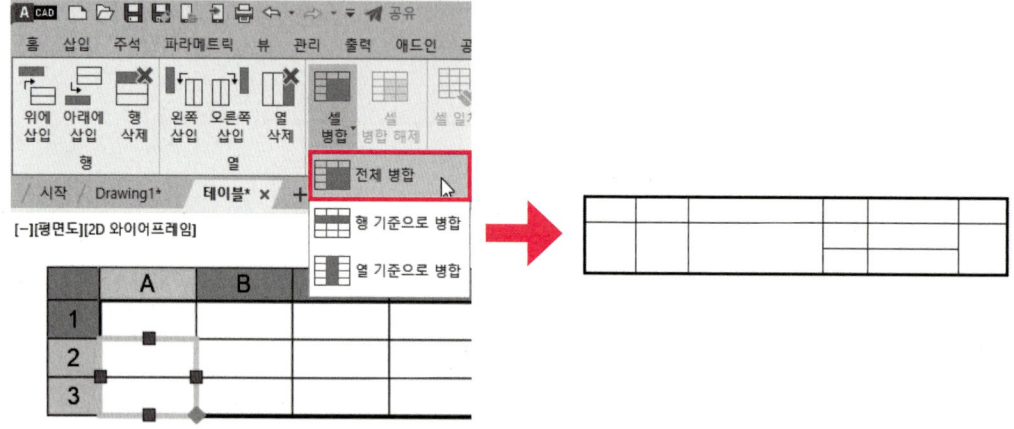

09 셀 폭과 셀 높이 조정은 특성 팔레트에서 가능합니다. 표제란 크기를 참고해 각 셀을 선택해 표제란의 크기에 맞게 셀 폭과 높이를 조정하도록 합니다.

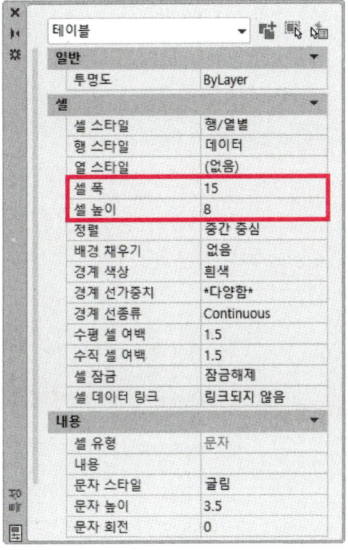

10 각 셀에 해당하는 문자를 입력하여 표제란 작성을 완료합니다.

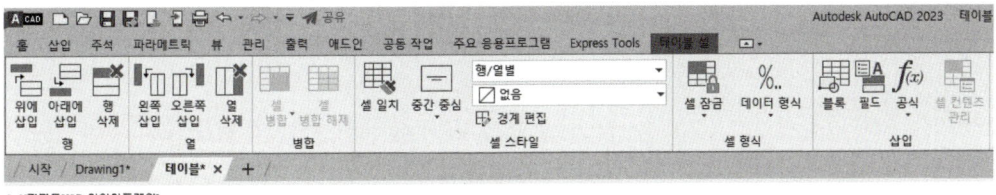

PART 7 주석   185

| Section 1 | 블록 | ---------- 188 |
| Section 2 | 속성 정의 | ---------- 202 |

CHAPTER.08

一
블록

SECTION 01

블록

블록은 하나 이상의 객체를 결합하여 단일 객체로 만드는 명령입니다. 블록으로 만들어진 객체는 하나의 객체로 인식되며, 같은 블록을 여러 개 삽입했을 때 그 중 하나만 수정하면 나머지 블록들도 동일하게 수정됩니다.

01 블록 작성 (BLOCK)

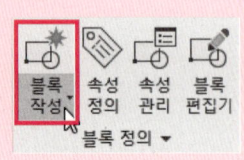

- 명령어 : BLOCK
- 단축키 : B
- 아이콘 위치 : [홈] 탭 – [블록] 패널 – 블록 작성
  [삽입] 탭 – [블록 정의] 패널 – 블록 작성

■ 블록 정의 대화상자

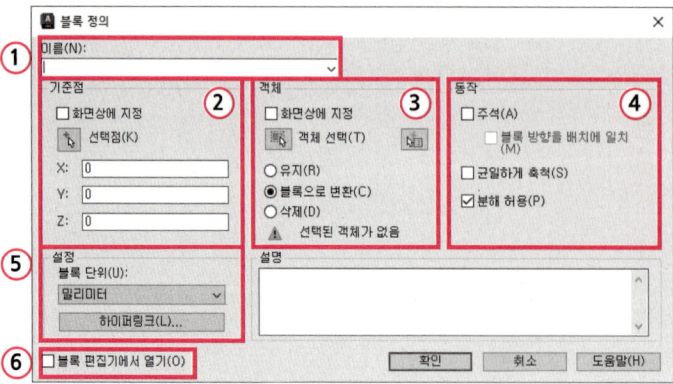

1 이름 : 블록 이름을 지정합니다.

2 기준점 : 기본 값은 0,0,0이며 블록의 삽입 기준점을 지정합니다.

3 객체 : 새 블록에 포함시킬 객체를 지정하고 블록을 작성한 후 선택된 객체를 유지할지, 삭제할지 아니면 블록 복제로 변환할지를 지정합니다.

> 4 **동작** : 블록의 동작을 지정합니다.
>
> 5 **설정** : 블록의 설정을 지정합니다.
>
> 6 **블록 편집기에서 열기** : 확인을 클릭하면 블록 편집기에서 현재 블록 정의가 열립니다.

1 블록 작성하기

예제.dwg 파일에 준비된 마우스 형상을 블록으로 작성하는 방법에 대해 알아보겠습니다.

01 [삽입] 탭 - [블록 정의] 패널에서 [블록 작성]을 클릭합니다.

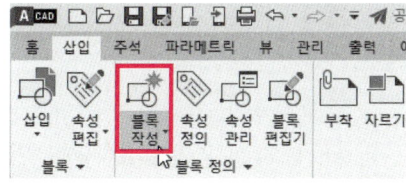

02 블록을 작성하기 위해서는 '객체 선택', '이름', '선택점(삽입점)'을 지정해야 합니다. 지정하는 순서는 관계없지만 우선 [객체 선택(T)]을 클릭해 블록으로 작성할 마우스 형상을 드래그하여 선택한 다음 ENTER를 누릅니다.

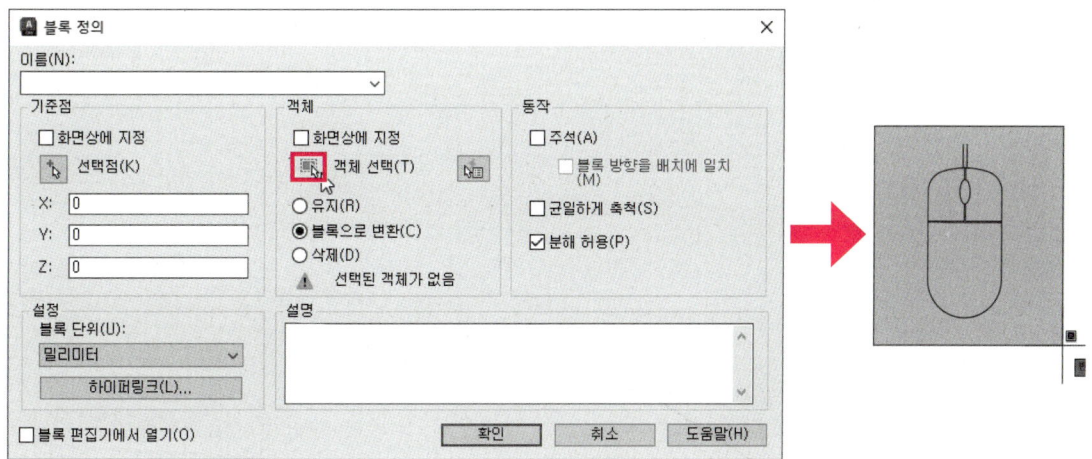

03 블록 이름을 [마우스]로 지정합니다.

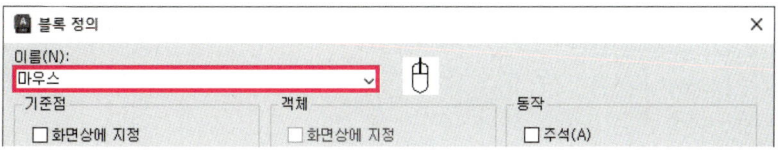

04 선택점(삽입점)을 지정하기 위해 [선택점(K)] 버튼을 클릭하고 아래 이미지를 참고해 블록을 삽입할 때 기준이 되는 선택점(삽입점)을 지정합니다.

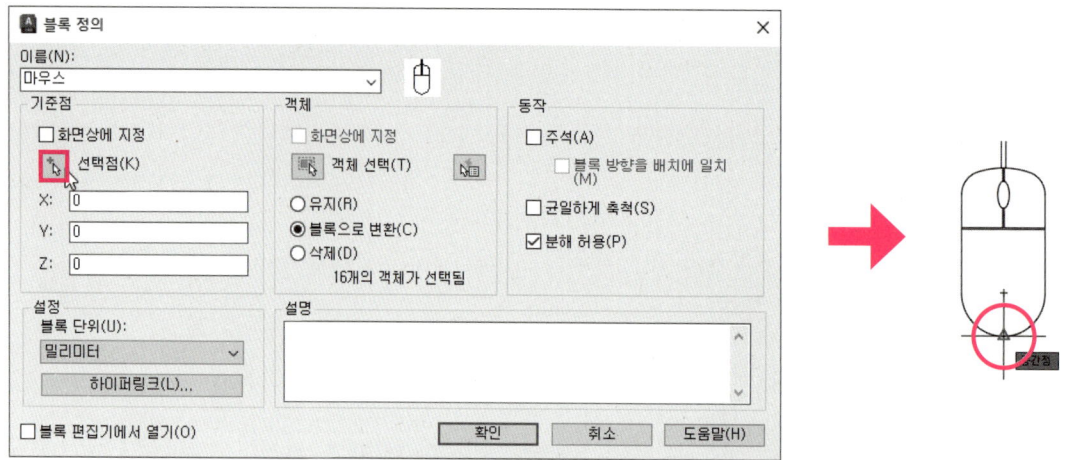

05 블록으로 작성할 '객체 선택', '이름', '선택점(삽입점)'을 지정이 완료되었는지 확인하고 [확인] 버튼을 클릭해 블록 작성을 완료합니다.

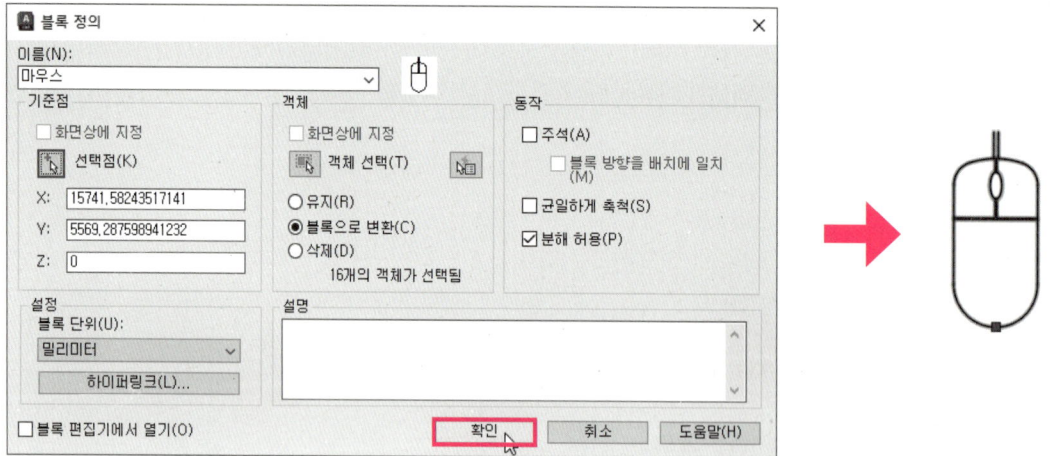

02 블록 쓰기 (WBLOCK)

선택한 객체를 저장하거나 블록을 지정한 도면 파일로 변환합니다.

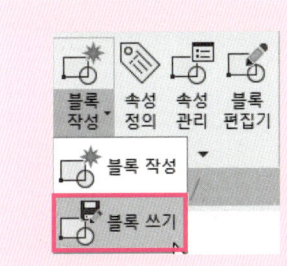

· 명령어 : WBLOCK
· 단축키 : WB
· 아이콘 위치 : [삽입] 탭 – [블록 정의] 패널 – 블록 쓰기

■ 블록 쓰기 대화상자

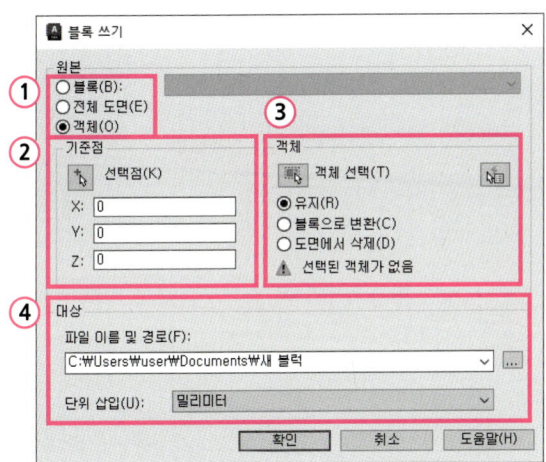

1 **블록/전체 도면/객체** : 파일로 저장할 기존 블록을 지정하거나 현재 도면을 다른 파일로 저장하도록 선택하거나 객체를 파일로 저장할지 선택합니다.

2 **기준점** : 기본 값은 0,0,0이며 블록의 삽입 기준점을 지정합니다.

3 **객체** : 블록 작성에 사용된 객체에 블록 작성 효과를 설정합니다.

4 **대상** : 파일의 새 이름 및 위치와 블록이 삽입될 때 사용될 측정 단위를 지정합니다.

1 블록 쓰기

예제.dwg 파일에 준비된 키보드 형상을 별도의 dwg 파일로 작성하는 방법에 대해 알아보겠습니다.

01 [삽입] 탭 - [블록 정의] 패널에서 [블록 쓰기]를 클릭합니다.

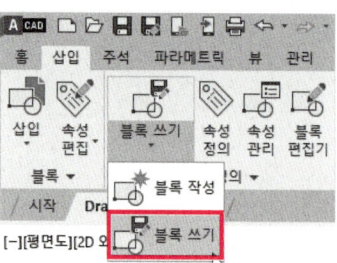

02 블록 작성과 마찬가지로 '객체 선택', '선택점(삽입점)'을 지정해야 합니다. 지정하는 순서는 관계 없지만 우선 [객체 선택(T)]을 클릭해 블록으로 작성할 키보드 형상을 드래그하여 선택한 다음 ENTER를 누릅니다.

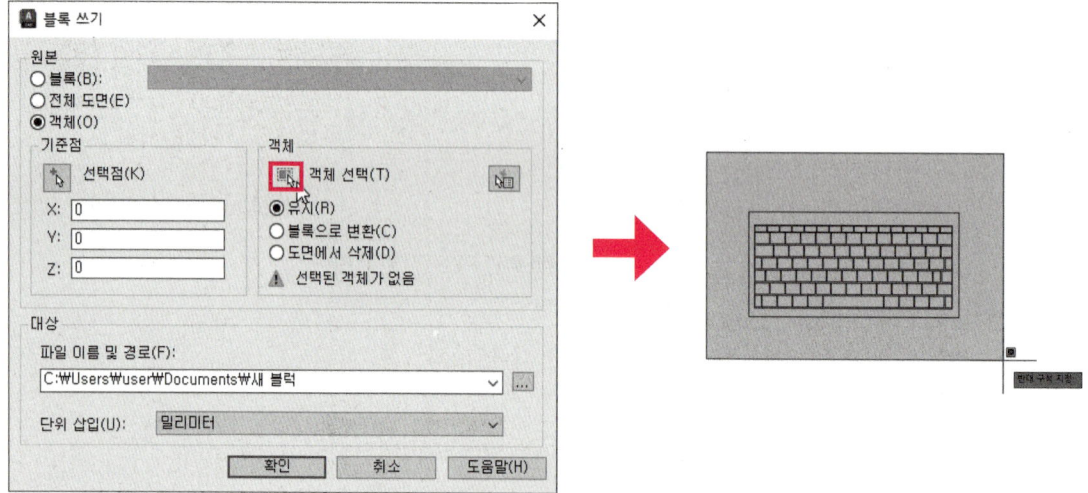

03 선택점(삽입점)을 지정하기 위해 [선택점(K)] 버튼을 클릭하고 아래 이미지를 참고해 선택점(삽입점)을 지정합니다.

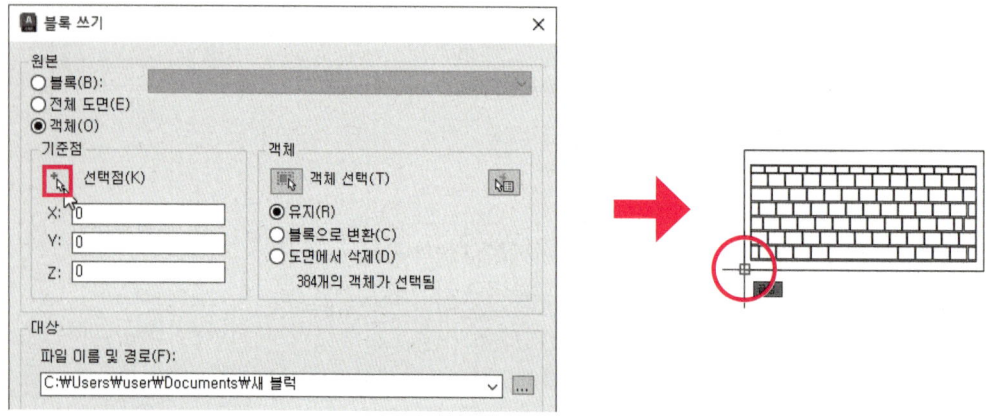

04 블록 쓰기 명령은 블록 작성과 다르게 선택한 객체를 dwg 파일로 저장하는 기능이기 때문에 파일을 저장할 위치와 이름을 지정해야 합니다. 아래 이미지를 참고하여 [표준 파일 선택 대화상자] 버튼을 클릭한 다음 dwg 파일을 저장할 위치와 이름을 지정하고 저장 버튼을 클릭합니다.

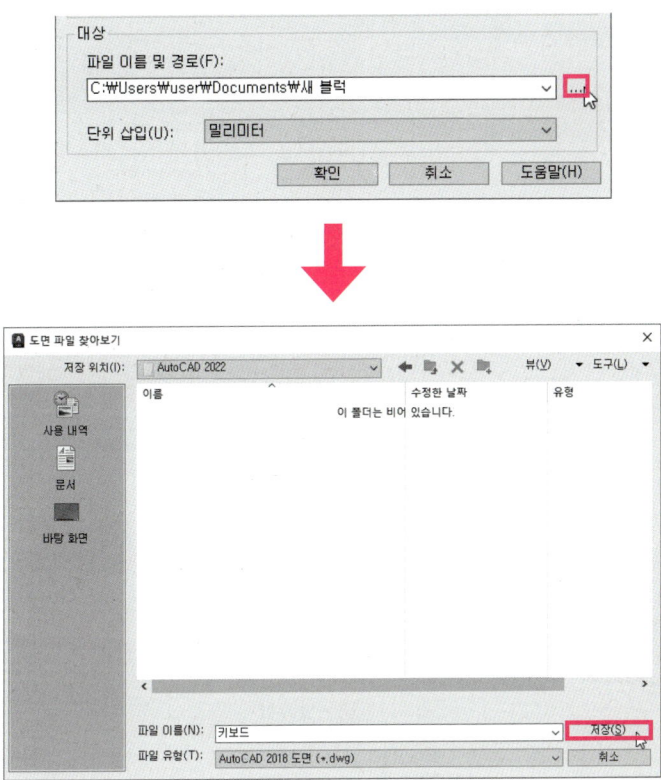

05 '객체 선택', '이름', '선택점(삽입점)' 지정이 완료되었는지 확인하고 [확인] 버튼을 클릭해 블록 쓰기 작업을 완료합니다.

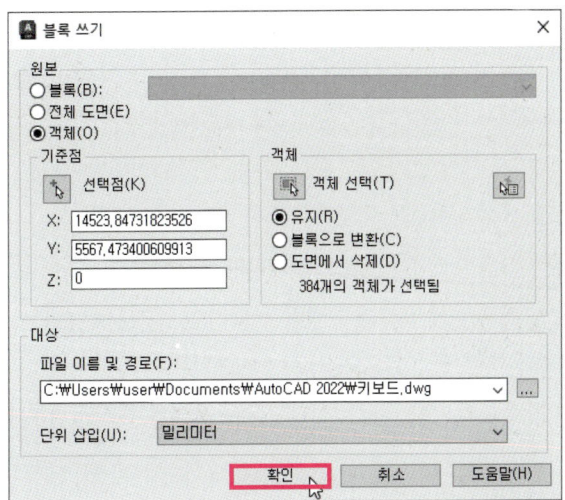

03 삽입 (INSERT)

블록 및 도면을 현재 도면에 삽입하는 데 사용할 수 있는 블록 팔레트를 표시합니다. 2020 버전부터 삽입(INSERT) 명령을 실행하면 블록 팔레트가 나타나고 'CLASSICINSERT' 명령으로 삽입 대화상자를 실행할 수 있습니다.

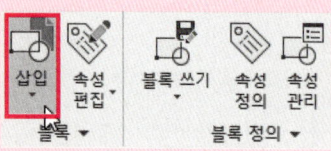

- 명령어 : INSERT
- 단축키 : I
- 아이콘 위치 : [홈] 탭 – [블록] 패널 – 삽입
  [삽입] 탭 – [블록] 패널 – 삽입

■ 블록 팔레트

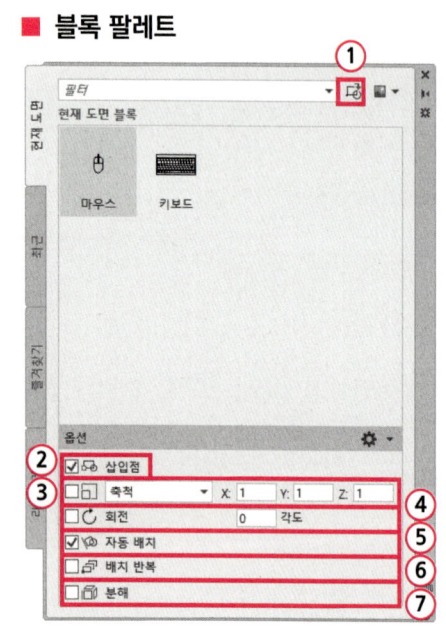

1 **찾아보기** : 현재 도면에 블록으로 삽입할 해당 블록 정의 중 하나 또는 도면 파일을 선택하기 위한 파일 선택 대화상자를 표시합니다.

2 **삽입점** : 블록의 삽입점을 지정합니다. 이 옵션을 선택하면 포인팅 장치를 사용하거나 수동으로 좌표를 입력하여 블록 삽입시의 삽입점을 지정합니다.

3 **축척** : 삽입된 블록의 축척을 지정합니다. 이 옵션을 선택하면 X, Y 및 Z 방향에서 축척 비율을 지정합니다. X, Y 및 Z 축척 비율에 음수 값을 입력하면 블록이 해당 축을 중심으로 대칭 이미지로 삽입됩니다. 이 옵션을 선택 취소하면 이전에 지정된 축척이 사용됩니다.

4 **회전** : 현재 UCS를 사용해 삽입된 블록의 회전 각도를 지정합니다.

5 **자동 배치** : 블록을 삽입할 때 이전에 해당 블록을 배치한 유사한 형상에 가까운 배치 제안을 제공합니다.

6 **배치 반복** : 블록 삽입의 자동 반복 여부를 조정합니다. 이 옵션을 선택하면 Esc 키를 눌러 명령을 취소할 때까지 추가 삽입점에 대한 메시지가 자동으로 표시됩니다.

7 **분해** : 블록을 분해하고 블록의 개별 부품을 삽입합니다. 분해가 선택된 경우에는 단일 축척 비율만 지정할 수 있습니다.

1 블록 삽입

● 현재 도면에 블록 삽입

현재 도면에 작성된 블록을 삽입하는 방법은 [삽입] 탭 - [블록] 패널에서 [삽입]을 클릭해 블록을 선택하고 도면 영역에 블록을 삽입할 위치를 지정해 삽입할 수 있습니다.

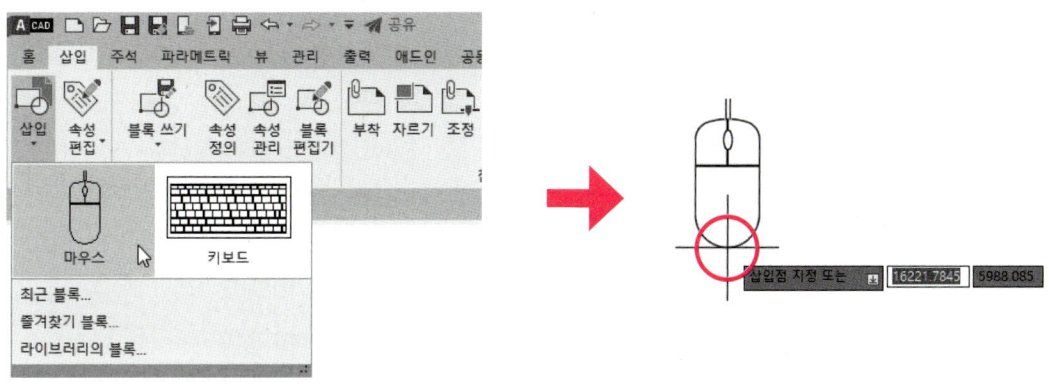

Tip

[최근 블록] 항목을 클릭하면 블록 팔레트가 실행되고, [최근] 탭에서 원하는 블록을 선택해 도면 영역에 삽입할 수 있습니다. 이때, 현재 도면이 아닌 다른 도면의 블록도 표시됩니다.

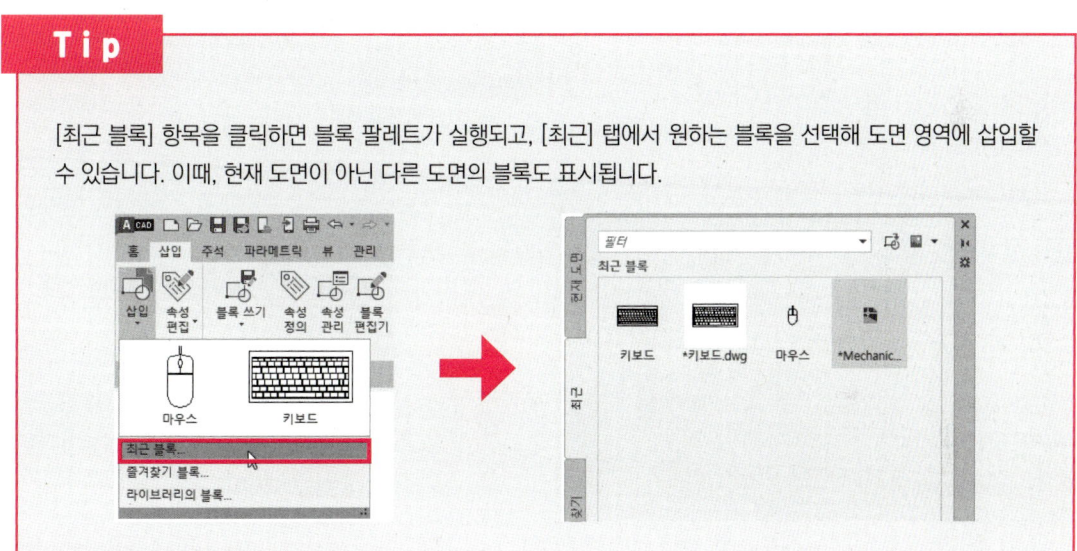

● dwg 파일을 블록으로 삽입

dwg 파일을 현재 도면에 블록으로 삽입하기 위해서는 [최근 블록] 버튼을 클릭해 블록 팔레트를 실행하고 파일 탐색 대화상자 버튼을 클릭해 dwg 파일을 선택하여 삽입할 수 있습니다.

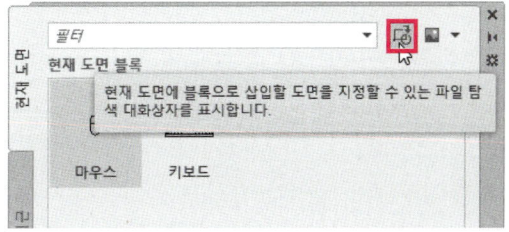

04 블록 편집 (BEDIT)

도면 영역에서와 마찬가지로 형상을 그리고 편집할 수 있는 특수 제작 영역을 제공합니다.

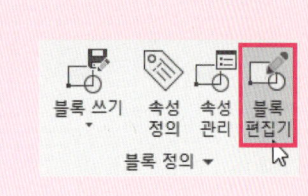

· 명령어 : BEDIT
· 단축키 : BE
· 아이콘 위치 : [홈] 탭 – [블록] 패널 – 블록 편집기
　　　　　　　　[삽입] 탭 – [블록 정의] 패널 – 블록 편집기

01 블록 편집은 편집할 블록을 더블 클릭하거나 '블록 편집기' 명령을 실행해 편집할 수 있습니다.

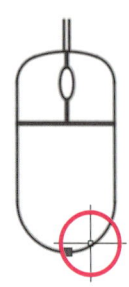
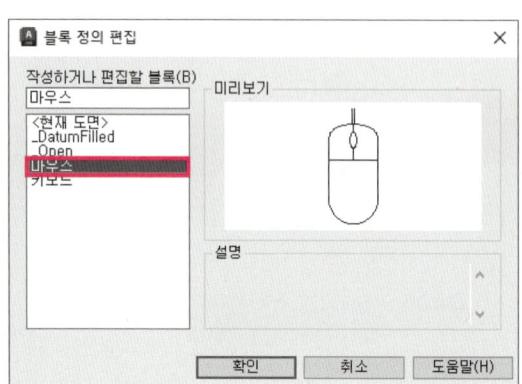

02 블록 편집기 영역에서 블록의 형상 등을 수정한 다음 [블록 편집기 닫기]를 클릭하여 블록을 수정합니다.

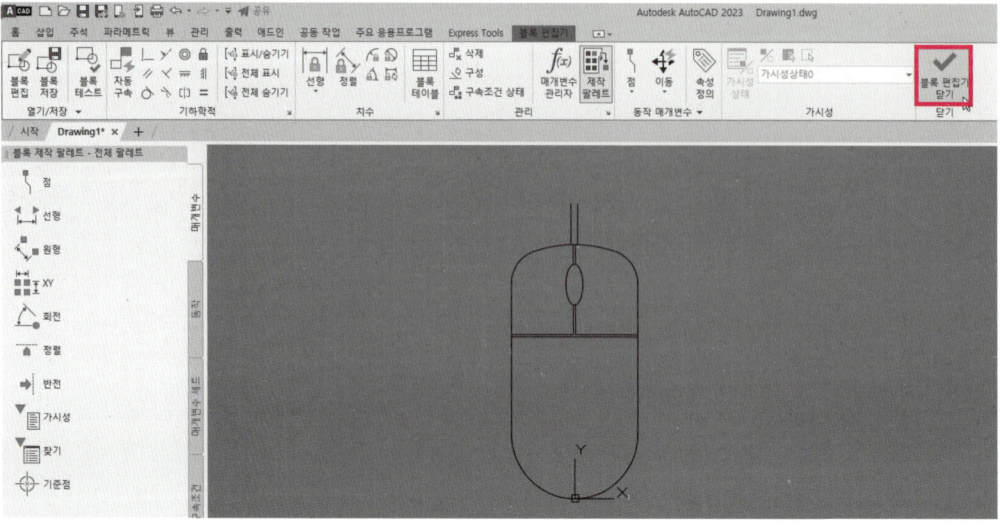

05 클립보드

반복적으로 사용하는 블록은 블록 정의 명령으로 작성하면 되지만 만약 전체 조립도를 작성하는데 필요한 부품, 부분 조립품과 같이 반복적으로 사용하지 않지만 하나의 객체로 결합이 필요할 경우 사용하는 기능입니다.

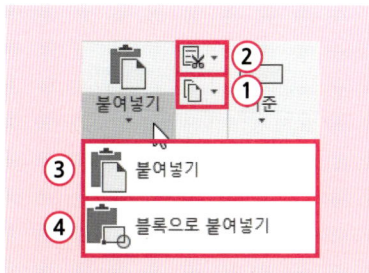

① 클립 복사 : CTRL + C
② 잘라내기 : CTRL + X
③ 붙여넣기 : CTRL + V
④ 블록으로 붙여넣기 : CTRL + SHIFT + V
· 기준점 지정 복사 : CTRL + SHIFT + C

클립 복사 기능으로 블록을 작성하면(CTRL+SHIFT+V) 블록 이름은 임의로 지정됩니다. 지정된 블록 이름은 블록 편집기를 실행하면 대화상자에서 확인할 수 있습니다.

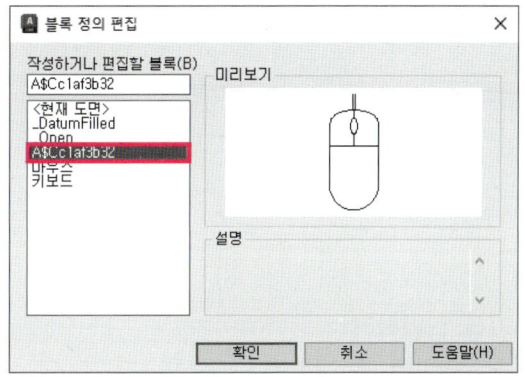

06 도구 팔레트 (CTRL+3)

블록을 도구 팔레트에 추가하면 다른 도면에서도 쉽게 사용할 수 있습니다. 이때 도구 팔레트에 추가한 블록의 원본 파일이 저장된 도면의 위치는 중요합니다.

- 명령어 : TOOLPALETTES
- 단축키 : CTRL+3
- 아이콘 위치 : [뷰] 탭 – [팔레트] 패널 – 도구 팔레트

1 도구 팔레트에 블록 등록하기

기본적으로 제공되는 도구들이 있으며 주로 사용할 블록만 모아서 별도로 관리하려면 새 팔레트를 추가해서 관리합니다. 새 팔레트를 추가하는 방법은 상태 표시줄에서 마우스 오른쪽 버튼을 클릭해 [새 팔레트]를 클릭해서 추가할 수 있습니다.

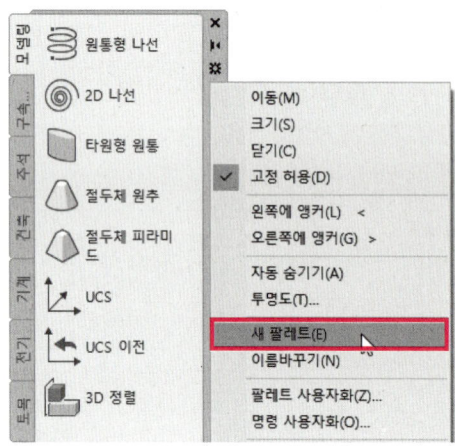

2 도구 팔레트에 블록 추가 및 삽입하기

도구 팔레트에 저장된 블록을 추가하는 방법은 도면 영역의 블록 객체를 ❶ 드래그 앤 드롭하여 추가할 수 있으며, 반대로 도구 팔레트에 등록된 블록을 사용하는 방법은 ❷ 블록을 선택하고 ❸ 도면 영역에 삽입할 위치를 지정하면 됩니다.

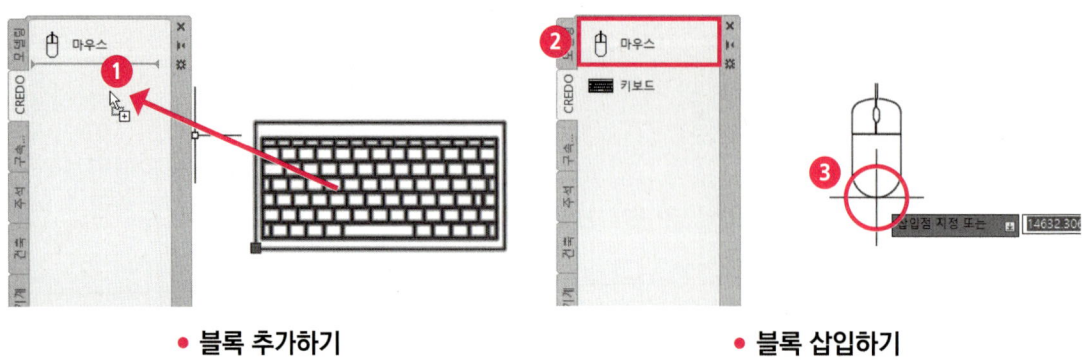

● 블록 추가하기　　　　　　　　　　● 블록 삽입하기

> **Tip**
>
> 도구 팔레트에 블록을 등록하면 원본 파일(블록이 저장된 도면)의 위치를 연결시키는 개념으로 다른 도면에도 블록을 삽입할 수 있습니다. 만약 원본 파일의 위치가 달라지거나 삭제되면 해당 블록을 찾을 수 없기 때문에 사용할 수 없게 됩니다.
>
>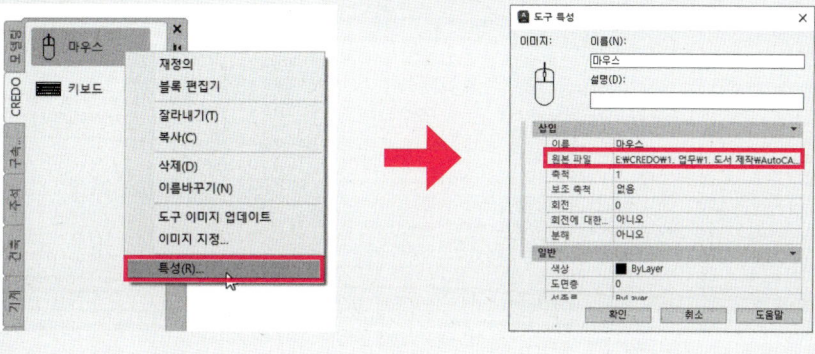

07 디자인 센터(CTRL+2)

블록, 치수 스타일 등 여러 도면 컨텐츠에 대한 액세스를 구성할 수 있으며, 열린 도면 간에 도면층 정의, 배치, 문자 스타일 등의 컨텐츠를 복사하여 붙여넣기할 수 있습니다.

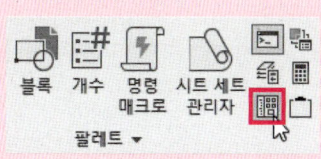

- 명령어 : ADCENTER
- 단축키 : CTRL+2
- 아이콘 위치 : [뷰] 탭 - [팔레트] 패널 - 디자인 센터

디자인 센터 팔레트에서는 트리 뷰와 컨텐츠 영역의 정보에 대해 표시되며, 왼쪽의 트리 뷰에서 컨텐츠 원본을 찾아보고 오른쪽의 컨텐츠 영역에 컨텐츠를 나타낼 수 있습니다.

트리 뷰에서 [열린 도면] 탭을 클릭하면 현재 AutoCAD에서 열려있는 도면 들이 나타나며 사용자는 열린 도면 간의 도면층, 문자 스타일, 등의 컨텐츠를 복사하여 붙여넣을 수 있습니다.

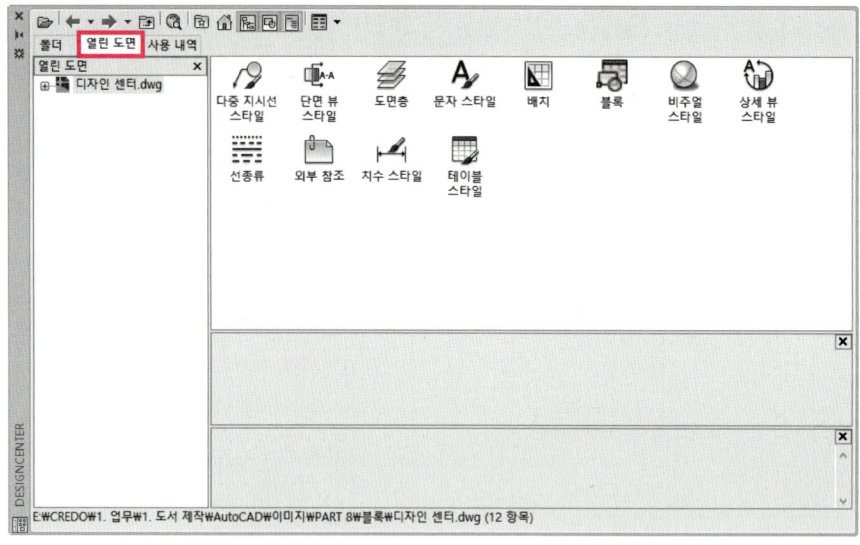

컨텐츠를 붙여넣는 방법은 복사할 도면의 컨텐츠를 선택하여 붙여넣을 도면의 도면 영역에 드래그 앤 드롭하면 됩니다.

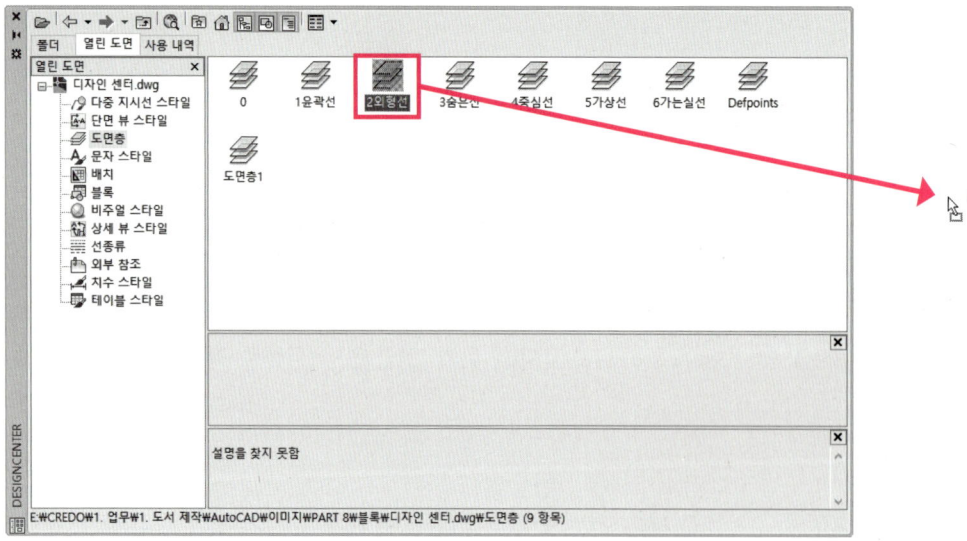

08 소거 (PURGE)

도면 간에 복사, 붙여넣기 또는 블록을 삽입하게 되면 해당 객체에 적용된 도면층, 스타일 등 다양한 속성들도 함께 가져오게 되며, 객체를 삭제하여도 이러한 속성들은 삭제되지 않습니다. 이렇게 도면에서 사용되지 않는 명명된 항목을 제거하는 기능이 바로 소거(Purge)입니다.

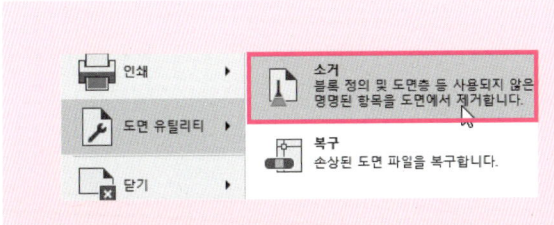

- 명령어 : PURGE
- 단축키 : PU
- 아이콘 위치 : 응용 프로그램 메뉴
  - 도면 유틸리티 - 소거

현재 도면에서 사용되고 있는 명명된 항목은 소거할 수 없으며, 소거 가능한 항목에서는 현재 도면에서는 사용되지 않아 소거할 수 있는 명명된 항목을 나타냅니다.

현재는 사용되지 않고 있지만 앞으로는 사용할 항목이라면, 소거 가능한 항목이더라도 소거해서는 안 됩니다.

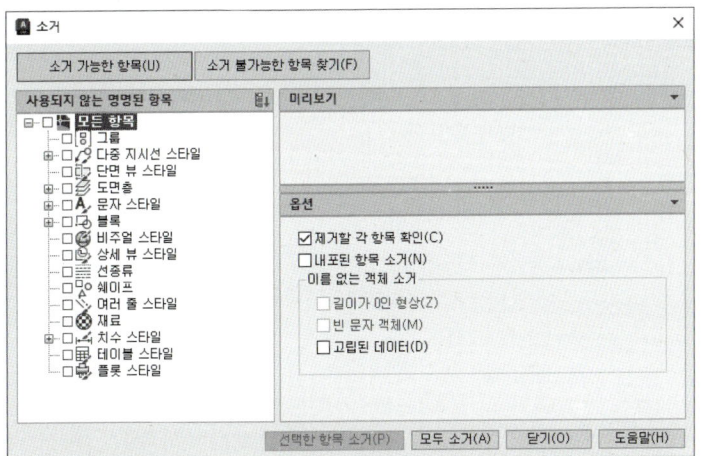

Tip

소거에서 한 가지 또 중요한 사항은 도면 작업의 마지막 과정에서 하는 것이 좋습니다. 미리 사용하고자 하는 블록이나 레이어 등을 도면 템플릿(DWT)에 저장해 두는 경우가 있는데, 도면 작성 초기에 소거하게 되면 사용해야 할 속성들도 모두 삭제됩니다.

SECTION 02
속성 정의

속성이란 블록에 데이터를 부착하는 레이블 또는 태그입니다. 속성에 포함할 수 있는 데이터는 부품 번호, 가격, 주석 및 소유자 이름 등이며, 도면에서 추출된 속성 정보는 스프레드시트 또는 데이터베이스에서 사용하여 부품 리스트 또는 BOM 등을 생성할 수 있습니다.

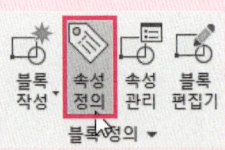

- 명령어 : ATTDEF
- 단축키 : ATT
- 아이콘 위치 : [삽입] 탭 – [블록 정의] 패널 – 속성 정의

■ 속성 정의 대화상자

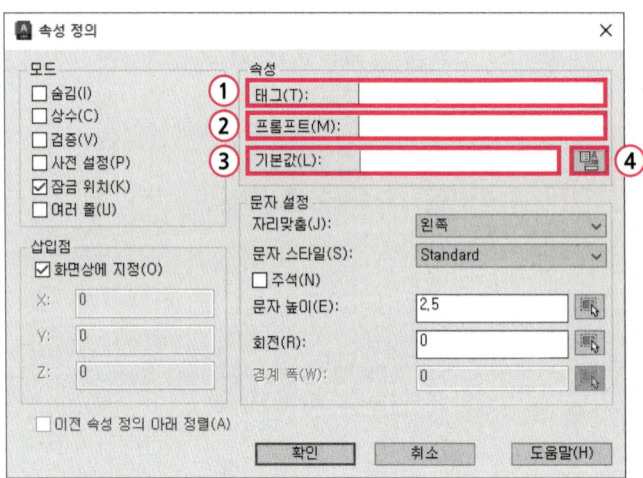

1 태그 : 속성을 식별하는 데 사용할 이름을 지정합니다. 공백을 제외한 임의의 문자를 조합하여 속성 태그를 입력합니다. 소문자는 대문자로 자동 변경됩니다.

2 프롬프트 : 이 속성 정의가 포함된 블록을 삽입할 때 표시되는 프롬프트를 지정합니다.

3 기본값 : 기본 속성 값을 지정합니다.

4 필드 삽입 : 속성 값의 전부 또는 일부로 필드를 삽입할 수 있는 필드 대화상자를 표시합니다.

01 속성 정의

예제.dwg 파일에 준비된 표제란을 활용해 표제란을 도면에 삽입시 척도, 각법, 도명, 성명, 일자를 속성 정의하여 표제란을 삽입할 때마다 사용자가 해당 속성을 입력할 수 있는 방법에 대해 알아보겠습니다.

01 표제란에서 속성 정의해 대체할 문자들을 아래 이미지를 참고하여 삭제합니다.

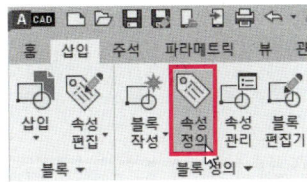

02 [삽입] 탭 - [블록 정의] 패널에서 [속성 정의]를 클릭합니다.

03 우선 척도에 대한 속성을 정의하기 위해 [속성 정의] 대화상자에서 아래 이미지를 참고해 태그, 프롬프트, 기본값 그리고 문자에 대한 설정을 지정하고 [확인] 버튼을 클릭합니다.

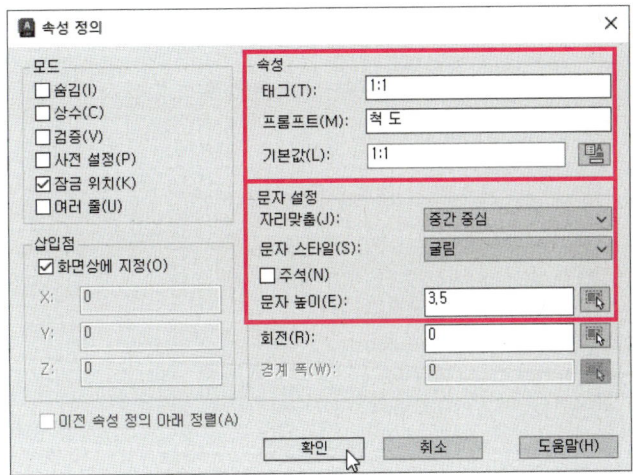

04 아래 이미지를 참고해 척도란의 적당한 위치에 정의한 문자를 배치합니다.

05 각법, 도명, 성명, 일자 항목에 대해서 아래 이미지를 참고해 속성 정의하고 적당한 위치에 정의한 문자를 배치합니다.

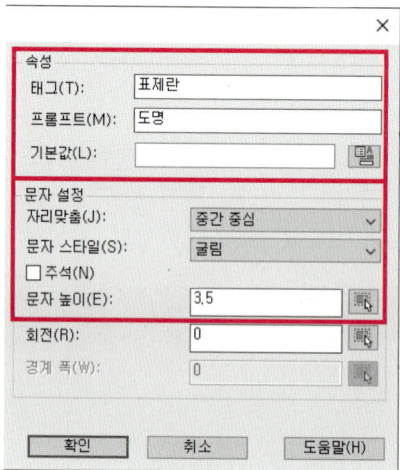

속성 정의 : 각법 / 속성 정의 : 도명

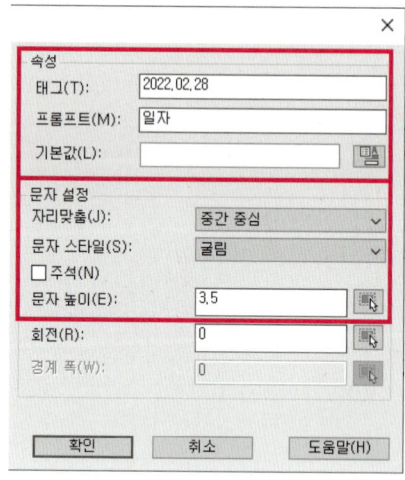

속성 정의 : 성명 / 속성 정의 : 일자

06 속성 정의한 문자 배치가 완료되었다면 블록 작성(BLOCK) 명령을 실행해 표제란을 블록으로 작성합니다.

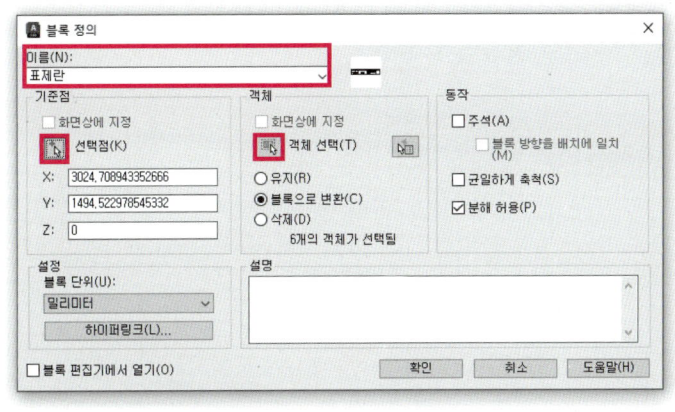

07 작성된 표제란 블록을 도면 영역에 삽입하면 [속성 편집] 대화상자가 나타나며 표제란 블록을 삽입할 때마다 속성 정의한 항목을 다르게 지정하여 블록을 삽입할 수 있습니다.

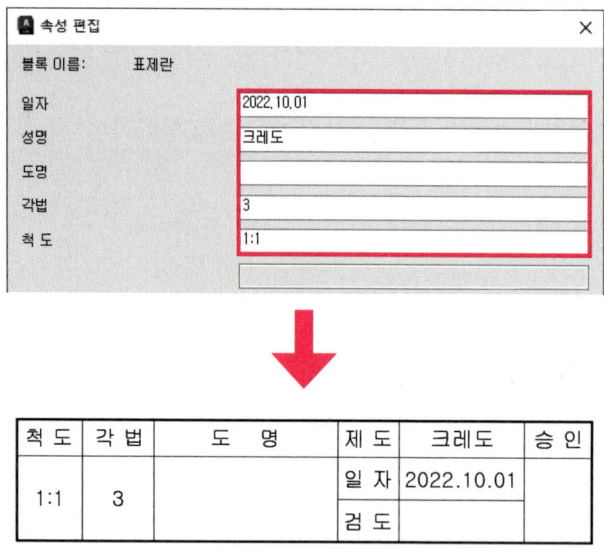

02 속성 관리

블록의 속성 정의를 편집하거나 제거할 수 있고, 블록을 삽입할 때 속성 값에 대해 프롬프트가 표시되는 순서를 변경할 수도 있습니다.

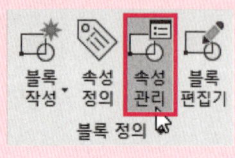

- 명령어 : BATTMAN
- 단축키 : -
- 아이콘 위치 : [삽입] 탭 - [블록 정의] 패널 - 속성 관리

선택된 블록의 속성이 속성 리스트에 표시되고 속성 특성을 수정하려면 속성을 더블 클릭합니다.

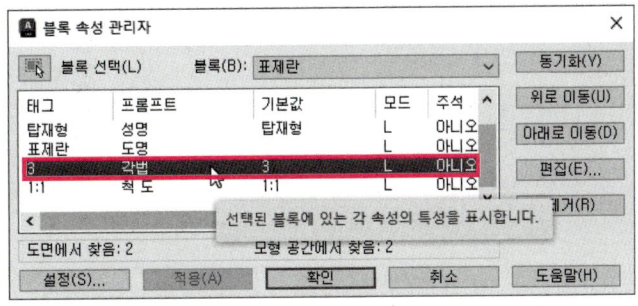

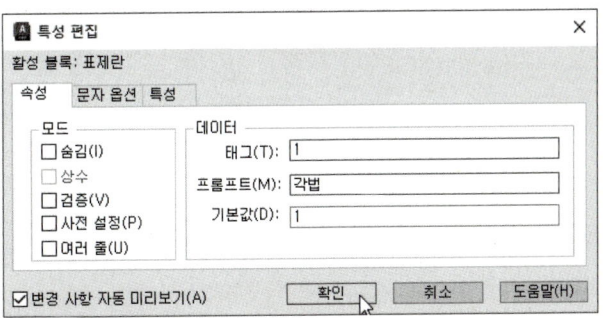

Section 1	모형공간 플롯	210
Section 2	배치공간 플롯	220
Section 3	외부 데이터 활용하기	229

CHAPTER.09

플롯 및 외부 데이터 활용

SECTION 01
모형공간 플롯 (PLOT)

플롯이란 완성된 도면을 종이에 출력하거나 이미지 또는 PDF와 같은 형식으로 내보내는 것을 의미합니다.

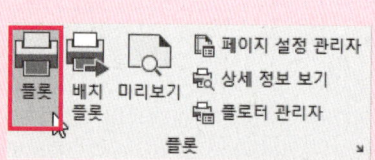

· 명령어 : PLOT
· 단축키 : CTRL + P
· 아이콘 위치 : [출력] 탭 - [플롯] 패널 - 플롯

■ 플롯 대화상자

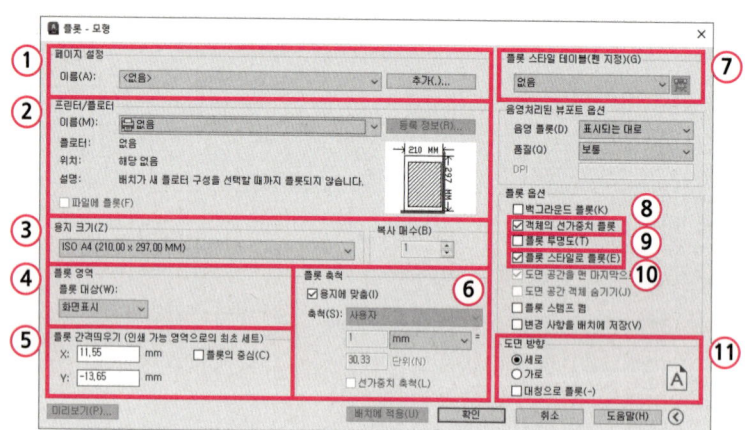

1 페이지 설정 : 플롯 설정값을 저장한 리스트를 선택하거나 외부 파일에서 가져올 수 있습니다.

2 프린터/플로터 : 출력할 장치를 선택합니다.

3 용지 크기 : 용지 크기를 지정합니다.

4 플롯 영역 : 출력할 영역을 사용자가 지정합니다.

5 플롯 간격띄우기 : 출력할 영역의 정렬을 지정합니다.

6 플롯 축척 : 출력할 도면의 축척을 지정합니다.

7 플롯 스타일 테이블 : 객체의 색상이나 선 굵기 정보를 저장한 스타일 테이블 파일을 선택합니다.

8 **객체의 선가중치 플롯** : 도면층에서 지정한 객체의 선가중치를 적용해서 플롯합니다.

9 **플롯 투명도** : 객체에 설정된 투명도를 반영하여 플롯합니다.

10 **플롯 스타일로 플롯** : 현재 설정된 플롯 스타일을 적용해 플롯합니다.

11 **도면 방향** : 종이에 출력되는 도면의 방향을 지정합니다.

01 플롯 스타일 테이블 만들기

플롯 스타일 테이블에서는 작성된 객체를 출력할 때 객체의 색상을 사용하여 선가중치와 같은 특성을 결정합니다. 출력시 선 가중치와 선 색상을 지정할 땐 플롯 스타일 테이블에서 객체의 색상별로 선 가중치와 선 색상을 지정하는 경우와 선 색상은 플롯 스타일 테이블에서 선 가중치는 객체 선 가중치(도면층 적용 값)를 적용하는 방법이 있습니다.

01 플롯 명령을 실행하고 플롯 대화상자에서 [플롯 스타일 테이블] 버튼을 누르고 [새로 만들기...]를 클릭합니다.

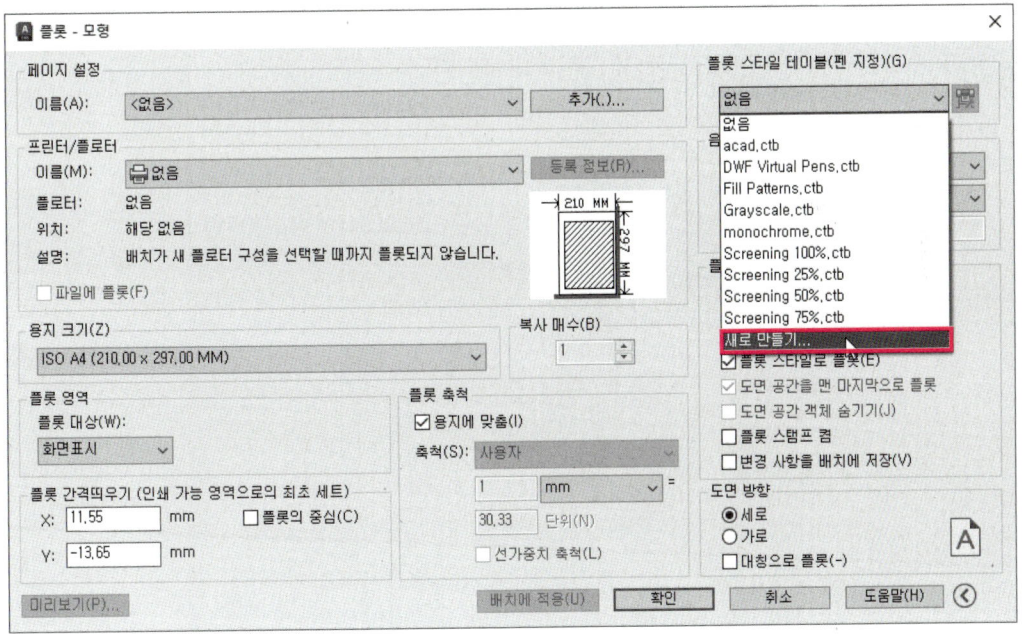

02 테이블 추가 대화상자에서 [처음부터 시작(S)]을 선택하고 [다음(N)]을 클릭합니다.

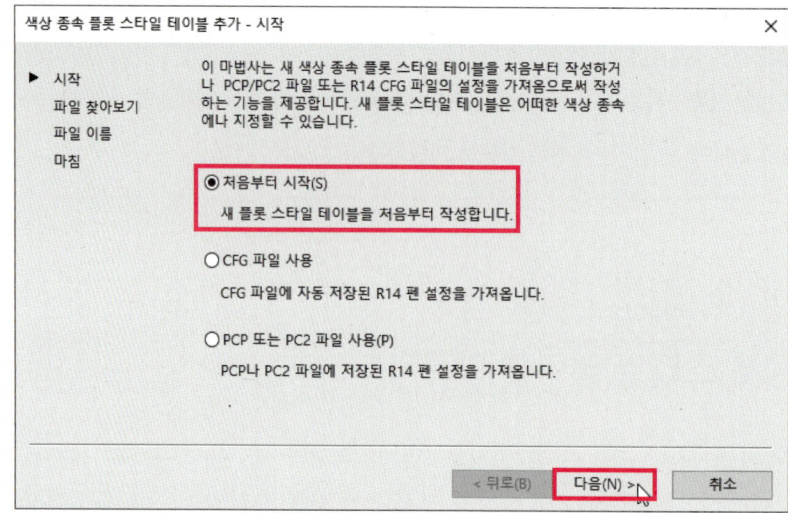

03 [파일 이름]을 입력하고 [다음(N)]을 클릭합니다.

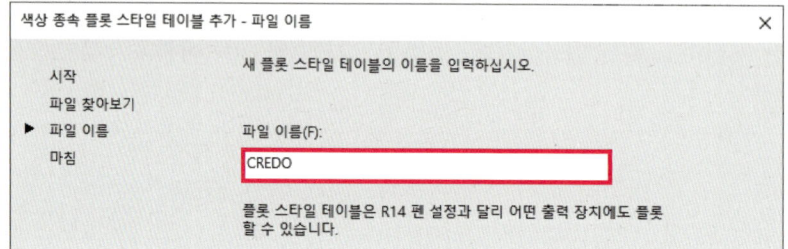

04 [이 플롯 스타일 테이블을 현재 도면에 사용(U)]을 선택하고 [마침]을 클릭합니다.

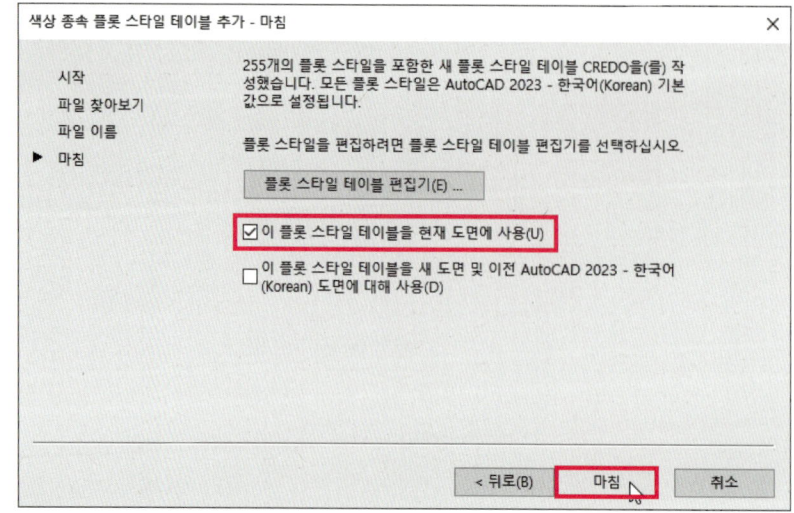

05 새로 만들 플롯 스타일 테이블이 현재 도면에 적용되었습니다. [편집]을 클릭하여 플롯 스타일 테이블 편집을 진행합니다.

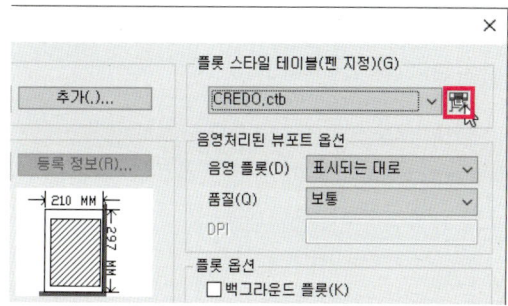

06 도면 영역에 사용한 객체 색상을 플롯 스타일에서 선택하고 각 객체 색상별로 색상과 선 가중치를 지정한 다음 [저장 및 닫기] 버튼을 눌러 편집을 완료합니다. (플롯 스타일 색상은 도면에 사용된 객체 색상이고 특성 색상은 인쇄할 색상이라고 이해하시면 됩니다. 특성 색상이 객체 색상으로 되어있으면 도면을 인쇄할 때 객체에 사용된 색상 그대로 인쇄됩니다.)

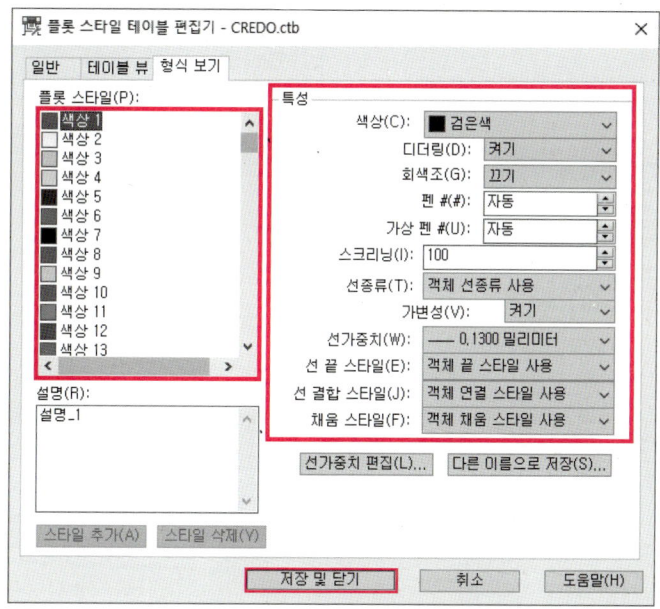

02 모형공간 플롯

플롯 명령으로 도면을 인쇄하기 위해서는 프린터 장치, 용지 크기, 플롯 영역, 간격 띄우기, 축척 그리고 플롯 스타일 테이블을 지정해야 합니다.

01 인쇄할 도면이 준비되었다면 플롯 명령을 실행하고 출력할 프린터 장치를 선택합니다. (pdf 파일로 저장하기 위해 [DWG To PDF]를 선택합니다.)

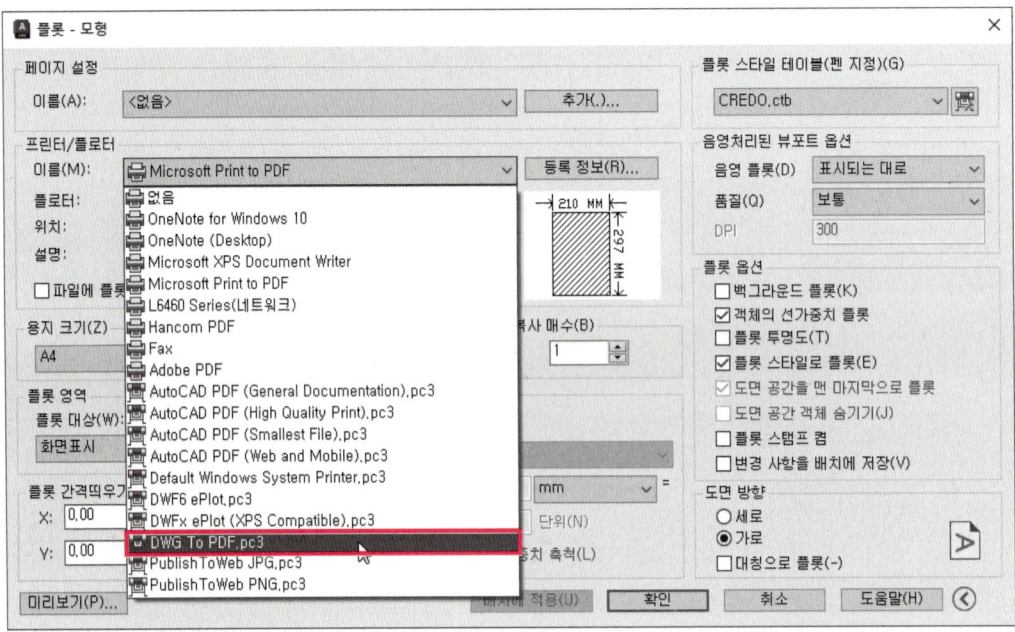

02 용지 크기를 선택합니다. (A4 용지 가로방향 ISO A4 (297.00 x 210.00mm)를 선택합니다.)

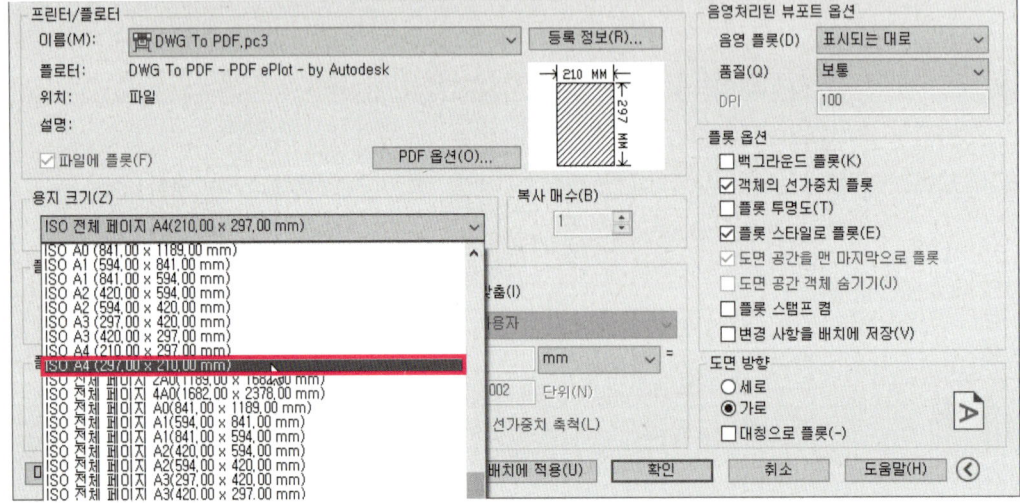

03 현재 모형 공간에 작성된 도면은 도면에 맞게 영역이 지정된 상태이기 때문에 플롯 대상을 [범위]로 지정합니다.

04 플롯 영역(범위)의 객체가 선택한 용지(A4)의 중심에 배치되도록 [플롯의 중심(C)]을 선택합니다.

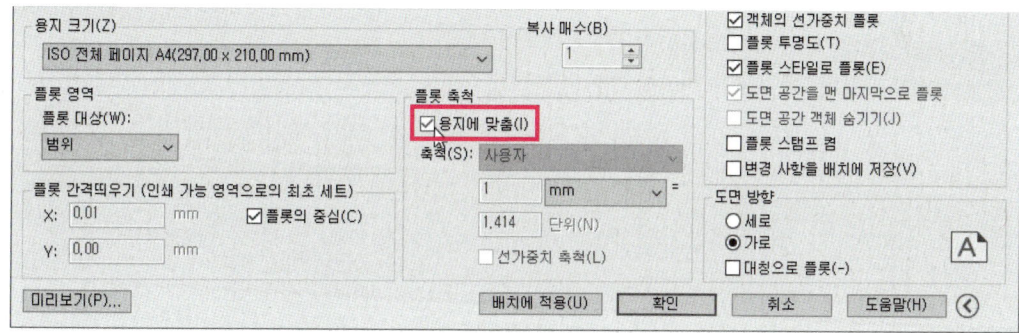

05 모형 공간의 도면은 A3 크기로 작성되어 있지만 출력할 용지가 A4이기 때문에 플롯 축척의 [용지에 맞춤(I)]을 선택합니다.

PART 9 플롯 및 외부 데이터 활용   215

06 플롯에 적용할 플롯 스타일 테이블을 선택하고 편집 버튼을 클릭합니다. (앞에서 만든 [CREDO. ctb]를 선택합니다.)

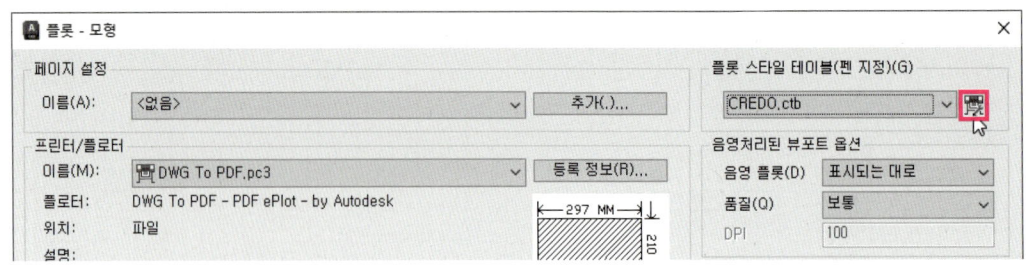

07 플롯 스타일에서 도면에 사용된 색상을 선택하고 특성의 색상이 검은색인지 확인한 다음 [저장 및 닫기]를 클릭합니다.

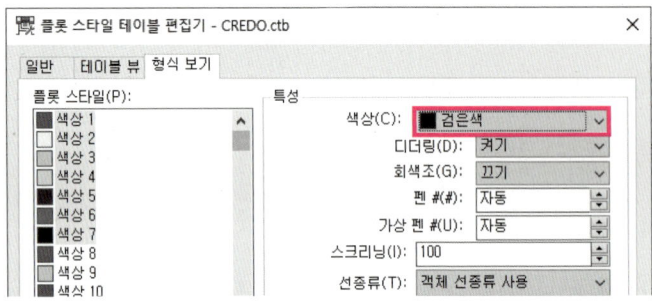

> **Tip**
>
> 1. 플롯 스타일 테이블 편집기에서 '플롯 스타일'의 색상은 도면 영역의 사용된 객체 색상이고 '특성'의 색상은 출력 결과물에 적용될 색상입니다.
>
> 2. 플롯 스타일 테이블 편집기에서 선가중치가 객체 선가중치 사용으로 되어 있는 경우 도면층에서 지정한 선가중치가 플롯시 적용됩니다. 이렇게 사용할 경우 도면층 별로 선가중치를 관리할 수 있습니다.
>
>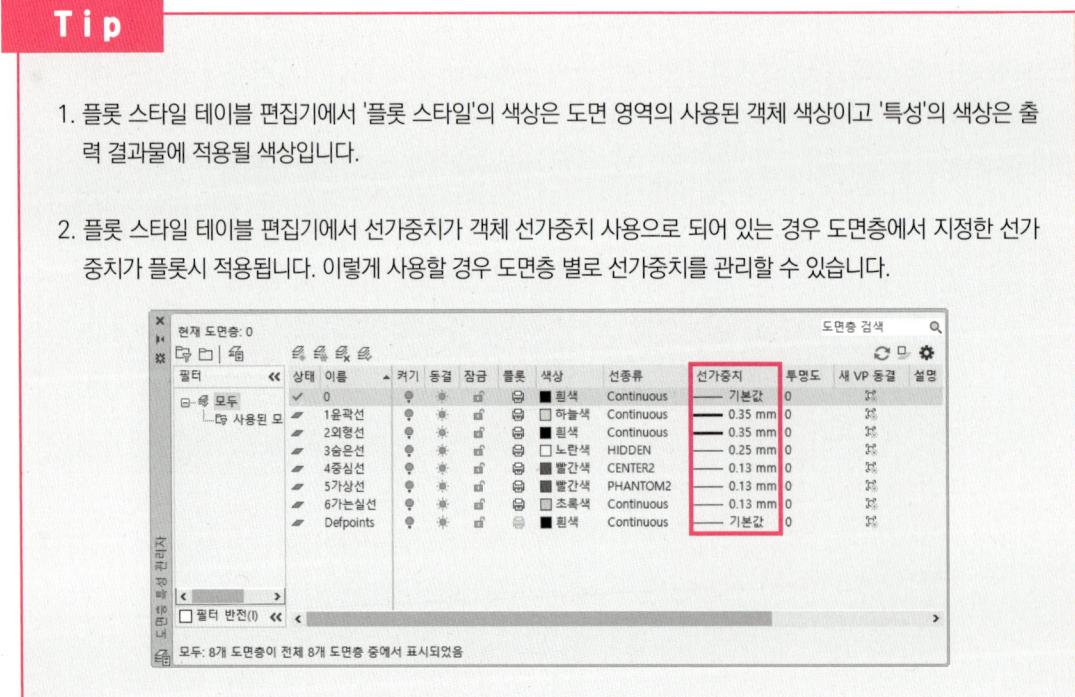

08 도면 방향은 용지 방향과 동일한 [가로]를 선택한 후 확인을 클릭합니다.

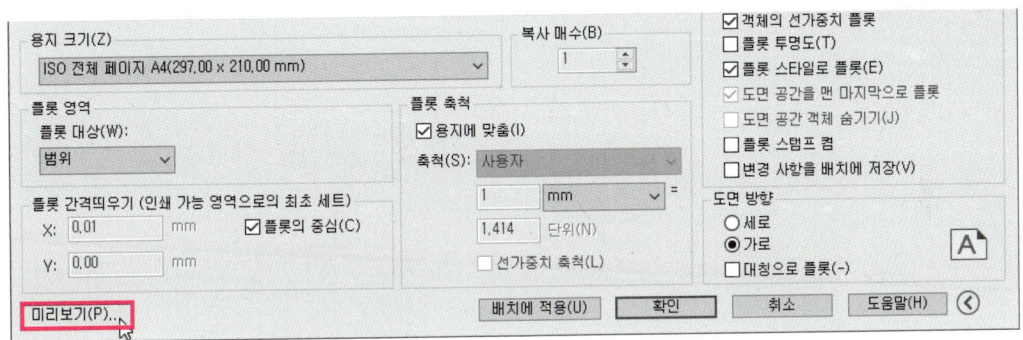

09 플롯 설정이 완료되었으면 [미리보기(P)] 버튼을 클릭하여 플롯시 출력될 결과물을 미리 확인할 수 있습니다.

10 도면 출력이 완료되었습니다. (DWG To PDF를 선택하였기 때문에 PDF 파일로 저장되었습니다.)

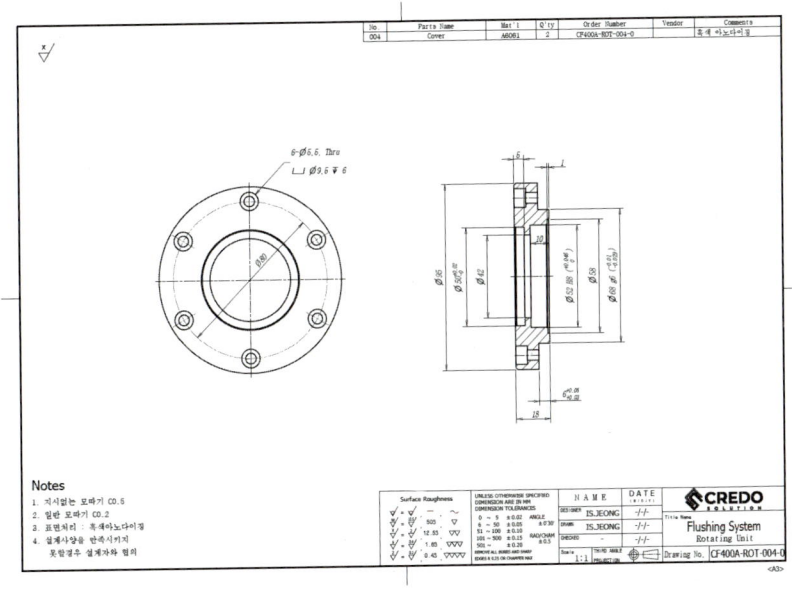

PART 9 플롯 및 외부 데이터 활용   217

03 PDF 내보내기

한 개의 배치, 모든 배치 또는 모형 공간의 지정된 영역에서 PDF 파일을 생성합니다.

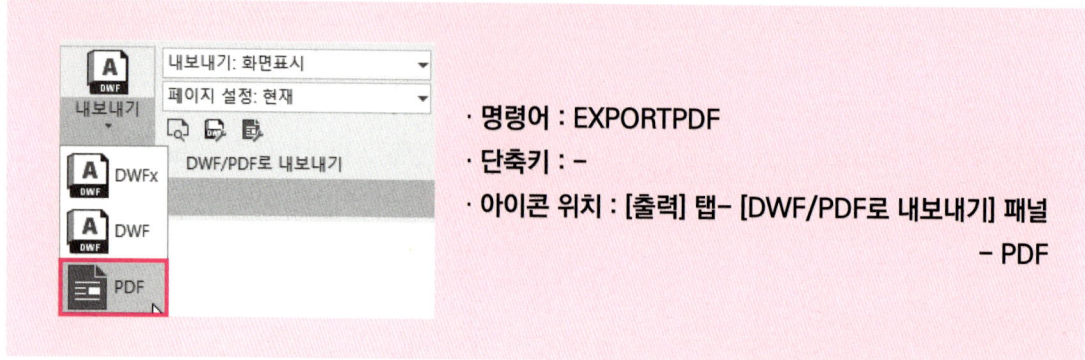

- 명령어 : EXPORTPDF
- 단축키 : -
- 아이콘 위치 : [출력] 탭- [DWF/PDF로 내보내기] 패널
  - PDF

■ **PDF 내보내기 대화상자**

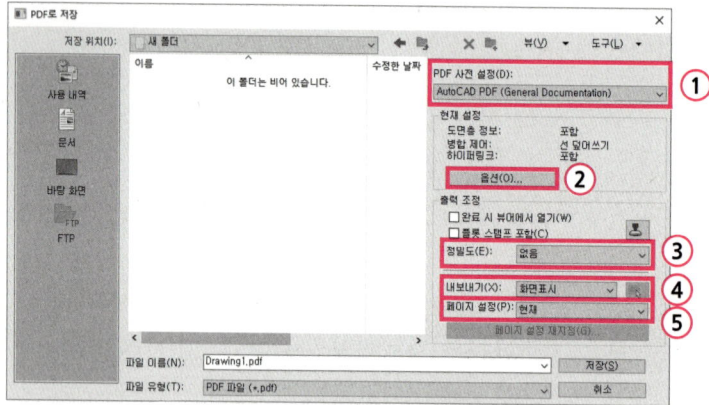

1 PDF 사전 설정 : PDF로 내보내기 옵션을 특정 목적을 위해 미리 구성된 값 세트로 기본적으로 지정합니다.

2 옵션 : PDF 파일 품질, 글꼴 렌더링 옵션, PDF 파일에서 도면층을 켜거나 끄는 기능과 같은 설정을 변경할 수 있습니다.

3 정밀도 : 선형 측정값에 대한 소수 자릿수 또는 소수 부분 크기를 지정하고, 옵션에서 지정한 래스터 및 그라데이션 해상도 설정을 재지정합니다.

4 내보내기 : 도면에서 내보낼 부분을 지정할 수 있으며, 모형 공간에서는 현재 표시된 객체, 도면 전체 또는 특정 영역을 선택할 수 있습니다.

5 페이지 설정 : 페이지 설정 관리자의 설정을 사용할지 자신의 재지정 설정을 사용할지 지정합니다.

04 PDF 가져오기

지정한 PDF 파일에서 형상, 채우기, 래스터 이미지 및 트루타입 문자 객체를 가져옵니다.

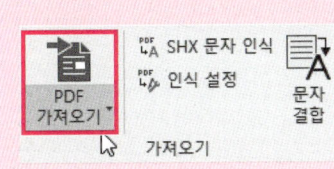

· 명령어 : IMPORTPDF
· 단축키 : –
· 아이콘 위치 : [삽입] 탭 – [가져오기] 패널 – PDF가져오기

■ PDF 가져오기 대화상자

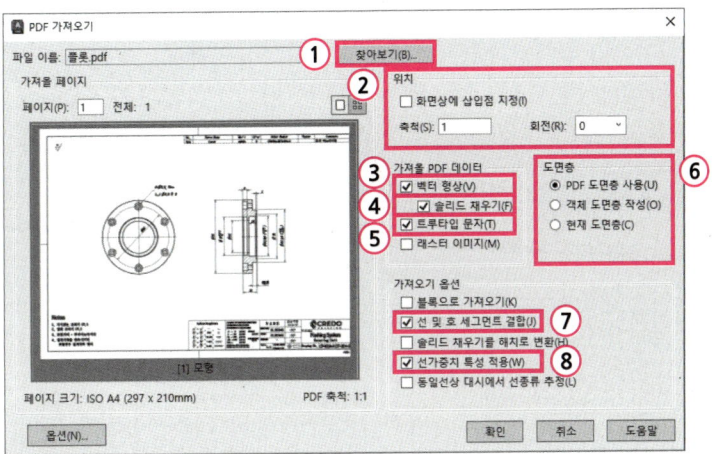

1 찾아보기 : 가져올 다른 PDF 파일을 선택할 수 있는 찾아보기 대화상자를 표시합니다.

2 위치 : 가져온 PDF의 위치를 현재 UCS 위치를 기준으로 지정하거나 화면상에 삽입점을 지정할 수 있습니다.

3 벡터 형상 : 공차 범위 내에서 호, 원 및 타원과 비슷한 곡선은 비슷한 모양으로 보간됩니다. 무늬가 있는 해치는 여러 개의 개별 객체로 가져오기됩니다.

4 솔리드 채우기 : 솔리드-채움 영역을 모두 포함합니다.

5 트루타입 문자 : PDF 파일은 트루타입 문자 객체만 인식하며, SHX 글꼴을 사용하는 문자 객체는 기하학적 객체로 처리됩니다.

6 도면층 : 가져온 객체를 도면층에 지정하는 데 적용할 방법을 선택할 수 있습니다.

7 선 및 호 세그먼트 결합 : 가능한 경우 연속 세그먼트를 폴리선으로 결합합니다.

8 선가중치 특성 적용 : 가져온 객체의 선가중치 특성을 유지하거나 무시합니다.

SECTION 02
배치공간 플롯

AutoCAD에서 도면 작업은 모형 공간에서 이루어집니다. 그리고 도면의 플롯도 모형 공간에서 가능합니다.

하지만 도면 영역 아래 탭을 보면 [배치] 탭이 존재하고 배치 탭을 클릭하면 배치 공간으로 전환됩니다. 배치 공간은 모형 공간에서 작성한 형상을 지정한 용지에 배치하고 출력할 수 있도록 해주는 공간입니다.

도면 영역의 아래쪽을 보면 '모형'이라고 되어 있는 곳이 객체를 그리고 수정하여 도면을 작성하는 공간이며 모형 공간과 별도로 배치 공간을 선택해 전환할 수 있는 [배치] 탭이 있습니다.

배치 공간은 한 장의 용지라고 보면 됩니다. 한 장의 용지 위에 모형 공간에서 작성한 형상을 뷰포트를 작성해 배치할 수 있습니다. 배치 공간으로 전환하면 기본적으로 한 개의 뷰포트가 있으며 필요에 따라 추가할 수 있습니다.

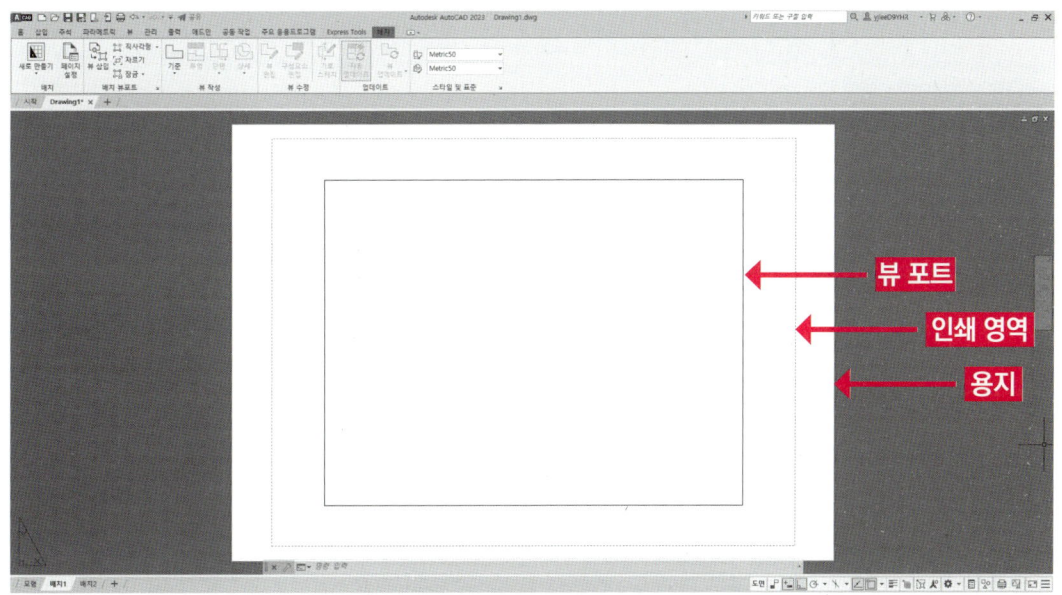

01 배치 공간 추가

- [배치] 탭에서 마우스 오른쪽 버튼 클릭하고 새 배치(N)를 선택합니다.

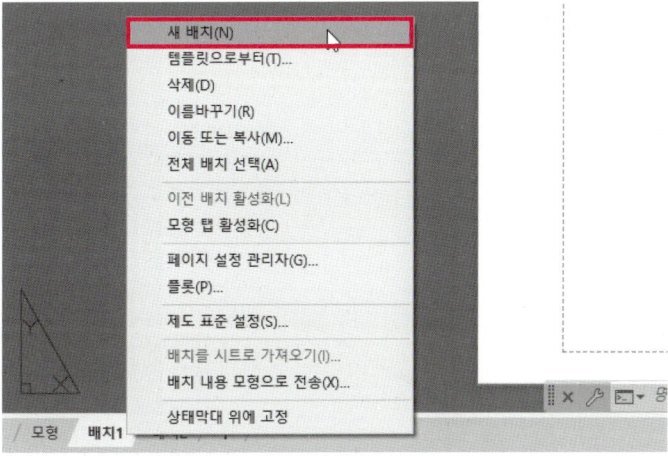

- 또는 아래 이미지와 같이 [새 배치] 버튼을 클릭하여 새로운 배치 공간을 생성합니다.

PART 9 플롯 및 외부 데이터 활용

02 페이지 설정 관리자

배치 공간에서 뷰 포트를 작성하기 전 우선 배치 공간에 대한 페이지 설정부터 진행합니다. 작업자는 페이지 설정을 통해 용지 크기 및 척도 등을 지정합니다. '배치공간 플롯' 예제 파일을 활용해 실습하도록 합니다.

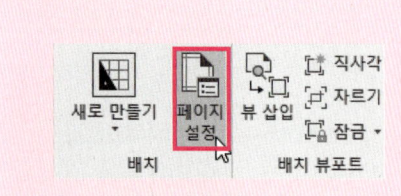

- 명령어 : PAGESETUP
- 단축키 : -
- 아이콘 위치 : [배치] 탭 – [배치] 패널 – 페이지 설정

01 '배치공간 플롯' 예제 파일을 열고 페이지 설정 아이콘을 클릭하거나 활성화 되어 있는 [배치] 탭에서 마우스 오른쪽 버튼을 클릭하고 [페이지 설정 관리자]를 실행합니다.

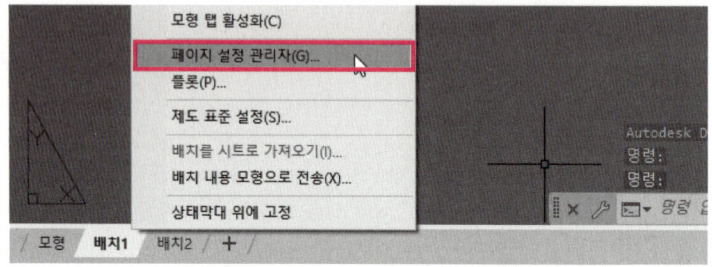

02 [페이지 설정 관리자] 대화상자에서 [배치1]을 선택하고 [수정(M)]을 클릭합니다.

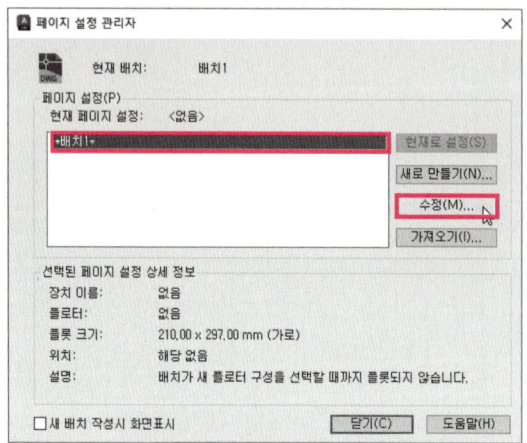

*새로 만들기를 통해 페이지 설정을 추가해서 작업해도 되지만 이 과정은 배치 공간을 알아보는데 주 목적이 있기 때문에 기본 페이지 설정인 '배치1'을 수정해서 사용합니다.

03 플롯과 동일한 [페이지 설정] 대화상자가 실행됩니다. 인쇄에 사용할 프린터를 선택하고 용지 크기(A3)를 지정합니다. 축척은 '1:1'로 변경하고 도면 방향이 미리보기에서 세로 방향으로 나타나면 [가로(N)]로 변경한 다음 [확인]을 클릭합니다.

04 페이지 설정이 완료되었습니다. 인쇄 영역(점선) 안에 윤곽선과 중심마크는 작업자가 작성하도록 합니다.

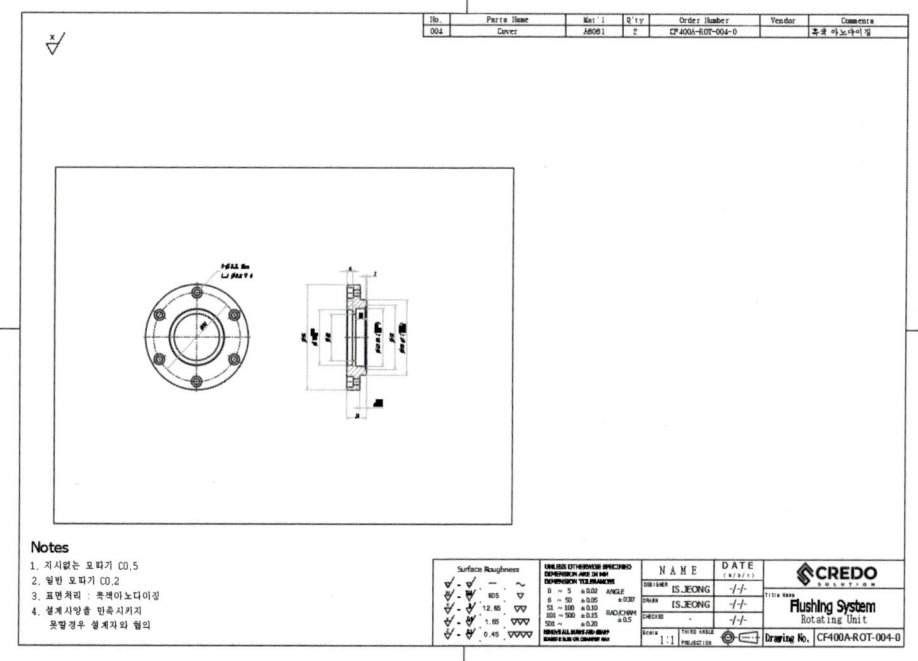

PART 9 플롯 및 외부 데이터 활용   223

03 뷰 포트 작성

모형 공간에서 작성한 형상에는 각기 다른 축척이 적용되어 있을 수 있기 때문에 복사/ 붙여넣기로 가지고 올 수 없으며 뷰 포트를 통해 형상을 배치할 수 있습니다.

우선 작업자가 확인한 것 같이 배치 공간으로 전환하면 뷰 포트가 한 개 작성되어 있습니다. 이 뷰 포트를 편집하여 사용할 수 있고, 뷰 포트를 추가하거나 삭제할 수 있습니다.

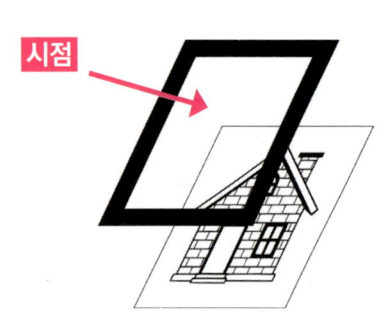
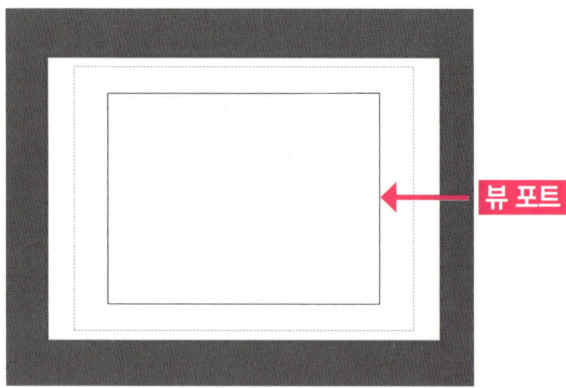

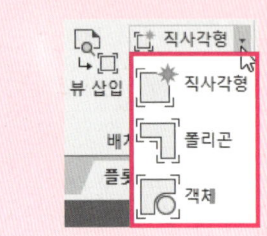

· 명령어 : MVIEW
· 단축키 : MV
· 아이콘 위치 : [배치] 탭 - [배치 뷰포트] 패널

01 페이지 설정 관리자에서 다뤘던 내용에 이어서 작업합니다. 우선 도면층 특성 관리자에서 새 도면층을 추가하고 이름을 뷰 포트로 지정한 다음 인쇄할 때 뷰 포트 테두리가 나타나지 않도록 플롯 설정을 변경합니다.

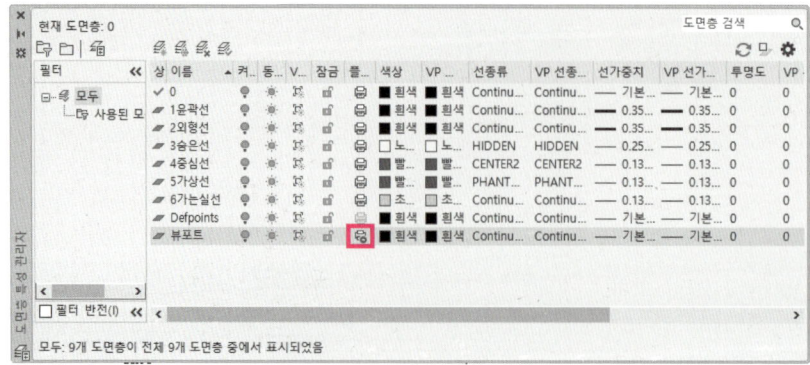

02 배치된 뷰 포트를 선택하고 도면층을 '뷰포트'로 변경합니다. 배치 공간에서 뷰 포트 테두리는 나타나지만 인쇄할 때는 나타나지 않습니다.

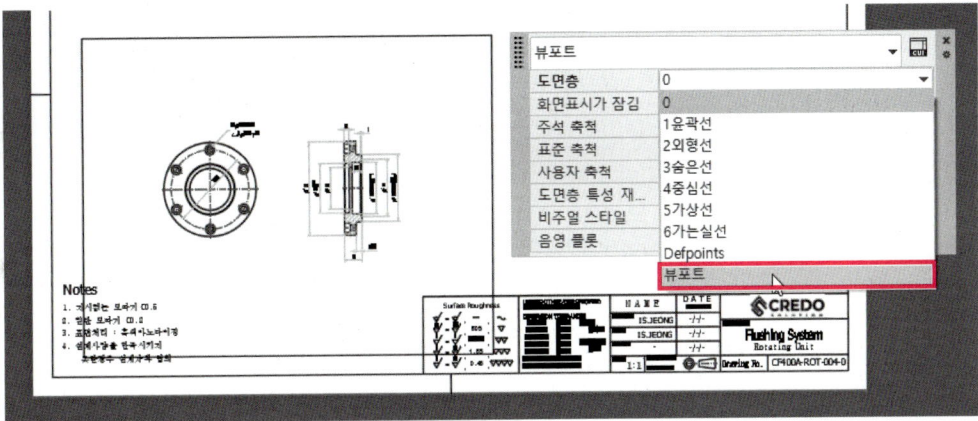

Tip

배치 공간에는 기본적으로 1개의 뷰 포트가 제공됩니다. 제공된 뷰 포트를 사용해 도면 배치를 해도 되고 새로운 뷰 포트를 추가해도 됩니다.

03 뷰 포트를 선택하고 위치와 그립을 조정해 뷰 포트를 적당한 크기로 조정합니다.

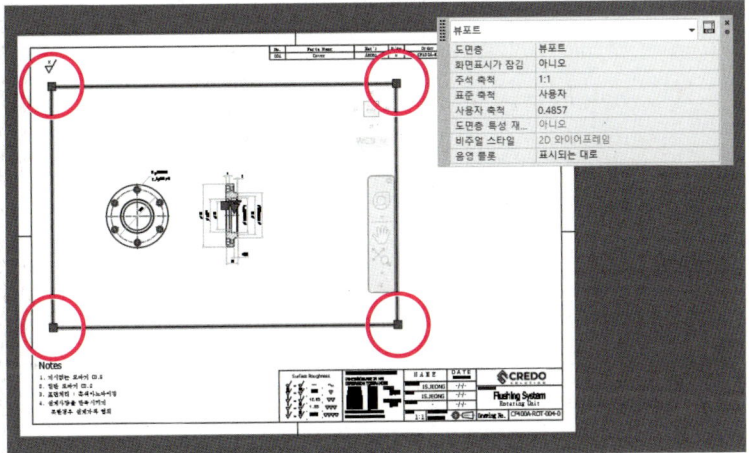

PART 9 플롯 및 외부 데이터 활용 225

04 뷰 포트 내 모형 공간을 더블 클릭해서 배치할 형상을 적당한 크기로 조정한 다음 상태 막대에서 축척을 확인하고 1:1을 선택합니다.

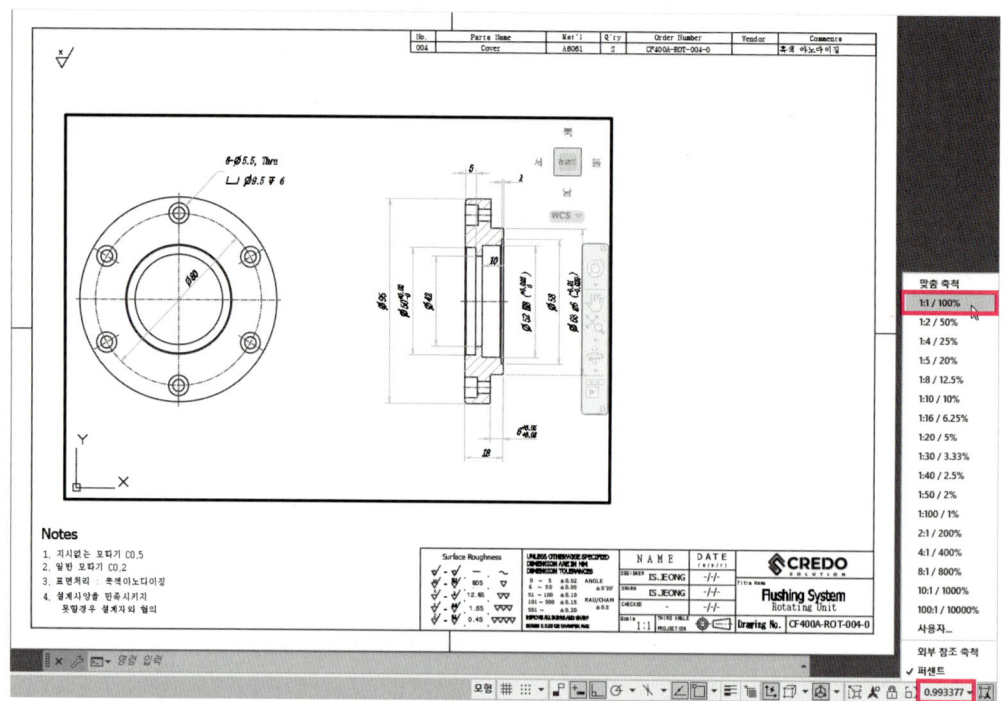

> **Tip**
>
> 축척 조정은 뷰 포트를 선택했을 때 나타나는 팔레트에서도 가능합니다.

05 특정 부위 형상을 상세하게 나타내기 위해 뷰 포트를 추가합니다. [배치] 탭 - [배치 뷰 포트] 패널의 [직사각형]을 클릭한 다음 용지 우측 상단에 뷰 포트를 작성하고 축척은 배치된 형상보다 크게 2:1로 지정합니다.

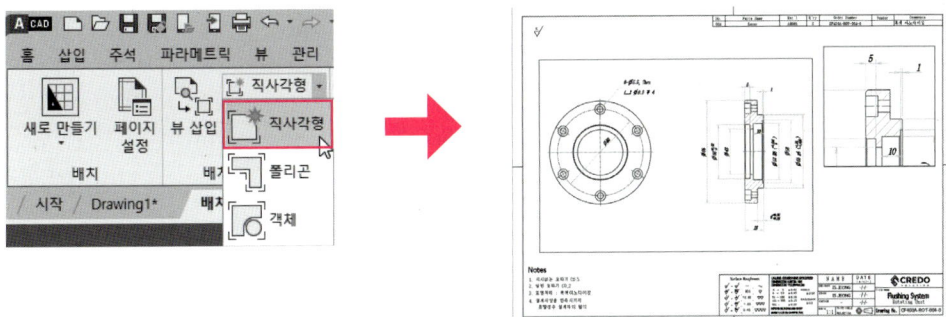

Tip

활성화하려는 뷰 포트 안쪽 영역을 더블 클릭하면 뷰 포트 내 모형 공간으로 전환되고 뷰 포트 테두리가 진하게 변경됩니다.

배치 공간으로 전환하려면 배치 공간 빈 영역을 더블클릭합니다.

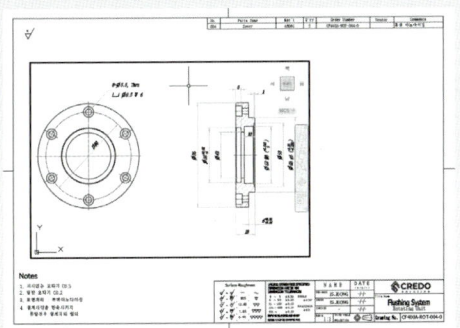
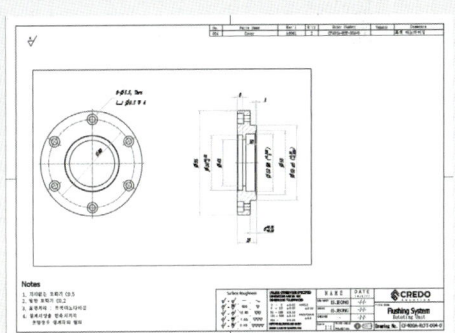

뷰 포트 테두리를 더블클릭하면 뷰포트 내 도면영역으로 화면이 전환됩니다. 영역 외부 테두리를 더블클릭하거나 상태 막대에서 뷰포트 최소화를 클릭하면 다시 배치 공간으로 전환됩니다.

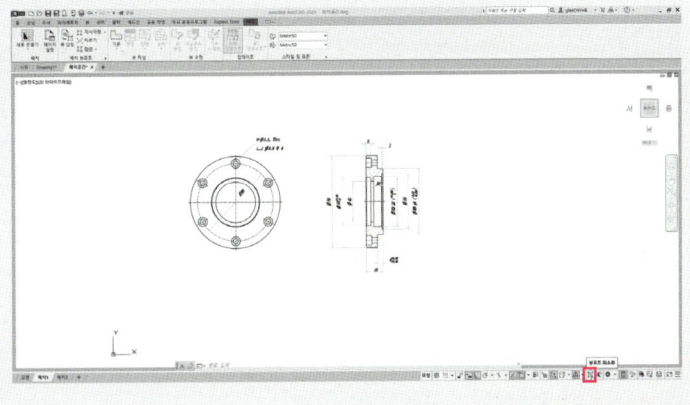

PART 9 플롯 및 외부 데이터 활용 227

04 배치 공간에서 플롯

01 플롯하는 방법은 모형 공간 플롯 방식과 동일합니다. 플롯 명령을 실행한 다음 [단일 시트 플롯 계속]을 클릭합니다.

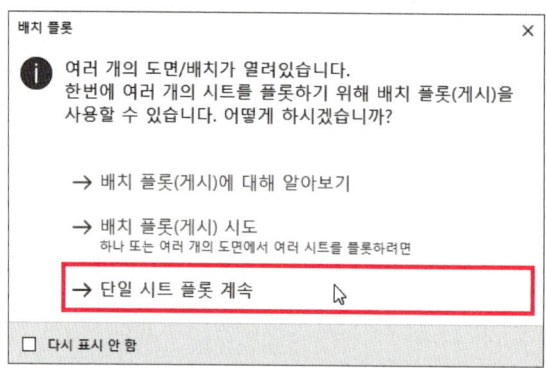

02 페이지 설정이 적용되어 프린터 장치, 용지 크기 등은 지정하지 않아도 되며, 플롯 스타일 테이블만 지정하도록 하고 확인을 클릭하면 배치 플롯이 완료됩니다. (플롯 스타일 테이블 설정은 모형 공간을 참고합니다.)

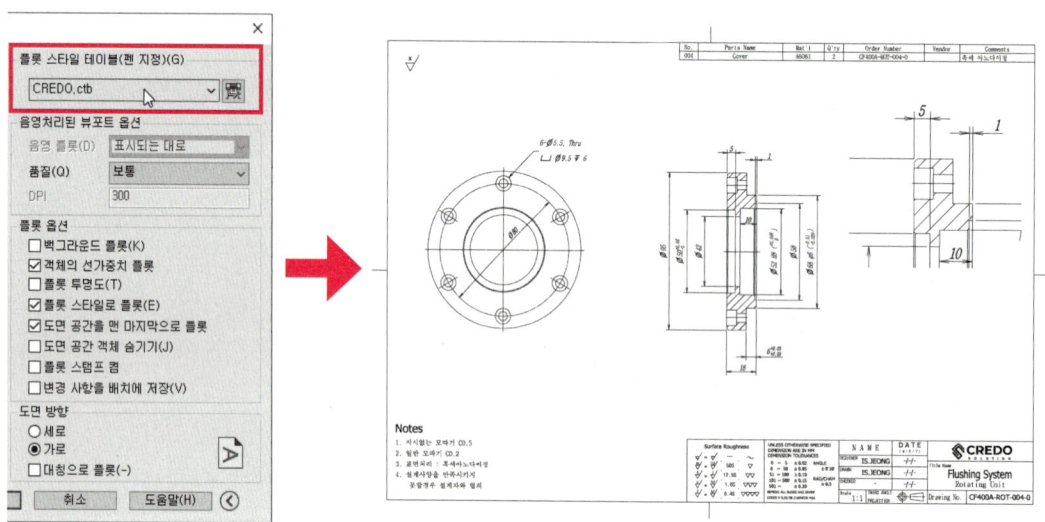

SECTION 03
외부 데이터 활용하기

기존에 작성된 다양한 소스들의 데이터들을 AutoCAD에서 활용하는 방법에 대해 알아보겠습니다.

01 외부 참조

외부 참조는 도면 파일, 이미지 또는 다른 몇 가지 파일로 작성된 파일들을 AutoCAD에서 활용할 수 있도록 구현된 기능입니다.

1 외부 참조를 부착 위한 방법

외부 참조 부착 방법은 다음과 같이 여러 가지가 있습니다.

- [뷰] 탭 - [팔레트] 패널에서 [외부 참조 팔레트]를 클릭합니다.

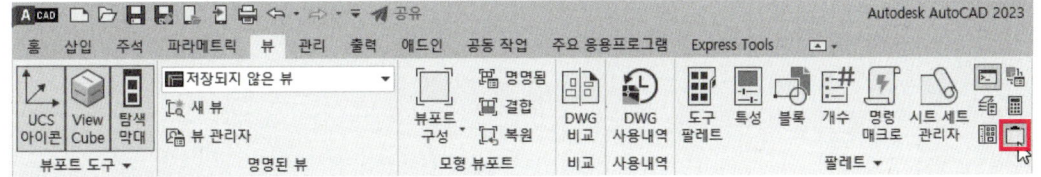

- 명령 프롬프트에서 EXTERNALREFERENCES 를 입력합니다.

- 명령 프롬프트에서 XREF 를 입력합니다.

2 외부 참조 팔레트

참조 관리자 메뉴의 왼쪽 상단의 부착 메뉴의 우측 역삼각형 아이콘을 클릭하여 메뉴를 확장하면 부착할 수 있는 다양한 형태의 포맷을 선택할 수 있습니다.

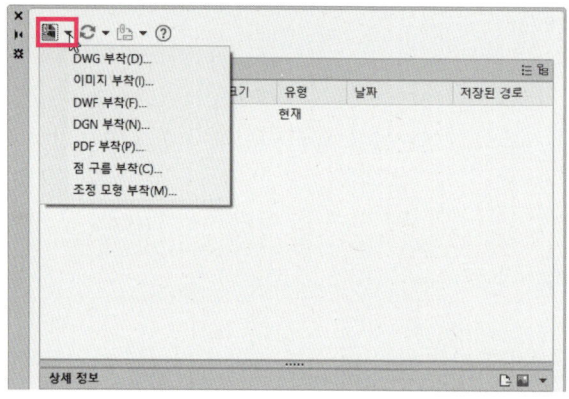

02 DWG 활용하기

1 참조된 도면(외부 참조) 부착 및 분리 정보

도면 파일을 외부 참조 또는 xref 형태로 현재 도면에 첨부할 수 있습니다. 부착된 외부 참조는 지정된 도면 파일의 모형 공간에 대한 링크입니다. 도면을 열거나 외부 참조를 다시 로드하면 참조된 도면의 변경 사항이 현재 도면에 자동으로 반영됩니다. 외부 참조를 부착해도 현재 도면의 크기가 크게 증가되지는 않습니다.

참조 도면을 사용하여 다음을 할 수 있습니다.

· 도면에서 다른 도면을 참조하여 다른 디자이너가 변경한 사항을 계속 반영함으로써 자신의 작업을 다른 작업자의 작업과 조정할 수 있습니다. 또한 프로젝트가 진행됨에 따라 계속 변경되는 구성요소 도면으로부터 마스터 도면을 정리할 수 있습니다.

· 참조 도면의 최신 버전이 화면에 표시되었음을 확인하십시오. 도면을 열 때 각 참조 도면을 자동으로 다시 로드하므로 참조 도면 파일의 최신 상태가 도면에 반영됩니다.

· 도면층 이름, 치수기입 스타일 이름, 문자 스타일 및 도면의 기타 명명된 요소를 참조 도면의 요소와 별도로 유지합니다.

· 프로젝트가 완료되고 보관할 준비가 되면 부착된 참조 도면을 영구적으로 현재 도면과 병합(결합)합니다.

2 부착된 외부 참조 알림 수신

외부 참조가 도면에 부착될 때 외부 참조 아이콘이 상태막대에 표시됩니다.

하나 이상의 외부 참조가 없을 경우 외부 참조 아이콘에 느낌표 부호가 추가됩니다. 외부 참조 아이콘을 클릭하면 외부 참조 팔레트가 표시됩니다.

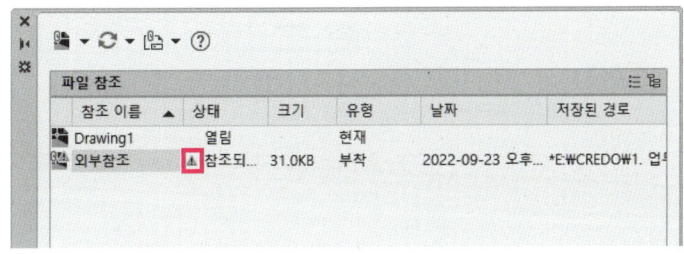

3 참조된 도면 분리

도면에서 외부 참조를 완전히 제거하려면 외부 참조를 지우지 말고 분리합니다. 분리 옵션을 사용하면 외부 참조가 제거되고 도면층 정의와 같은 연관된 모든 정보도 제거됩니다.

호스트 도면에 내포된 외부 참조가 있는 경우에는 호스트 도면에서 외부 참조를 분리하려고 하는 대신 해당 외부 참조가 내포되어 있는 외부 참조를 열고 그곳에서 분리해야 합니다. 외부 참조 팔레트의 오른쪽 상단에 있는 트리 뷰 컨트롤을 사용하여 외부 참조가 서로 내포된 방식을 확인합니다.

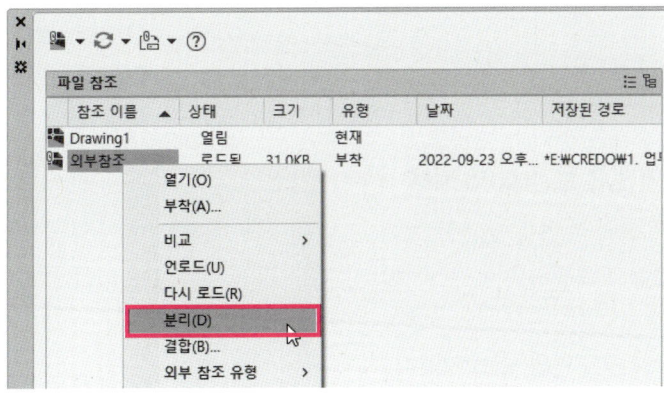

4 도면의 외부 참조 강조

복잡한 도면에서 외부 참조를 찾으려면 외부 참조 팔레트에서 항목을 선택하여 도면의 표시되는 복제를 모두 강조합니다. 반대로 도면에서 외부 참조를 선택하면 외부 참조 팔레트에서 해당 이름이 강조됩니다.

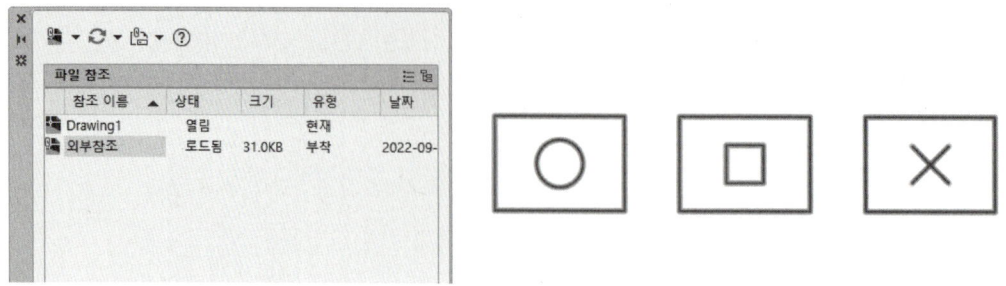

5 외부 참조 자르기 경계

외부 참조된 객체를 선택하면 리본메뉴에 외부참조 탭을 선택할 수 있도록 변경되며 자르기 경계 작성 기능으로 잘려진 xref를 작성할 수 있습니다.

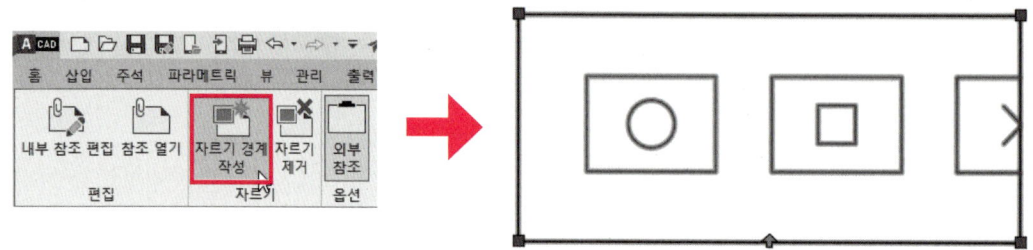

XCLIPFRAME 변수를 0으로 변경하면 외부참조의 경계를 보이지 않게 수정할 수 있습니다. 기본값은 2 입니다.

6 외부 참조와 함께 도면 보관(결합) 정보

외부 참조가 포함된 최종 도면을 보관할 경우, 도면의 외부 참조를 저장하는 방법을 선택할 수 있습니다. 외부 참조가 포함된 최종 도면을 보관하는 방법은 두 가지가 있습니다.

· 외부 참조 도면을 최종 도면과 함께 저장

· 외부 참조 도면을 최종 도면에 결합

외부 참조 도면을 최종 도면과 함께 저장하려면 이러한 도면은 항상 함께 유지되어야 합니다. 참조 도면의 모든 변경 사항이 계속 최종 도면에 반영됩니다.

보관된 도면이 외부 참조 도면의 변경 사항으로 인해 예기치 않게 업데이트되는 것을 방지하려면 외부 참조를 도면에 결합하십시오.

외부 참조를 도면에 결합하는 방법은 검토자에게 도면을 보내는 쉬운 방법이기도 합니다. 마스터 도면과 마스터 도면에서 참조되는 각 도면을 보내는 대신 결합 옵션을 사용하여 외부 참조를 마스터 도면에 병합할 수 있습니다.

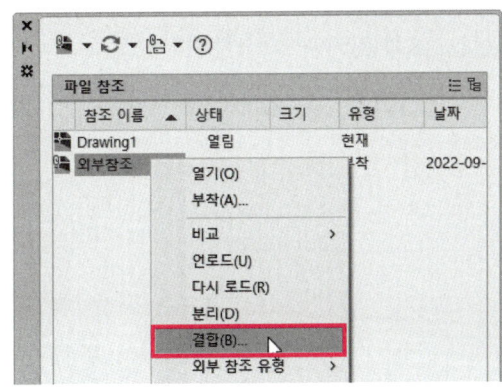

03 Image 활용하기

1 도면의 래스터 이미지 정보

다른 많은 도면 객체와 마찬가지로 래스터 이미지를 복사하거나 이동 또는 자를 수 있습니다. 그립 모드를 사용해 이미지를 수정하거나, 이미지의 대비를 조정하거나, 직사각형 또는 폴리곤으로 이미지를 자르거나, 자르기할 때 이미지를 자르기 모서리로 사용할 수 있습니다.

2 래스터 이미지 부착 정보

링크된 이미지 경로를 사용하여 도면 파일에 래스터 이미지 파일에 대한 참조를 부착할 수 있습니다.

이미지는 도면 파일에 참조되고 배치될 수 있지만, 외부 참조와 마찬가지로 실제로는 도면 파일의 일부가 아닙니다. 이미지는 경로 이름을 통해 도면 파일에 링크됩니다. 링크된 이미지 경로는 언제든지 변경하거나 삭제할 수 있습니다.

이미지를 부착하고 나면 블록처럼 여러 번 다시 부착할 수 있습니다. 매 번 삽입할 때마다 이미지는 고유의 자르기 경계와 밝기, 대비, 흐림 및 투명도에 대한 설정을 갖습니다.

01 외부참조 메뉴의 이미지 부착을 선택합니다.

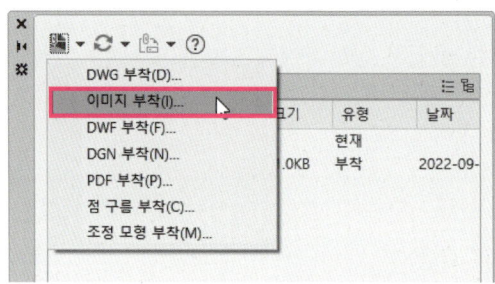

02 부착하고자 하는 이미지를 선택하고 확인을 클릭합니다.

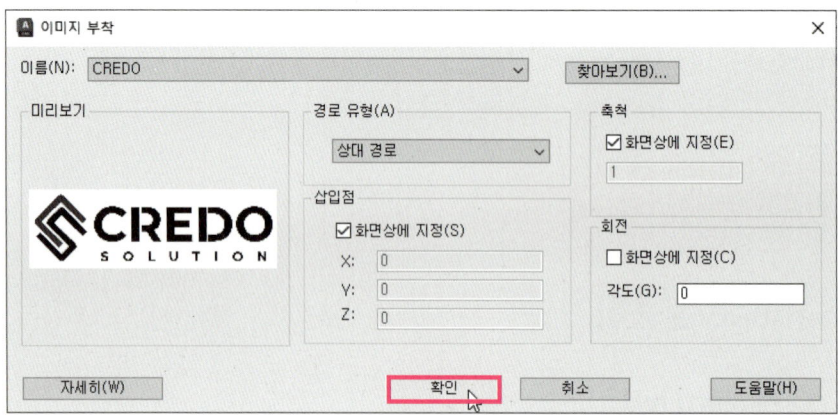

03 부착하고자 하는 캐드화면의 빈 공간에서 왼쪽 마우스를 클릭하여 삽입점을 지정하고 축척 비율을 설정한 다음 ENTER를 눌러 이미지 삽입을 완료합니다.

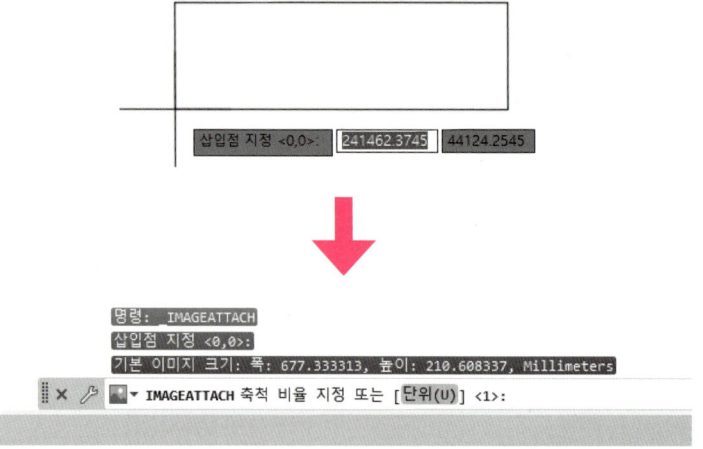

04 이미지가 정상적으로 삽입된 것을 확인할 수 있습니다.

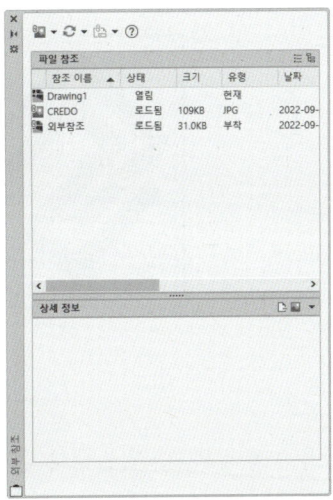

3 래스터 이미지 수정

자르기 경계를 사용하여 도면에서 래스터 이미지의 특정 부분을 잘라낸 후 표시할 수 있습니다.
삽입된 이미지를 선택하면 리본메뉴에 이미지 탭을 선택할 수 있도록 변경되며 자르기 경계 작성 기능으로 잘려진 이미지를 작성할 수 있습니다.

01 [이미지] 탭의 [자르기] 패널에서 [자르기 경계 작성] 도구를 실행합니다.

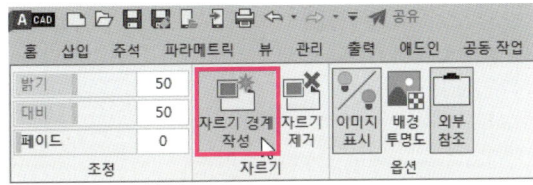

02 하단의 명령행에서 [직사각형(R)] 옵션을 선택합니다.

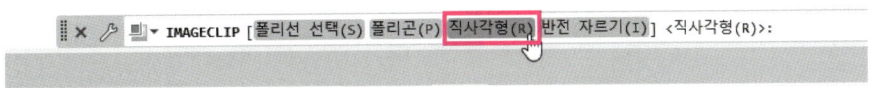

03 자르고자 하는 이미지의 첫 번째 구석점과 두 번째 구석점을 각각 클릭합니다.

04 래스터 이미지의 수정이 완료되었습니다.

05 자르기 제거를 통하여 이미지를 원래대로 되돌릴 수 있습니다.

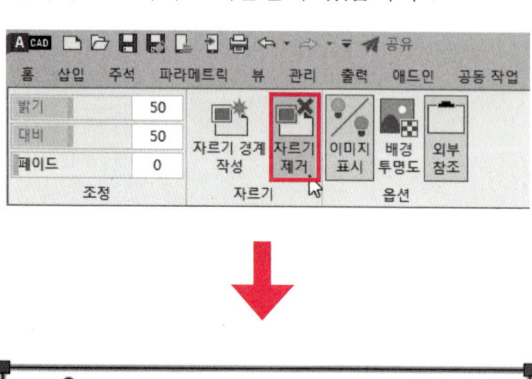

Tip

IMAGEFRAME 시스템 변수를 사용하여 자르기 경계의 가시성을 조정할 수 있습니다. 기본값은 1이며, 0으로 변경하면 이미지 외곽의 프레임 선의 가시성이 사라집니다.

이미지 부착에 사용된 파일은 캐드 파일과 함께 위치해야 깨지지 않으며, AutoCAD에 이미지를 포함시키는 방법이 있으나 캐드 파일 용량이 늘어나게 된다는 단점이 있습니다.

하지만 로고와 같은 간단한 객체는 OLE 객체로 불러오면(그림판을 통해서 복사 및 붙여넣기), AutoCAD에 삽입(imbedded) 되는 형태로 캐드 파일에 포함되어 이미지 파일을 별도로 첨부할 필요 없이 편리하게 사용할 수 있습니다.

OLEFRAME 변수를 통해 OLE 객체의 외부 프레임의 가시성도 조정할 수 있습니다.

기재된 내용에 따라 AutoCAD 작업 성능을 개선할 수 있습니다. AutoCAD 시스템 변수, AutoCAD 설정, Windows 환경설정 3가지로 구분할 수 있으며, 시스템마다 효과가 각기 다를 수 있기 때문에 테스트하여 결과를 비교해 보시기 바랍니다.

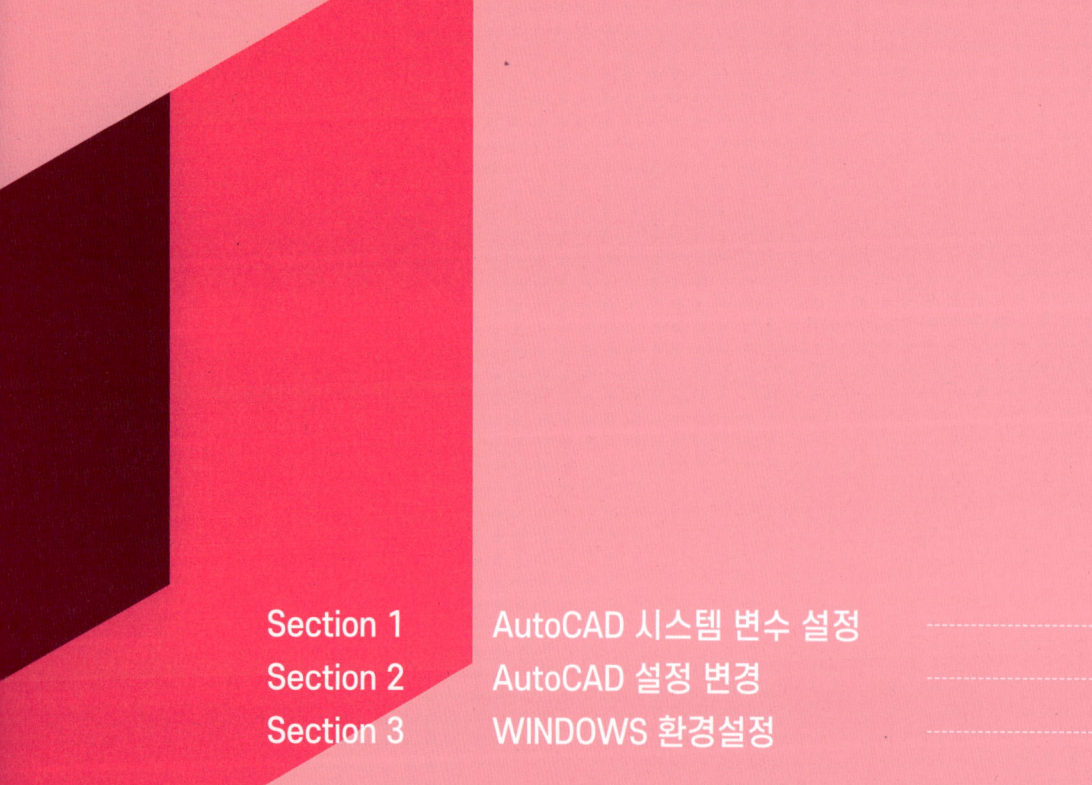

Section 1	AutoCAD 시스템 변수 설정	·········	240
Section 2	AutoCAD 설정 변경	·········	247
Section 3	WINDOWS 환경설정	·········	250

CHAPTER. 10

AutoCAD 성능 최적화

SECTION 01

AutoCAD 시스템 변수 설정

AutoCAD에서 시스템 변수를 조정하여 성능을 최적화하는 방법입니다.

01 WHIPTHREAD : 값 "3"을 선택합니다.

ZOOM과 같은 작업에서 도면을 다시 그리거나 재생성하는 작업의 속도를 높이기 위해 프로세서를 추가로 사용할지 여부를 조정하는 시스템 변수입니다. (AutoCAD LT에서는 지원되지 않습니다.)

```
명령: WHIPTHREAD
WHIPTHREAD WHIPTHREAD에 대한 새 값 입력 <1>: 3
```

- **WHIPTHREAD에 대한 새 값 입력 : 0 ~ 3 값 입력**

0	다중 스레드된 프로세싱을 하지 않음. 재생성 및 다시 그리기 프로세싱을 단일 프로세서로 제한합니다.
1(기본값)	재생성의 경우만 다중 스레드된 프로세싱을 수행함.
2	다시 그리기의 경우만 다중 스레드된 프로세싱을 수행함.
3	재생성 및 다시 그리기에 대한 다중 스레드된 프로세싱을 함. 재생성 및 다시 그리기 프로세싱이 멀티프로세서 컴퓨터의 두 개 이상의 프로세서에 걸쳐 분산됩니다.

Tip

요즘 사용되는 PC들은 대부분 멀티코어를 제공합니다. 하지만 다중 프로세서를 사용하지 않도록 설정되어 있으면 AutoCAD에서는 PC의 다중 프로세서를 사용하지 않기 때문에 작업 속도가 현저히 낮아집니다. 이는 객체가 많고, 복잡한 도면에서 더욱 차이가 있습니다.

02 DWGCHECK : 값 "0(끄기)"을 선택합니다.

도면을 열 때마다 도면의 잠재적인 문제(버전체크 등)를 검사할지 조정하는 시스템 변수입니다.

● DEGCHECK에 대한 새 값 입력 : 0 ~ 7 값 입력

0	Autodesk에서 릴리즈하지 않은 응용프로그램이나 RealDWG에 기반한 응용프로그램에서 저장한 도면 파일에 대해서는 경고가 표시되지 않습니다. 도면이 손상된 경우 오류 알림 대화상자가 표시됩니다.
1(기본값)	경고 대화상자 및 명령행 경고는 모두 Autodesk에서 릴리즈하지 않은 응용프로그램이나 RealDWG에 기반한 응용프로그램에서 저장한 도면 파일에 표시됩니다. 도면이 손상된 경우 오류 알림 대화상자가 표시됩니다.
2	Autodesk에서 릴리즈하지 않은 응용프로그램이나 RealDWG에 기반한 응용프로그램에서 저장한 도면 파일에 대해서만 명령행에 경고가 표시됩니다. 도면이 손상된 경우 오류가 무시되고 가능한 경우 도면이 열립니다.
3	경고 대화상자 및 명령행 경고는 모두 Autodesk에서 릴리즈하지 않은 응용프로그램이나 RealDWG에 기반한 응용프로그램에서 저장한 도면 파일에 표시됩니다. 도면이 손상된 경우 오류가 무시되고 가능한 경우 도면이 열립니다.
4	Autodesk에서 릴리즈하지 않은 응용프로그램이나 RealDWG에 기반한 응용프로그램에서 저장한 도면 파일에 대해서만 명령행에 경고가 표시됩니다. 도면이 손상된 경우 오류 알림 대화상자가 표시됩니다.
5	경고 대화상자 및 명령행 경고는 모두 Autodesk에서 릴리즈하지 않은 응용프로그램이나 RealDWG에 기반한 응용프로그램에서 저장한 도면 파일에 표시됩니다. 도면이 손상된 경우 오류 알림 대화상자가 표시됩니다.
6	Autodesk에서 릴리즈하지 않은 응용프로그램이나 RealDWG에 기반한 응용프로그램에서 저장한 도면 파일에 대해서만 명령행에 경고가 표시됩니다. 도면이 손상된 경우 도면을 열려는 시도가 중단됩니다.
7	경고 대화상자 및 명령행 경고는 모두 Autodesk에서 릴리즈하지 않은 응용프로그램이나 RealDWG에 기반한 응용프로그램에서 저장한 도면 파일에 표시됩니다. 도면이 손상된 경우 도면을 열려는 시도가 중단됩니다.

03 HPQUICKPREVIEW : 값 "0(끄기)"을 선택합니다.

해치 명령을 실행하여 영역을 지정할 때 해치 미리보기 여부를 조정합니다.

04 DYNMODE(F12) : 값 "0(끄기)"을 선택합니다.

동적입력을 끄고 켭니다. 동적입력을 끄고 사용하면 속도개선에 도움이 되지만 작업 방식에 따라 효율이 떨어질 수 있으므로 어떤 방법이 자신에게 맞는지 확인하고 선택하는 것이 좋습니다.

- **DYNMODE에 대한 새 값 입력 : 0 ~ 3 값 입력**

0	동적 프롬프트를 비롯한 모든 동적 입력 기능을 끕니다.
1	포인터 입력을 켭니다.
2	치수 입력을 켭니다.
3(기본값)	포인터 입력 및 치수 입력을 모두 켭니다.

> **Tip**
>
> 일반적으로 도면을 작성할 때 상대좌표를 많이 사용하는 사용자라면 동적 입력을 켜고 사용하는 것이 효율적일 수 있습니다.

05 VTENABLE : 값 "0(끄기)"을 선택합니다.

초점이동 및 줌, 뷰 각도 변경 또는 스크립트에 동적 뷰(부드럽게 뷰 변환)를 켜거나 끌 수 있습니다.

- VTENABLE에 대한 새 값 입력 : 0 ~ 7 값 입력

값	초점이동/줌	뷰 각도	스크립트
0	끄기	끄기	끄기
1	켜기	끄기	끄기
2	끄기	켜기	끄기
3(기본값)	켜기	켜기	끄기
4	끄기	끄기	켜기
5	켜기	끄기	켜기
6	끄기	켜기	켜기
7	켜기	켜기	켜기

06 -INPUTSEARCHOPTIONS : 모든 항목 값을 "0(끄기)"으로 설정합니다.

사용자가 명령 또는 시스템 변수를 입력할 때 명령행의 자동완성 리스트 표시에 대한 설정을 조정합니다.

자동 완성(c)	사용자가 명령 또는 시스템 변수를 입력함에 따라 명령행에서 해당 명령 또는 시스템 변수가 자동으로 채워지는지 여부를 지정합니다.
자동 수정(R)	사용자가 이전에 입력했던 잘못된 철자를 바탕으로 자동 수정할지 여부를 지정합니다. 리스트는 시간의 경과에 따라 사용자가 반복적으로 입력하는 잘못된 철자가 포함되도록 업데이트됩니다.
시스템 변수(S)	명령행 제안 사항 리스트에 시스템 변수가 표시되는지 여부를 지정합니다.
컨텐츠(T)	명명된 객체(예: 블록, 도면층 및 해치)와 스타일(예: 문자 및 치수 스타일) 검색 여부를 지정합니다.
중간 문자열(M)	(자동 완성을 켠 경우에만 사용 가능) 지정된 문자로 시작하는 명령 및 시스템 변수뿐만 아니라 지정된 문자가 포함된 명령 및 시스템 변수도 나열할지 여부를 지정합니다.
지연(D)	시간(초)이 얼마나 경과한 후에 명령행 제안 사항 리스트가 표시되도록 할 것인지 조정합니다. 시간(밀리초)을 입력합니다.

Tip

검색 입력에 대한 옵션 지정은 INPUTSEARCHOPTION 명령에서 지정할 수 있습니다.

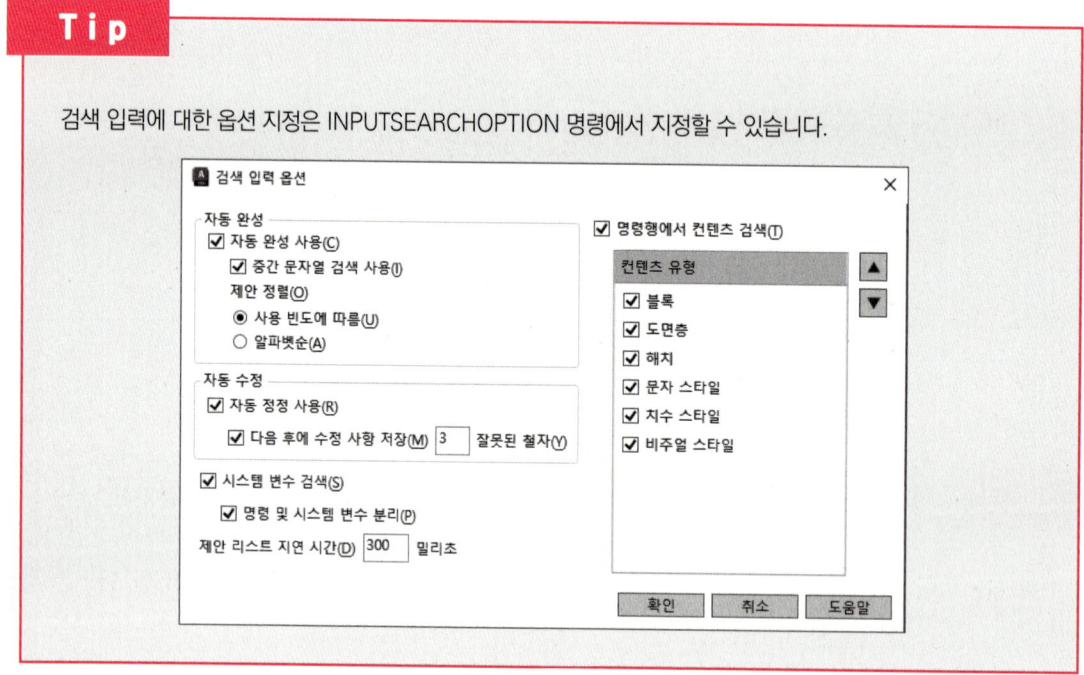

07　REGENMODE : 값 "0"을 선택합니다.

도면 자동 재생성을 조정합니다. (AutoCAD LT에서는 지원되지 않습니다.)

- REGENMODE에 대한 새 값 입력 : 0 ~ 1 값 입력

0	명령의 자동 재생성을 방지합니다. (예: 도면층 동결해제 등의 명령)
1(기본값)	특정 명령에 자동 재생성을 허용합니다.

08　PALETTEOPAQUE : 값 "1(끄기)"을 선택합니다.

바로 가기 메뉴의 투명도 옵션을 사용하여 현재 팔레트 또는 모든 팔레트에 대해 다른 투명도를 설정합니다.

- PALETTEOPAQUE에 대한 새 값 입력 : 0 ~ 3 값 입력

0(기본값)	팔레트 투명도가 켜집니다.
1	팔레트 투명도가 꺼집니다.
2	투명도가 켜지고 하드웨어 또는 운영 체제에서 지원되지 않습니다.
3	투명도가 꺼지지만 하드웨어 또는 운영 체제에서 지원되지 않습니다.

하드웨어 가속을 사용하는 경우, 설정 2와 3을 사용할 수 있습니다. 사용하지 않는 경우에는 설정 0과 1만 사용할 수 있습니다.

09 SELECTIONCYCLING(Ctrl+W) : 값 "0(끄기)"을 선택합니다.

겹쳐지는 객체 및 선택순환과 연관된 표시 옵션을 조정합니다. 겹치는 2D 객체를 롤오버할 때는 경고를 표시하고 객체 간 선택할 수 있는 옵션 표시를 설정합니다.

```
명령: SELECTIONCYCLING
SELECTIONCYCLING SELECTIONCYCLING에 대한 새 값 입력 <-2>: 0
```

- **SELECTIONCYCLING에 대한 새 값 입력 : 0 ~ 2 값 입력**

0	표시 옵션이 꺼집니다.
1	겹치는 객체 위에 마우스를 놓으면 배지가 표시됩니다.
2	배지와 선택 대화상자가 모두 표시됩니다.

[Ctrl+W]를 눌러 현재 설정 켜기와 끄기를 전환할 수 있습니다.

SECTION 02
AutoCAD 설정 변경

기존에 작성된 다양한 소스들의 데이터들을 AutoCAD에서 활용하는 방법입니다.

01 하드웨어 가속 켜기 및 끄기를 전환합니다. 3DCONFIG

시스템 및 작업 중인 도면 유형에 따라 켜기/끄기에 대해 적합한 방법이 다를 수 있습니다. 하드웨어 가속 켜기 및 끄기를 전환하면서 어떠한 설정이 성능을 향상시키는지 확인합니다.

01 명령행에 [3DCONFIG]를 입력하여 명령을 실행합니다.

또는 명령행에 [OP]를 입력하여 [옵션] 명령을 실행하고 [시스템] 탭의 [그래픽 성능(G)] 항목을 선택합니다.

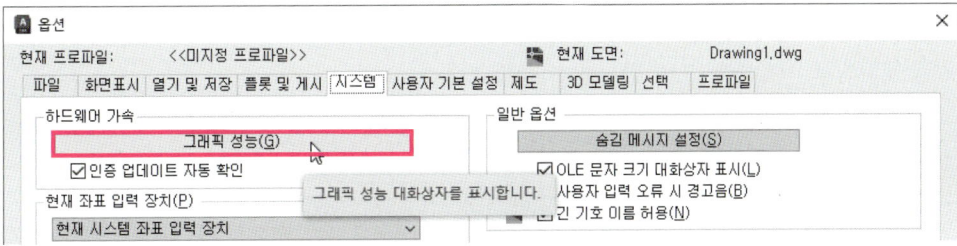

02 [그래픽 성능] 명령창에서 하드웨어 가속 항목을 전환합니다.

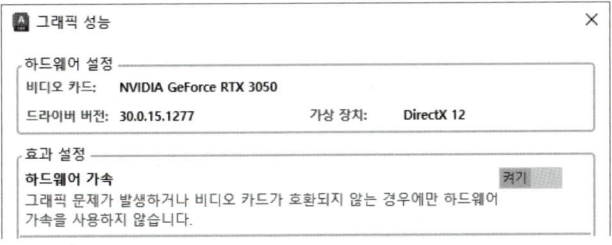

02 성능 문제가 있는 느린 도면을 정리합니다. AUDIT / PURGE / RECOVERY

도면 유틸리티를 사용하여 사용되지 않는 지오메트리를 제거하고 도면 데이터베이스 오류를 수정할 수 있습니다.

1 AUDIT(감사)

도면 오류를 감사하고 수정합니다.

01 명령행에 AUDIT을 입력하거나, [어플리케이션] 메뉴 - [도면 유틸리티] - [감사]를 차례로 클릭하여 명령을 실행합니다.

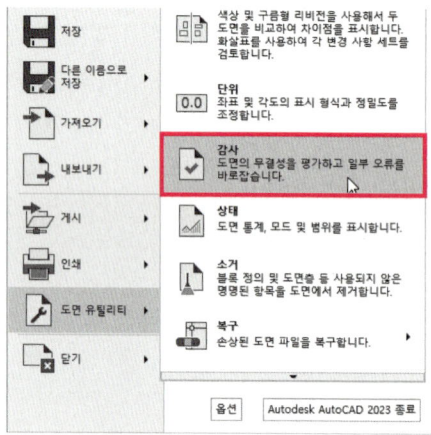

02 명령행에서 Y를 선택하여 도면 감사를 시작합니다.

03 명령행에서 도면 감사 결과를 확인합니다.

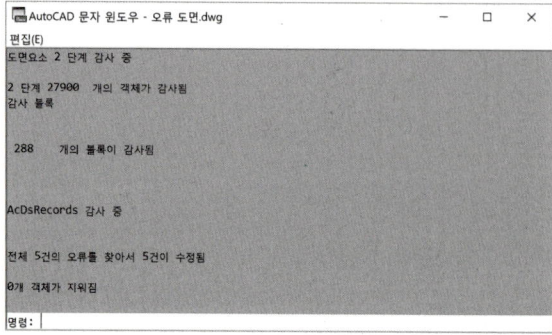

2 PURGE(소거)

도면에 사용되지 않는 객체와 항목들이 많으면 도면의 용량이 커지고, 속도에 영향을 미칠 수 있습니다. 따라서, PURGE(소거) 명령으로 불필요한 항목을 제거합니다.

블록 참조가 많은 경우 또는 블록에 오류가 있는 경우에도 성능 문제가 발생할 수 있으므로 블록을 분해 및 소거합니다. (실행 방법은 PART 8 - Section 1 - LESSON 8 참고)

3 RECOVERY(복구)

손상된 도면 파일을 모든 외부 참조와 함께 복구합니다.

01 [어플리케이션] 메뉴 - [도면 유틸리티] - [복구]를 차례로 클릭하여 명령을 실행합니다.

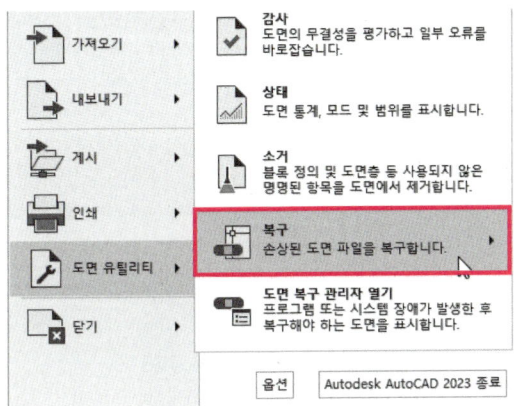

02 파일 선택창에서 복구할 도면을 선택하고 [열기]를 클릭합니다.

03 명령행에서 도면 복구 결과를 확인합니다.

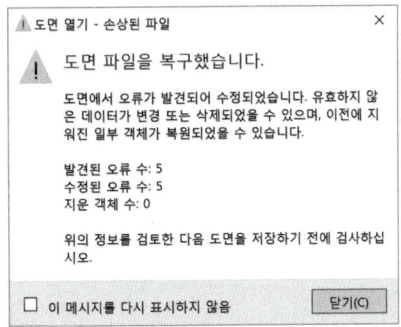

SECTION 03

WINDOWS 환경설정

01 최신 서비스 팩 및 핫픽스 설치

AutoCAD 사용 중 발생하는 치명적 오류 또는 문제가 발생했을 때 가장 먼저 소프트웨어 업데이트 및 핫픽스 설치하는 것이 좋습니다.

- **핫픽스(Hotfix)** : 제품 사용 중에 발생하는 버그의 수정이나 취약점 보완 또는 성능 향상을 위해 긴급히 배포되는 패치 프로그램

1 Hotfix 설치 방법

01 작업 표시줄의 우측 도구 모음 또는 설치된 소프트웨어에서 [Autodesk 데스크탑 앱]을 실행시키고, [내 업데이트] 탭으로 이동하면, 다운로드할 수 있는 Hofitx 및 업데이트를 확인할 수 있습니다.

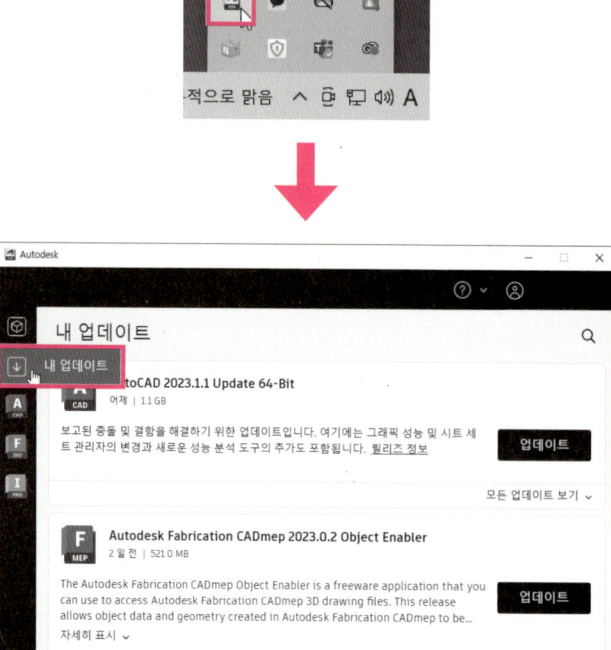

02 Google 검색엔진에서 사용하고 있는 프로그램의 버전과 함께 Hofitx를 검색합니다.

https://knowledge.autodesk.com/support/autocad/downloads

02 임시 폴더의 내용 삭제

WINDOWS 특성 상 임시파일이 과도하게 생성되었거나 손상된 임시 파일이 있으면 AutoCAD 속도가 느려질 수 있습니다.

01 키보드에서 윈도우 키와 R 키를 동시에 눌러 [실행] 창이 뜨면 %tmp% 를 입력합니다.

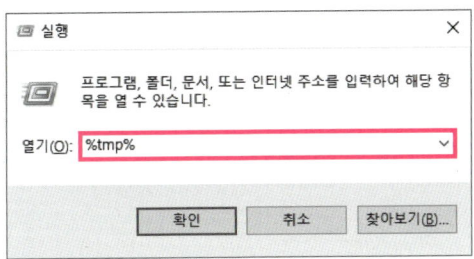

02 임시파일 폴더에서 파일을 전체 선택(Ctrl+A)하여 제거합니다.

03 Windows Presentation Foundation Font Cache를 중지하고 비활성화

01 시작 〉 제어판 〉 관리 도구 〉 서비스

02 아래로 스크롤하여 'Windows Presentation Foundation Font Cache 3.0.0.0'으로 이동

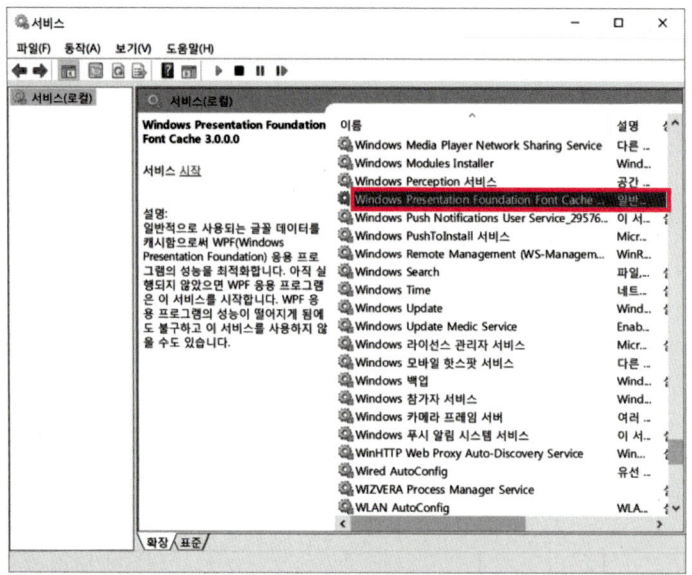

03 마우스 오른쪽 버튼을 클릭하고 속성으로 이동

04 서비스를 중지

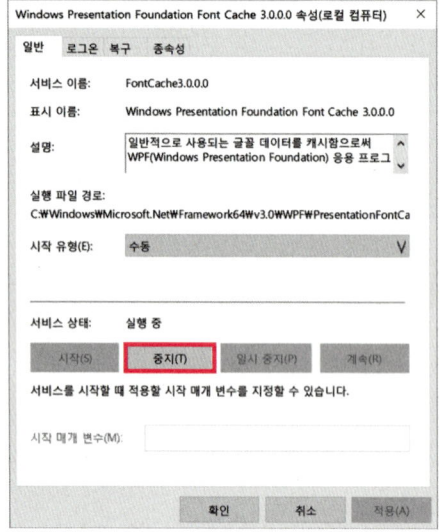

Tip

WPF 파일은 한글 폰트의 문제 등이 발생했을 때 시스템이 이 문제를 초기화하지 못하는 경우 오류가 발생합니다. 초기화 실패로 인하여 무한 재시도를 함으로써 CPU 점유율이 높아져 시스템 성능이 저하됩니다.

04 하드웨어의 최소 시스템 요구사항 만족 여부 확인

- **RAM : 최소 8GB 이상 사용 권장**

 (많은 양의 RAM을 차지하는 다른 프로그램과 AutoCAD를 동시에 실행하려는 경우, 최소 2GB의 여유 RAM이 있어야 합니다.)

- **운영체제 : 64 bit**

 32bit는 RAM 사용에 제약이 있습니다. 이를 이유로 AutoCAD 2020 버전부터는 64bit가 제공되지 않습니다.

- **하드디스크 : SSD 사용 권장 (데이터 처리속도 HDD 〈 SSD)**

 C드라이브가 SSD라도 도면이 저장되어 있는 공간이 HDD라면 그 또한 속도 저하의 원인이 됩니다.

05 승인 및 인증된 그래픽 카드 여부 확인

그래픽카드가 적합하지 않거나 드라이버가 최신 버전이 아닌 경우, 마우스 커서가 느리거나 부자연스러울 수 있습니다.
Google 웹사이트에서 [autodesk 인증 그래픽 하드웨어]를 검색하여 내용을 확인합니다.

인증 그래픽 하드웨어

하드웨어 찾기 도구를 사용하여 특정 Autodesk 제품에 대한 그래픽 카드와 드라이버를 찾을 수 있습니다. Autodesk의 그래픽 카드/드라이버 데이터는 현재 제품 출시 연도 버전과 이전의 3년에 해당하는 버전을 지원하도록 통합되었습니다. 제품 버전을 찾을 수 없는 경우 지원 팀에 문의하십시오.

이 페이지에 나열된 카드/드라이버는 카드 공급업체 및/또는 제품 팀에 의해 테스트되었으며 Autodesk 제품 팀이 결과를 검토했습니다. 테스트에서는 하드웨어가 제품 기능을 지원하는지를 확인합니다. 여기에 나열되지 않은 카드/드라이버도 제품과 호환될 수 있기는 하지만 Autodesk에서는 아직 테스트 결과를 수행/검증하지 않은 상태입니다.

이러한 제품에 대해 인증된 하드웨어에 대한 정보는 다음을 참조하십시오.

- 3ds Max
- Flame 제품
- Maya/Motionbuilder/Mudbox
- Revit

질문이 있으십니까? 이메일을 Autodesk.certification@autodesk.com으로 보내주십시오.

테스트된 하드웨어 찾기

Section 1   AutoCAD Tips   256

CHAPTER. 11

—

AutoCAD Tips

SECTION 01
AutoCAD Tips

01 PDF 출력 시 한글 폰트가 깨지는 경우

AutoCAD에서 PDF로 변환할 때 텍스트가 화면과 다르게 표시되거나, 글자 사이가 벌어지는 경우에는 글자를 형상(그래픽 이미지)화하여 PDF로 변환하면 올바르게 표시할 수 있습니다. 단, 형상화된 글꼴은 PDF 뷰어/편집기에서 검색 기능으로 검색되지 않습니다.

01 명령행에 plot(Ctrl+P)을 입력하여 플롯 명령을 실행합니다.

02 프린터/플로터의 이름(M)을 [DWG To PDF.pc3]로 변경합니다.

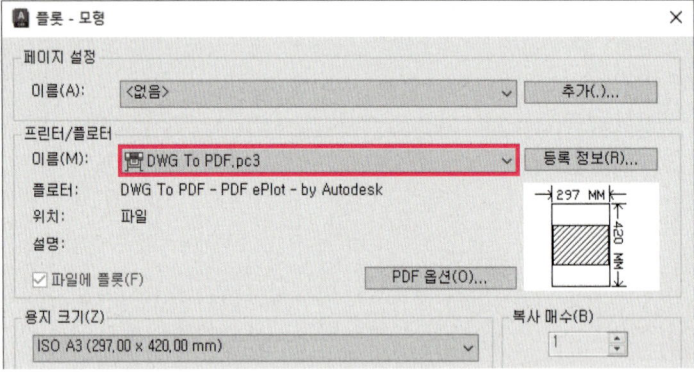

03 [PDF 옵션] 버튼을 클릭하고, [모든 문자를 형상으로 변환] 항목에 체크한 후 [확인]을 누릅니다.

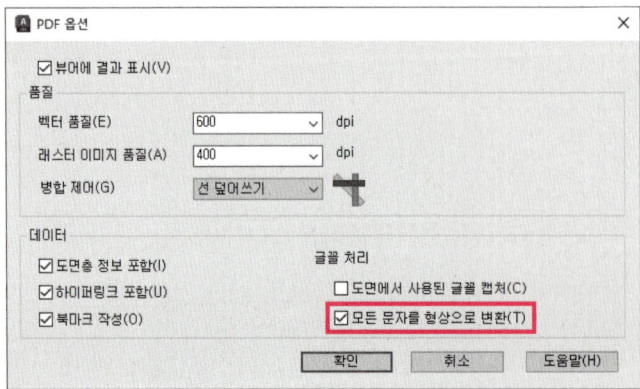

02　Shift 키 활용 – Trim(자르기)과 Extend(연장)의 결합

01 Trim 명령이 실행되어 있는 상태에서 Shift 키를 누른 상태로 객체를 클릭하면 Extend됩니다.

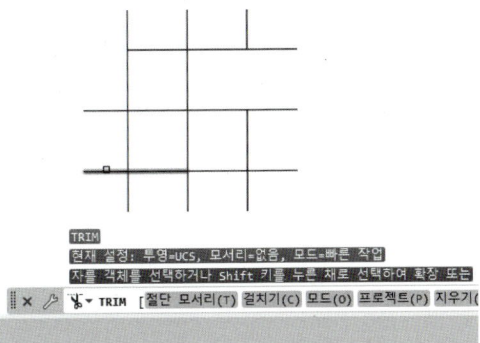

02 Extend 명령이 실행되어 있는 상태에서 Shift키를 누른 상태로 객체를 클릭하면 Trim됩니다.

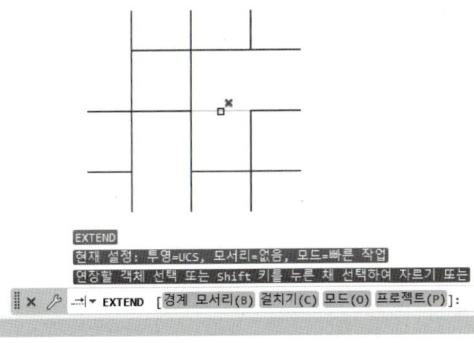

03　TRIM 및 EXTEND 명령의 간소화된 입력 사용 여부 조정 – TRIMEXTENDMODE

　TRIMEXTENDMODE (시스템 변수) 2021 버전 이상에서 추가된 시스템 변수입니다. 기본값은 1이며 0은 표준 작업, 1은 빠른 작업입니다.
　표준 작업 모드에서는 기준 객체를 선택하여 자르기나 연장을 실행하고, 빠른 작업 모드에서는 모든 객체가 자동으로 자르기 또는 연장의 역할을 합니다.
　표준 작업 모드에서도 자르기나 연장 명령 실행 후 ENTER 키를 입력하여 빠른 작업 모드로 작업 할 수 있습니다.

04 블록 편집 화면 변환 – BLOCKEDITLOCK, REFEDIT

도면에서 블록을 편집하기 위해 블록을 더블 클릭하면 [블록 편집기]가 활성화되면서 주위 객체들이 보이지 않습니다.

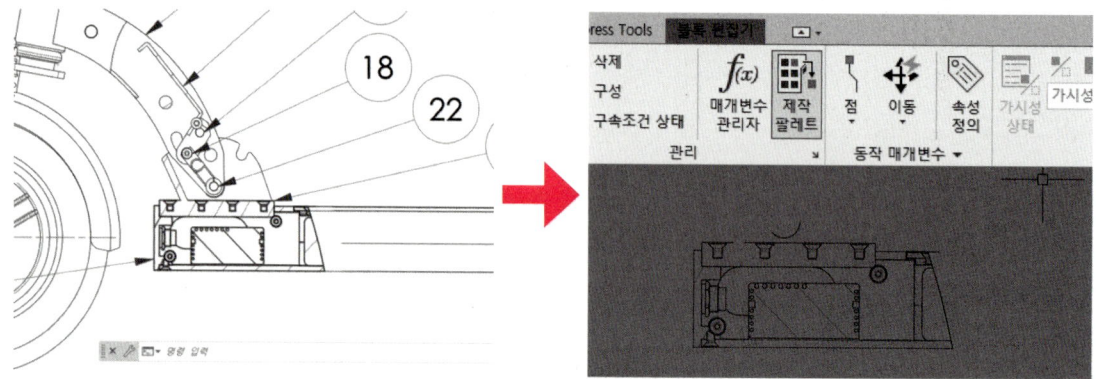

기본적으로 블록을 더블 클릭하면 [블록 편집기]가 열립니다. 주위 객체를 보면서 작업하기 위해 [블록 내부 편집]을 수행하는 방법은 아래와 같습니다.

- 블록을 마우스 우클릭하여 [블록 내부 편집]을 선택합니다.

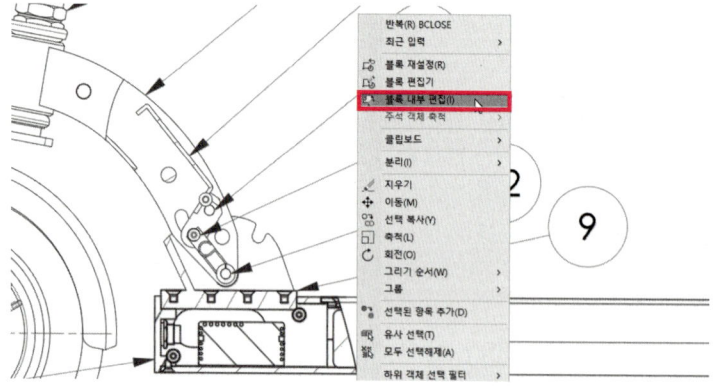

- REFEDIT 명령을 사용하여 선택한 블록에 대한 내부 블록 편집기를 열 수 있고, 명령을 종료할 때는 REFCLOSE 명령을 사용하여 닫을 수 있습니다.

- 블록을 더블 클릭할 때 [내부 블록 편집기]가 실행되도록 변경하려면 다음 단계를 따릅니다.

01 CUI(사용자 인터페이스 사용자화) 명령을 실행시키고, [사용자화] 탭으로 이동합니다.

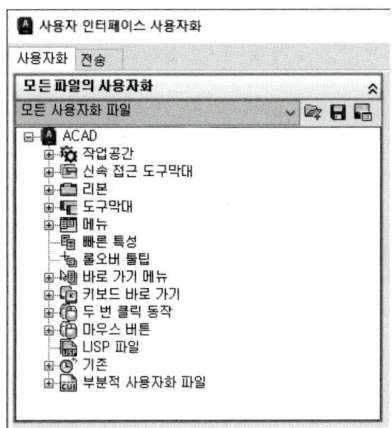

02 [두 번 클릭 동작] 항목을 확장시키고, [블록] 하위 항목의 [블록-두번 클릭]을 클릭하여 특성을 확인합니다. [매크로] 값을 $M=$(if,$(and,$(),$(getvar,blockeditlock),0)),^C^C_refedit,^C^C_bedit)로 변경합니다. [확인]을 누르고 CUI 명령창을 종료합니다.

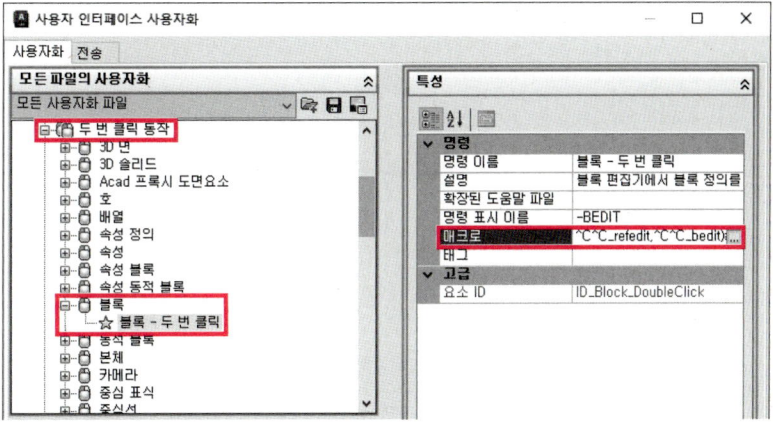

03 BLOCKEDITLOCK 변수 값을 1로 설정합니다.
- BLOCKEDITLOCK 시스템 변수가 0으로 설정된 경우 블록을 두 번 클릭하면 블록 편집기가 열립니다.

05 치수 입력 시 치수가 분해되어 입력될 때 해결방법 – DIMASSOC

치수를 삽입할 때 치수가 분해되어 입력된다면 연관 치수 시스템 변수인 DIMA SSOC 값을 2로 변경합니다.

● **DIMASSOC에 대한 새 값 입력 : 0 ~ 2 값 입력**

0	**분해된 치수를 작성합니다.** 치수의 다양한 요소 간에 연관성이 없습니다. 치수의 선, 호, 화살촉 및 문자는 각각 별개의 객체로 그려집니다.
1	**비연관 치수 객체를 작성합니다.** 치수 요소들은 단일 객체를 형성합니다. 치수 정의점의 하나를 이동하는 경우 치수가 업데이트됩니다.
2(기본값)	**연관 치수 객체를 작성합니다.** 치수 요소들은 단일 객체를 형성하고 치수를 정의하는 하나 이상의 점들은 기하학적 객체의 연관점과 짝을 이룹니다. 기하학적 객체의 연관 점이 이동하면 치수 위치, 방향 및 값이 업데이트됩니다.

● **DIMASSOC 값이 0인 경우 :** 치수는 요소 간 연관성 없이, 치수의 선, 화살표, 문자 등이 각각 별개의 객체로 입력됩니다.

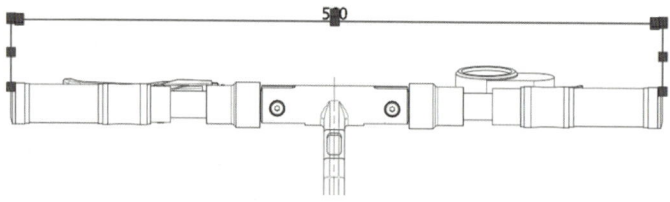

● **DIMASSOC 값이 1인 경우 :** 비연관 치수를 상태로 삽입되고, 치수 정의점을 이동하면 치수가 업데이트 되지만, 객체를 이동할 때는 업데이트 되지 않습니다.

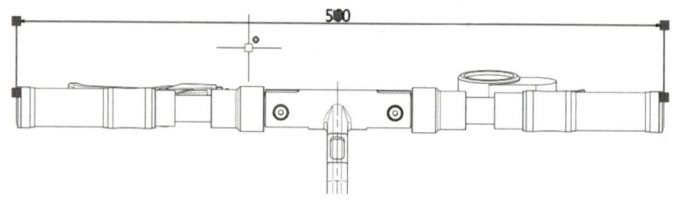

● **DIMASSOC 값이 2인 경우 :** 치수가 연관된 상태로 삽입되기 때문에 객체를 이동하거나 늘리면 치수도 함께 업데이트 됩니다.

DIMASSOC 값 1과 2 차이 > 객체를 이동했을 경우 값이 2인 경우는 객체를 따라 치수선이 이동됩니다.

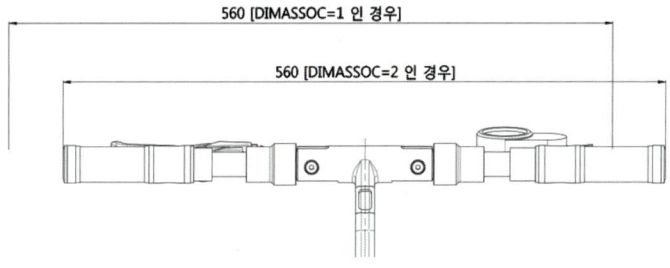

06 원하는 템플릿으로 도면 [새로 만들기]

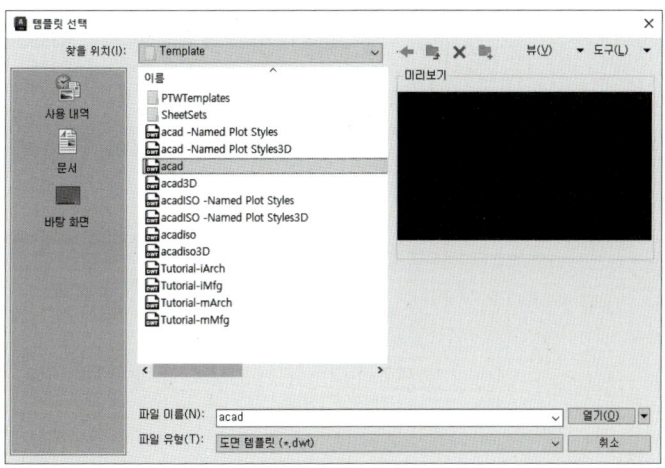

우리가 AutoCAD를 실행한 후 도면을 [새로 만들기] 할 때마다 사용할 템플릿을 선택해줘야 하는 번거로움이 있습니다. 이런 경우 원하는 템플릿으로 [새로 만들기] 할 수 있도록 옵션을 변경할 수 있습니다.

01 옵션(OP)명령을 실행하여 [파일] 탭으로 이동합니다.

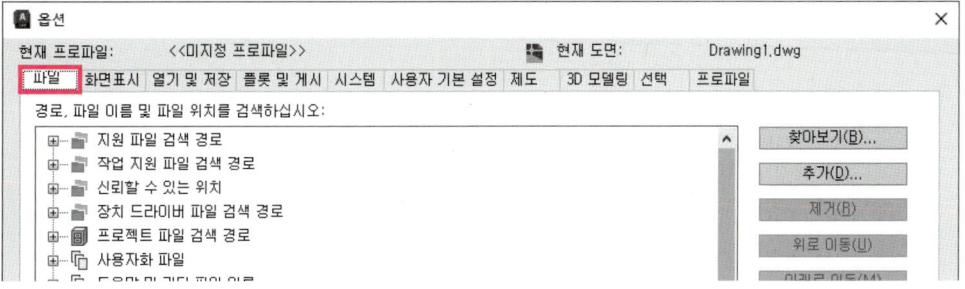

02 스크롤을 아래로 내려 [템플릿 설정] 항목을 확장하여, [빠른 새도면의 기본 템플릿 파일 이름]의 [없음] 항목을 더블 클릭합니다.

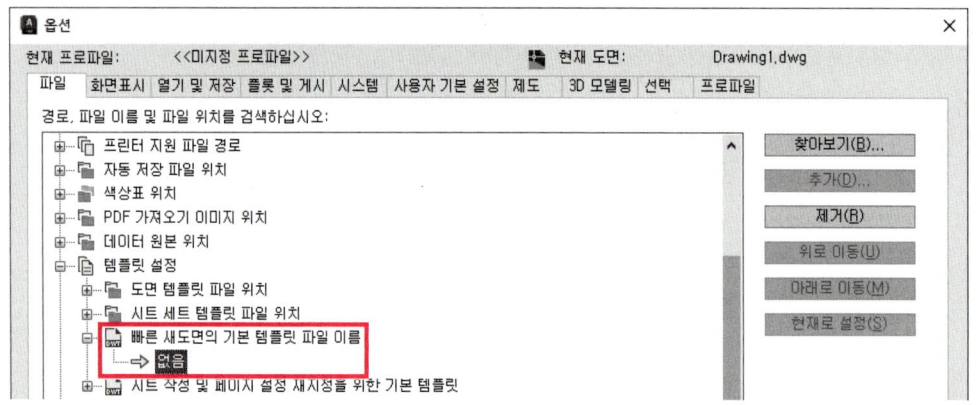

03 빠른 새 도면으로 사용할 템플릿을 선택하고 열기와 확인을 차례로 클릭합니다.

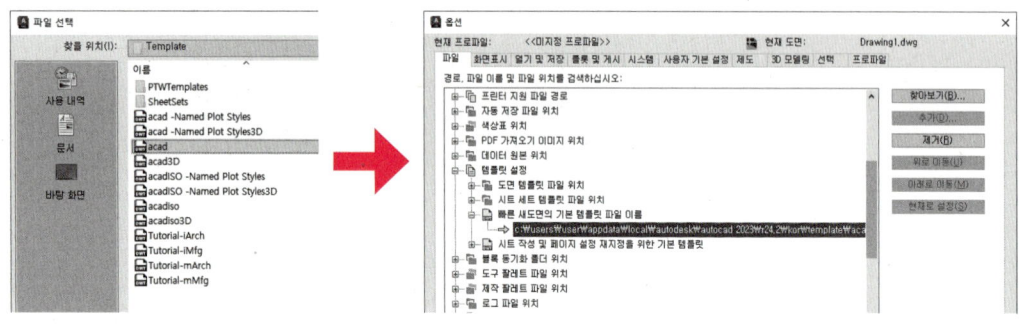

07 치수를 등간격으로 정렬하는 방법 – DIMSPACE

치수를 일정한 간격으로 정렬시키기 위해서 우리는 보통 선을 Offset(간격띄우기)하고 그 선에 치수를 정렬시키곤 합니다. 하지만 DIMSPACE(공간 조정) 명령을 사용하면 치수를 쉽게 정렬할 수 있습니다.

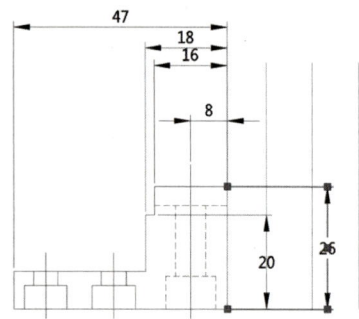

01 [주석] 메뉴의 [치수] 패널에서 DIMSPACE(공간 조정) 아이콘을 클릭합니다.

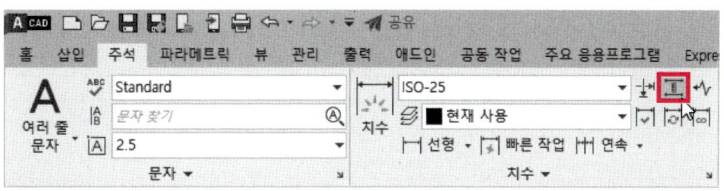

02 치수를 정렬할 때 기준이 될 치수를 선택합니다.

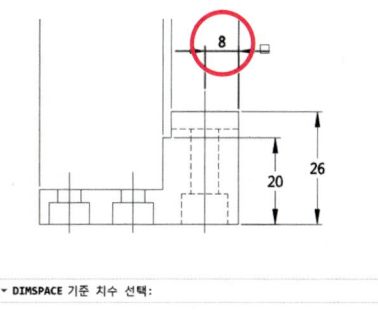

03 기준 치수에 맞춰 정렬하고자 하는 나머지 치수들을 차례로 선택하고 ENTER를 누릅니다.
(그림에서 치수 16, 18, 47)

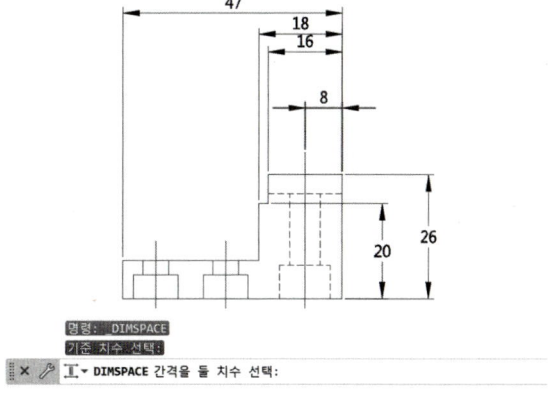

04 치수 간 간격 조정 값을 입력하고 ENTER를 누르면 치수가 입력한 간격 조정 값으로 정렬되는 것을 확인할 수 있습니다.

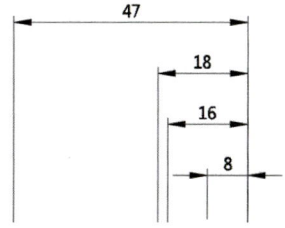

CHAPTER. 12

실습 예제 도면

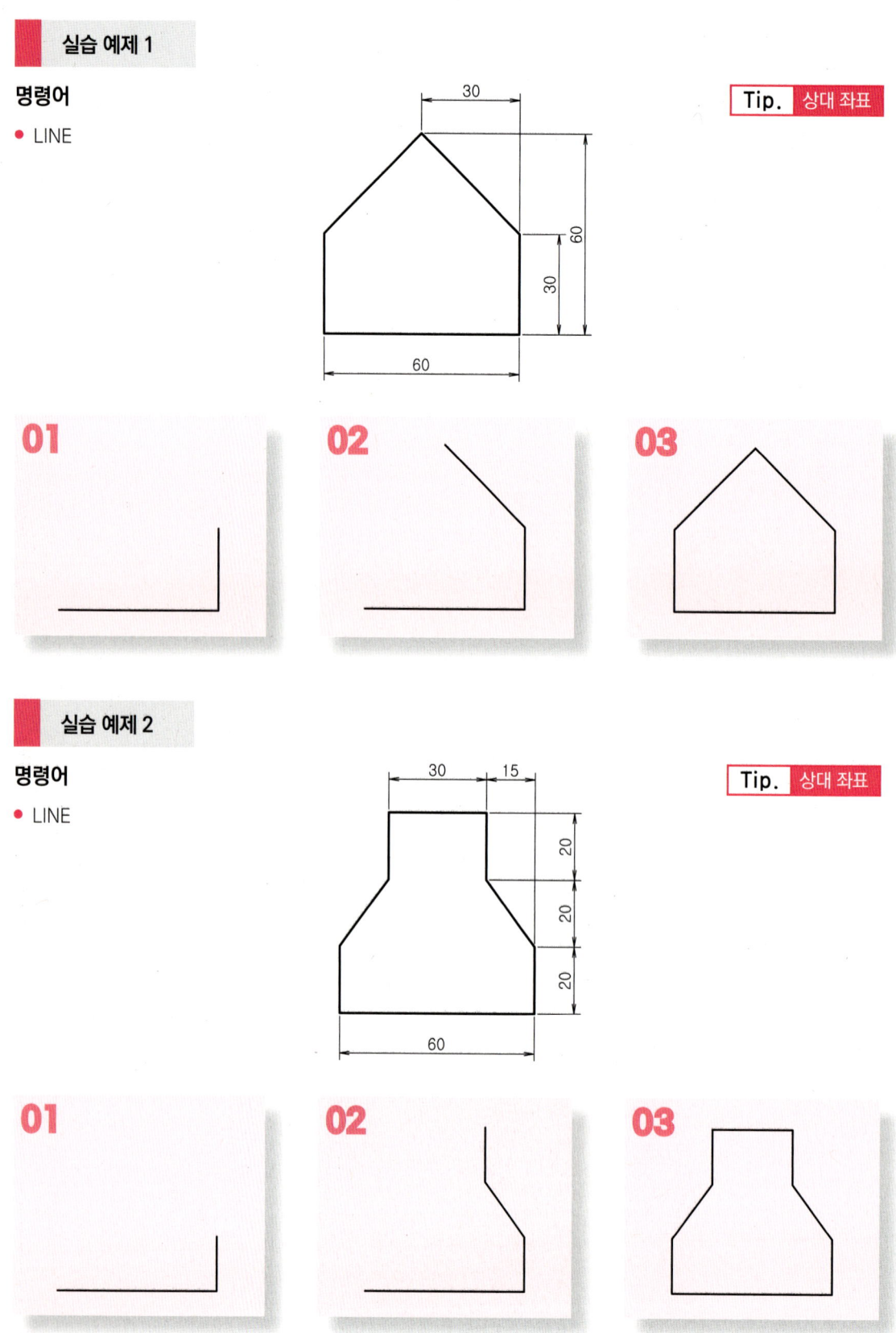

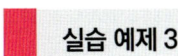

실습 예제 3

명령어

- LINE

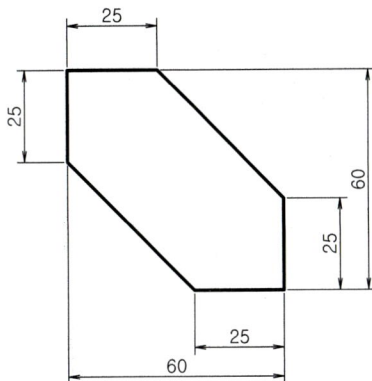

Tip. 상대 좌표

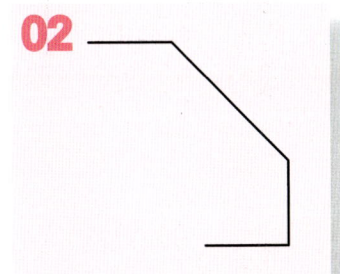

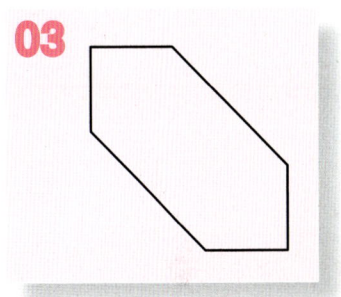

실습 예제 4

명령어

- LINE

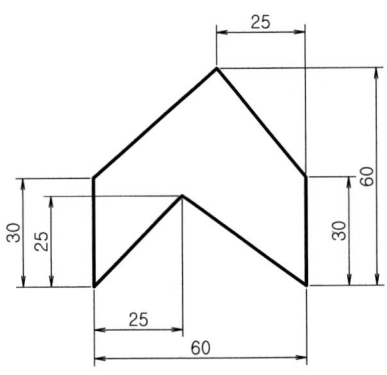

Tip. 상대 좌표

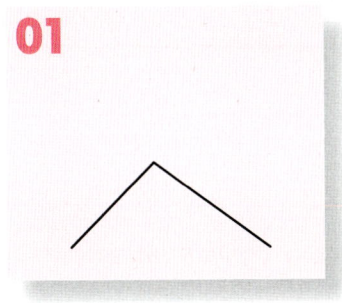

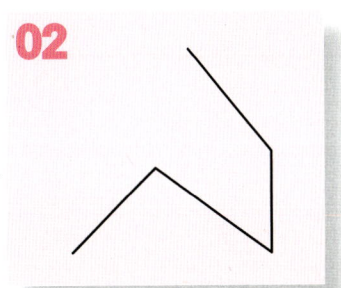

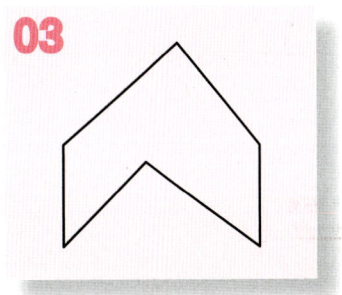

실습 예제 5

명령어

- LINE

Tip. 동적 입력

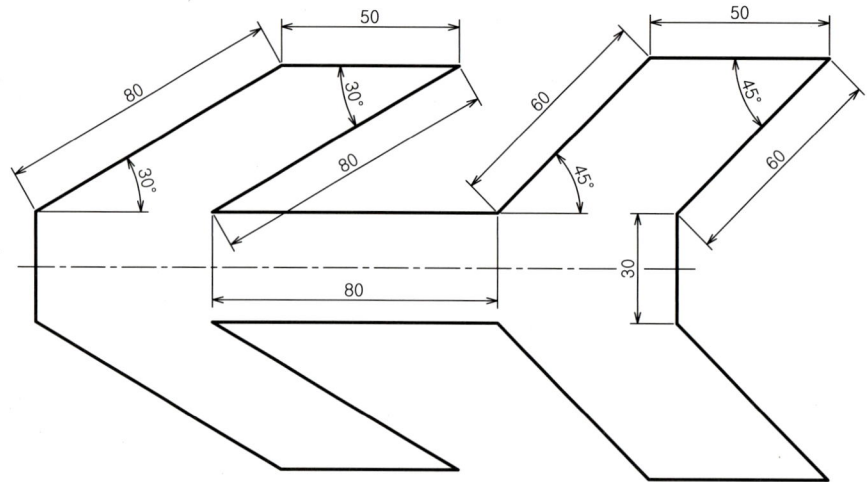

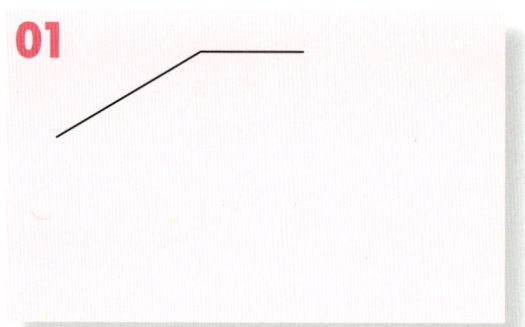

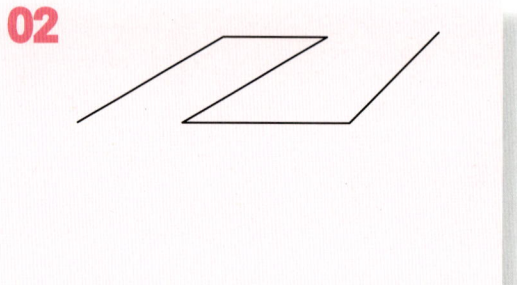

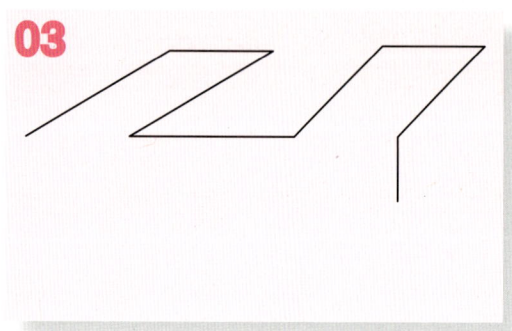

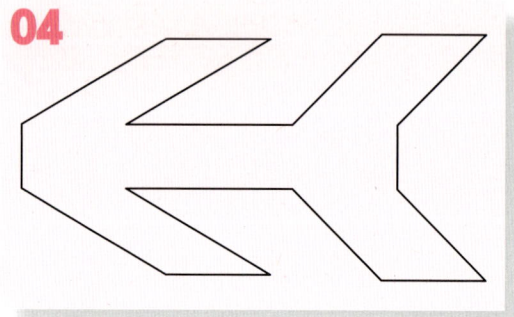

실습 예제 6

명령어

- LINE

Tip. 상대 좌표

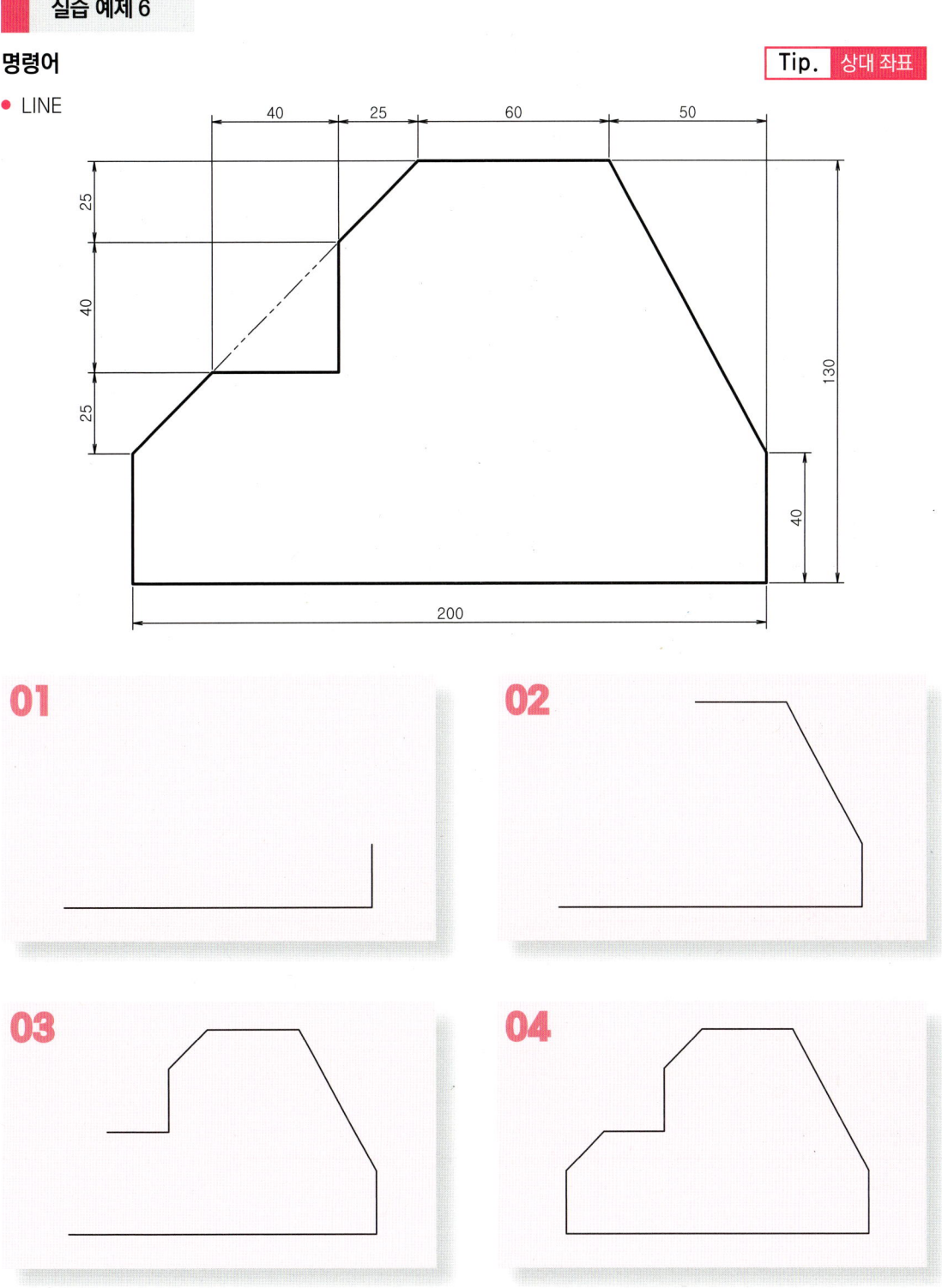

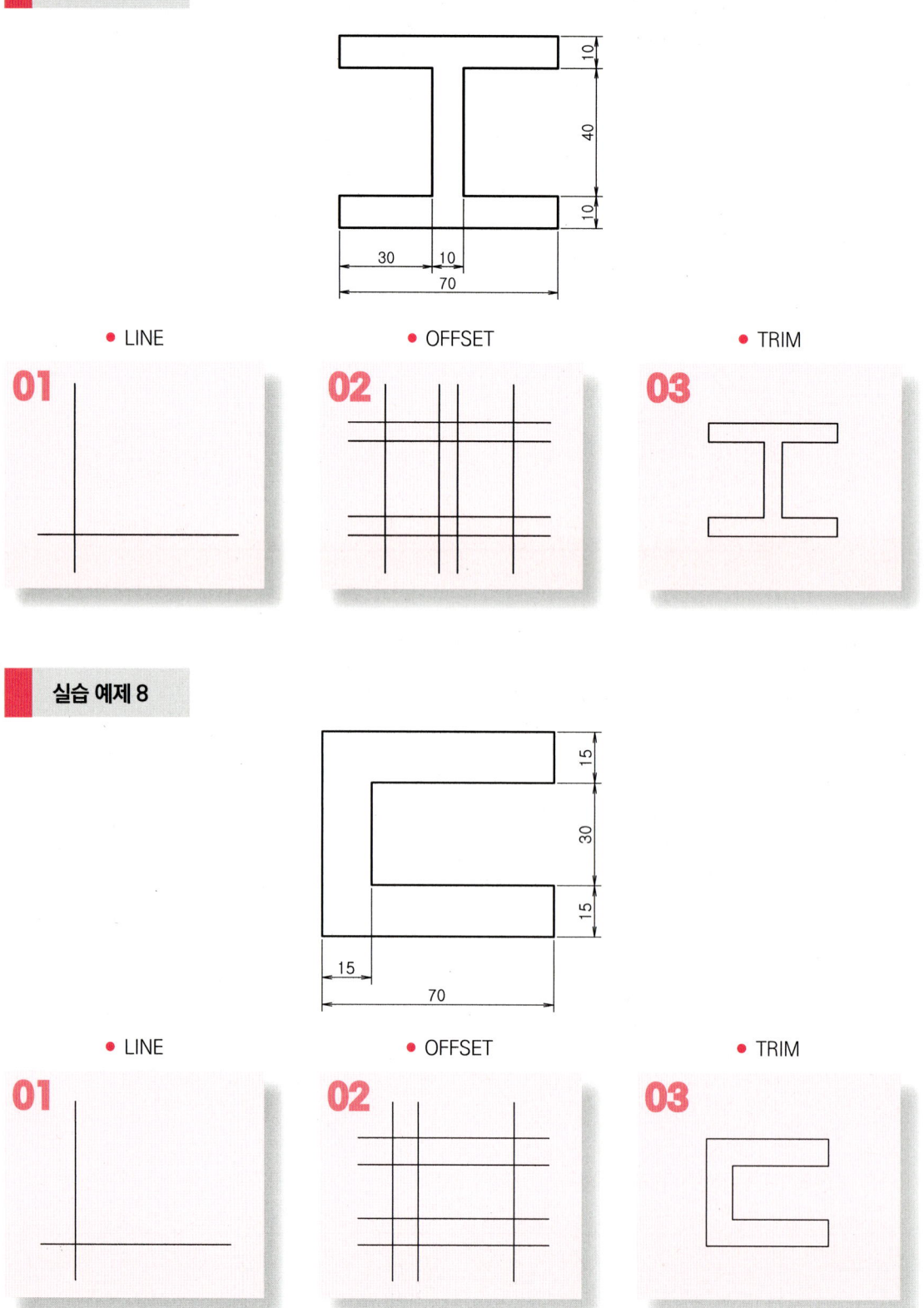

실습 예제 9

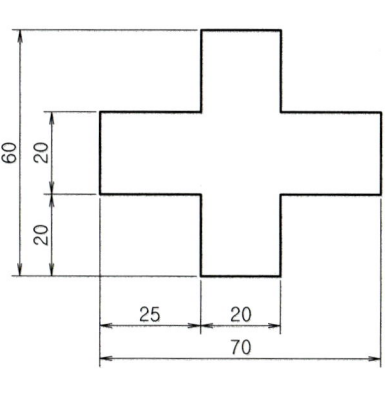

- LINE
- OFFSET
- TRIM

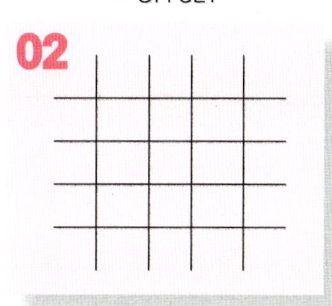

실습 예제 10

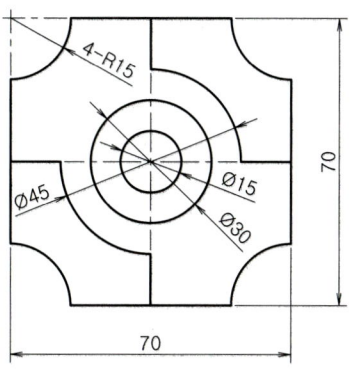

- LINE
- RECTANG
- CIRCLE
- TRIM

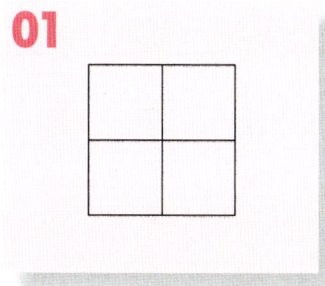

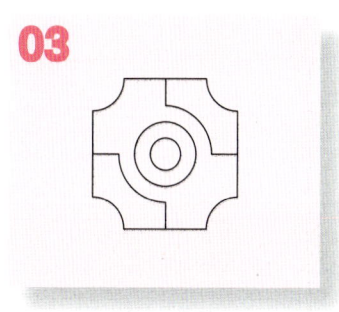

실습 예제 11

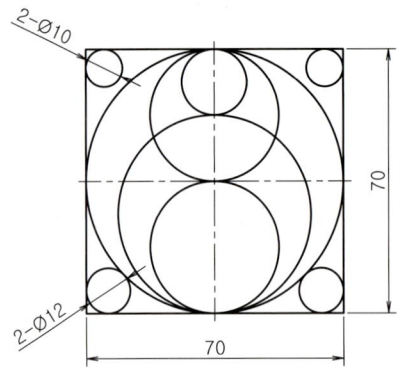

- LINE
- RECTANG

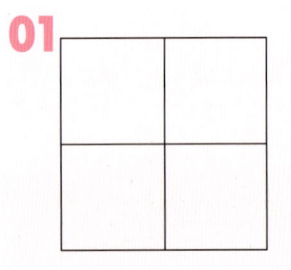

01

- CIRCLE (2점)

02

- CIRCLE (접선, 접선, 반지름)

03

실습 예제 12

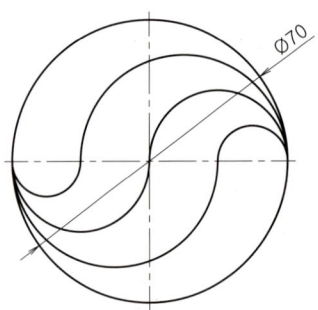

- CIRCLE

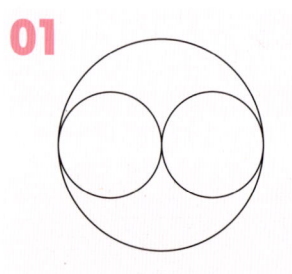

01

- CIRCLE

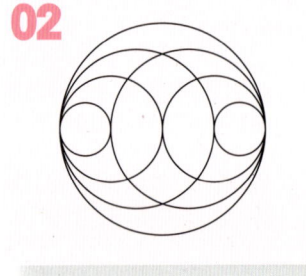

02

- TRIM

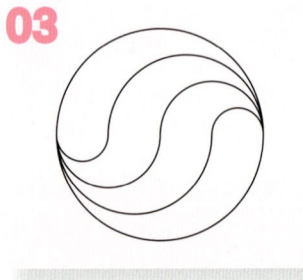

03

실습 예제 13

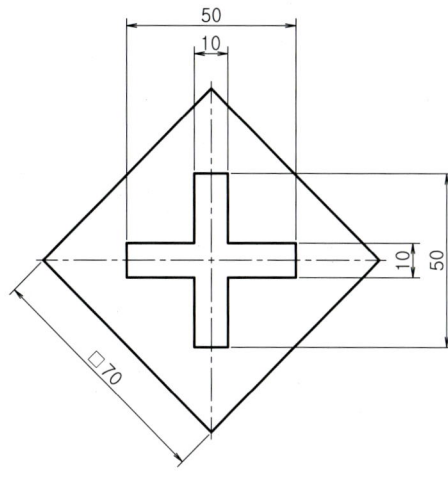

- LINE
- OFFSET
- TRIM
- LENGTHEN

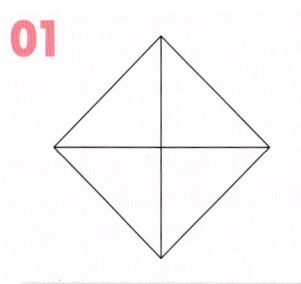

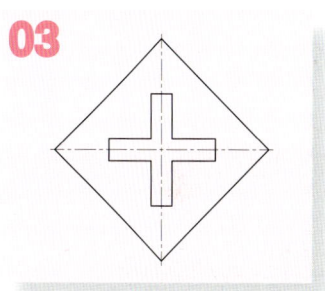

실습 예제 14

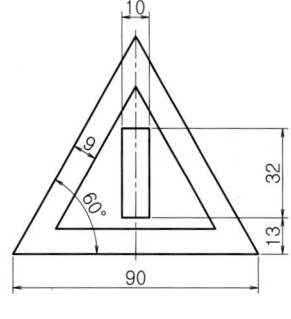

- LINE
- RECTANG
- OFFSET
- TRIM
- TRIM
- LENGTHEN

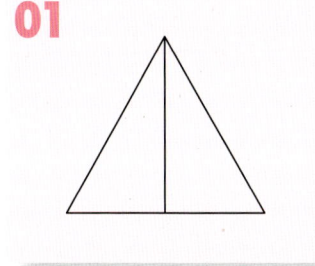
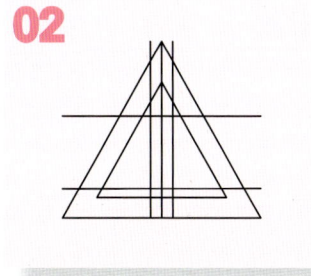

실습 예제 15

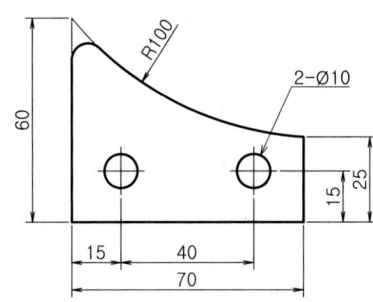

- LINE
- ARC (시작점, 끝점, 반지름)
- OFFSET
- TRIM
- CIRCLE
- FILLET

실습 예제 16

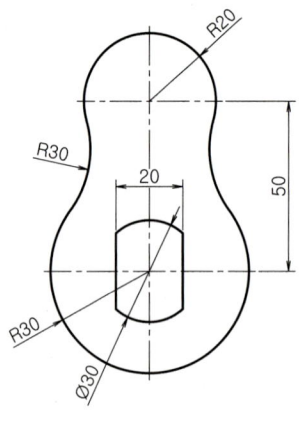

- LINE
- CIRCLE
- OFFSET
- FILLET
- TRIM
- LENGTHEN

실습 예제 17

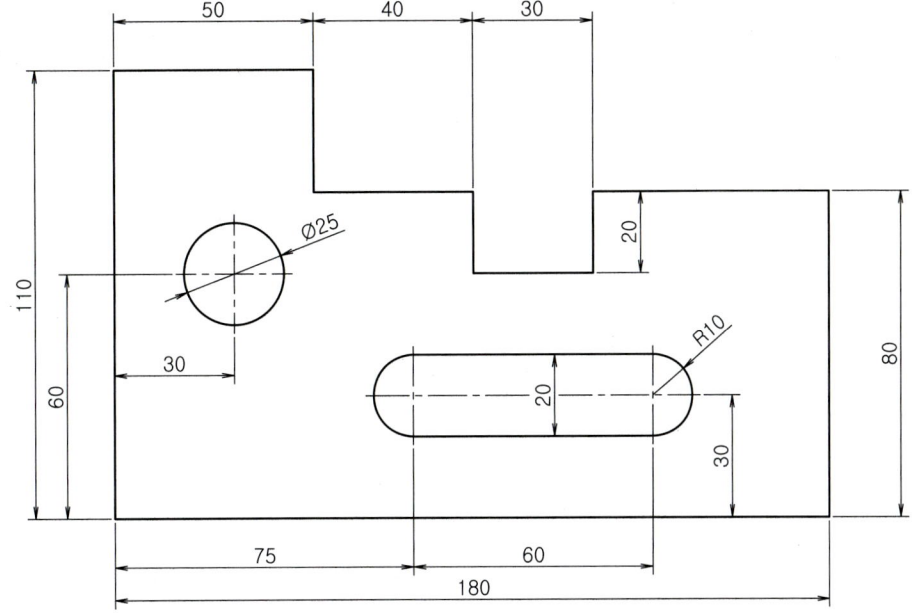

- RECTANG
- EXPLODE
- OFFSET

- TRIM

01

02

- OFFSET
- CIRCLE
- LINE

- TRIM
- LENGTHEN

03

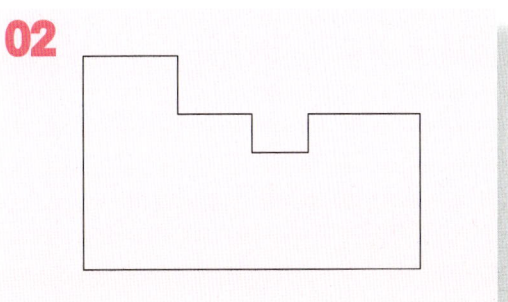

04

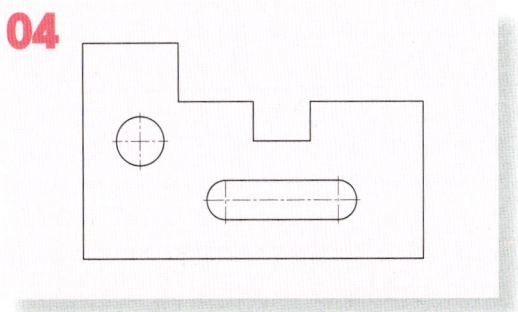

실습 예제 18

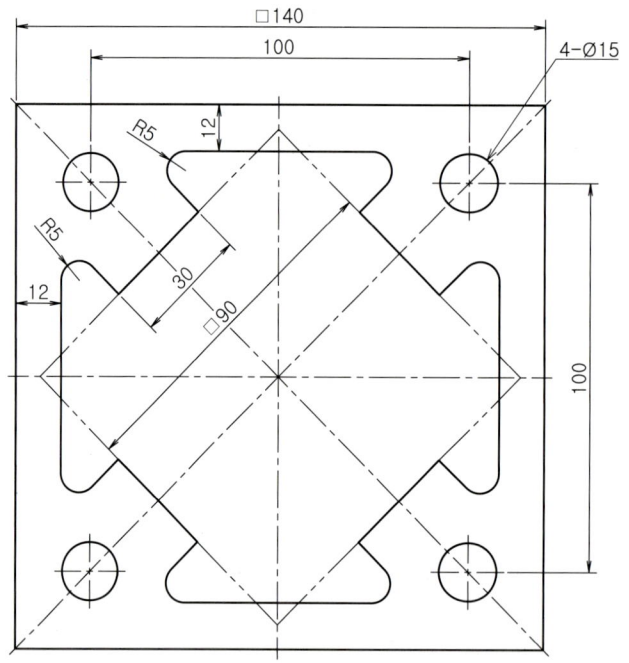

- RECTANG
- LINE

01

- OFFSET

02

- TRIM
- FILLET

03

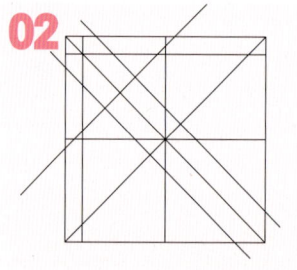

- OFFSET
- CIRCLE

04

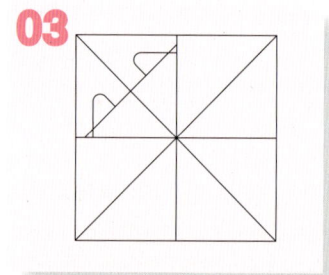

- BREAKATPOINT

05

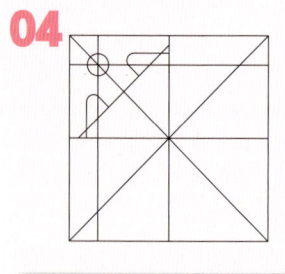

- MIRROR

06

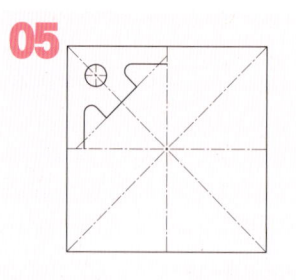
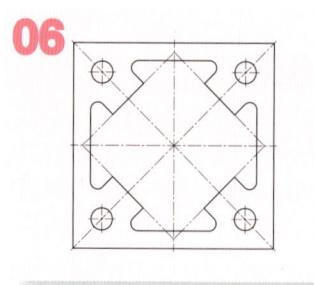

실습 예제 19

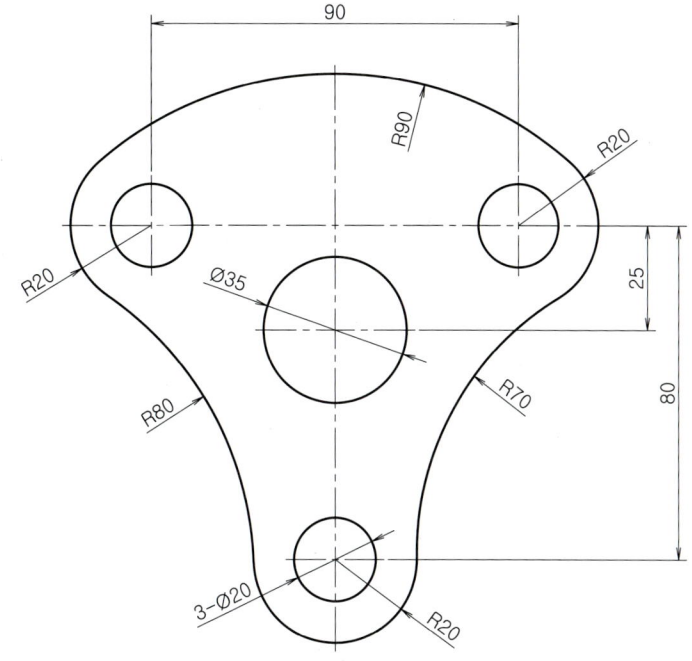

- LINE

- OFFSET

- CIRCLE

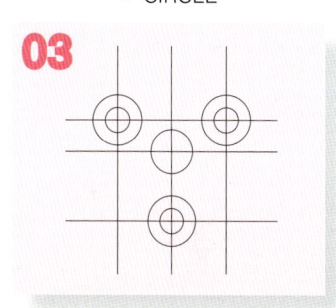

- CIRCLE (접선, 접선, 반지름)

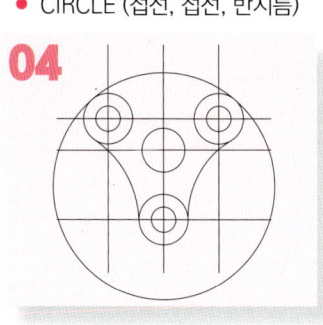

- TRIM

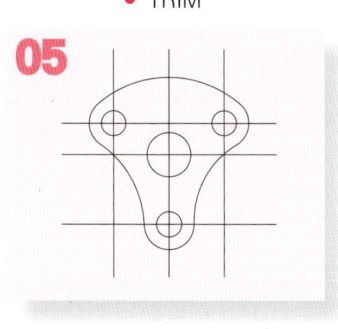

- LENGTHEN

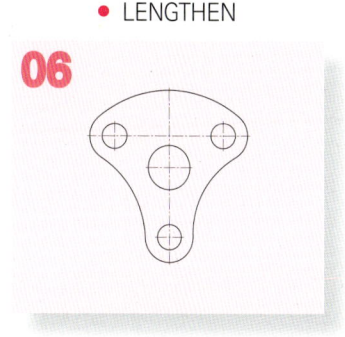

PART 12 실습 예제 도면　277

실습 예제 20

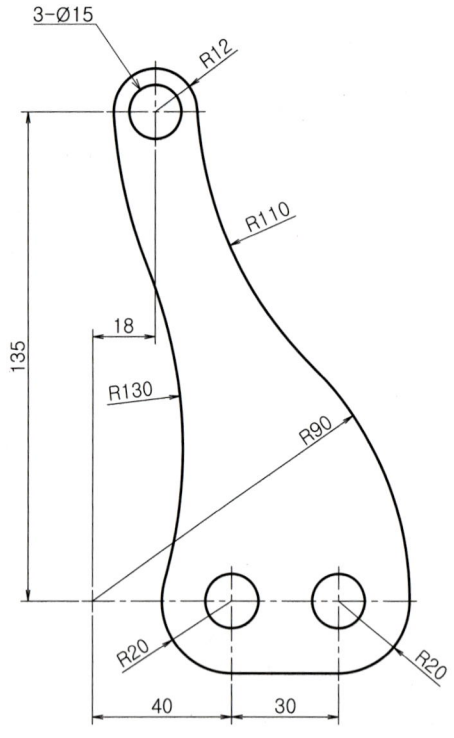

- LINE
- OFFSET

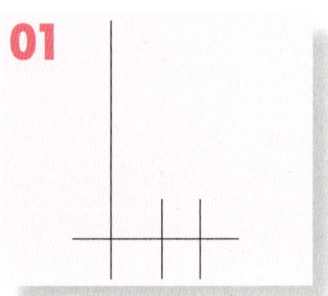
01

- CIRCLE
- TRIM

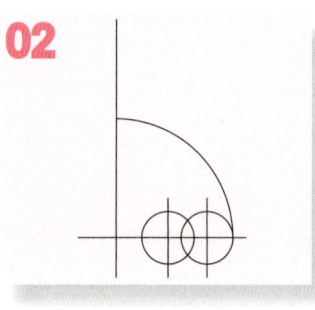
02

- OFFSET
- CIRCLE

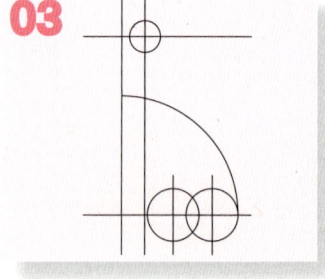
03

- FILLET
- OFFSET

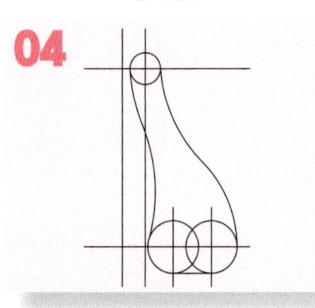
04

- CIRCLE
- TRIM

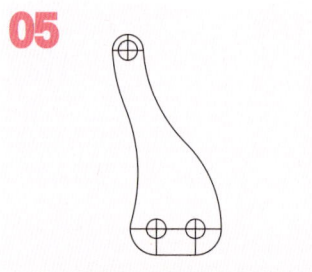
05

- LENGTHEN

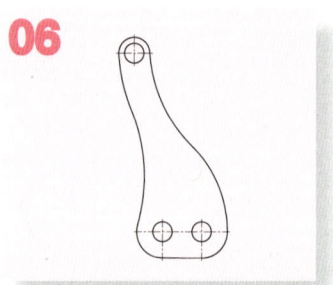
06

실습 예제 21

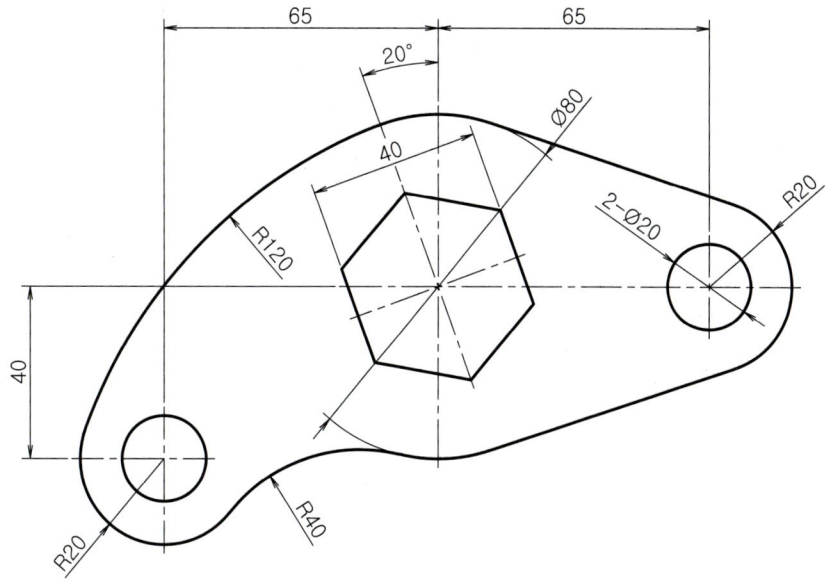

실습 예제 22

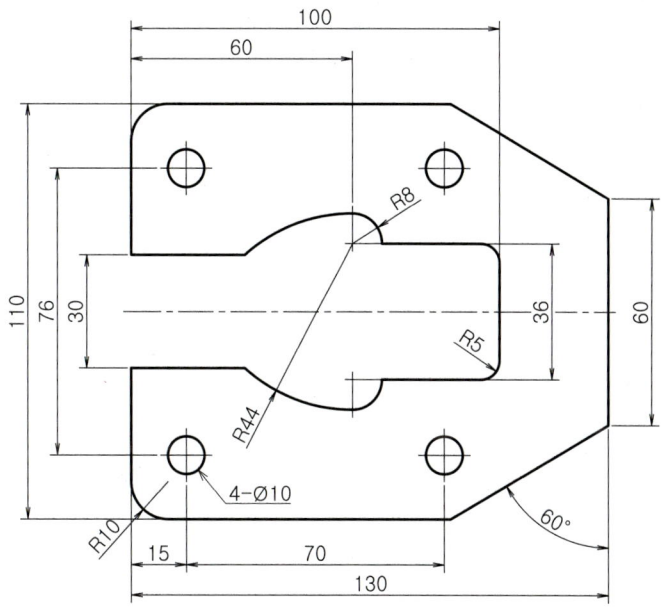

실습 예제 23

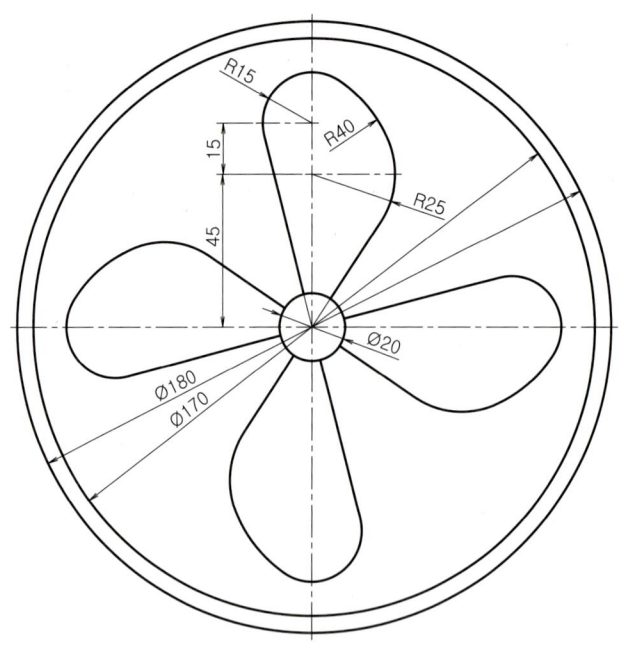

실습 예제 24

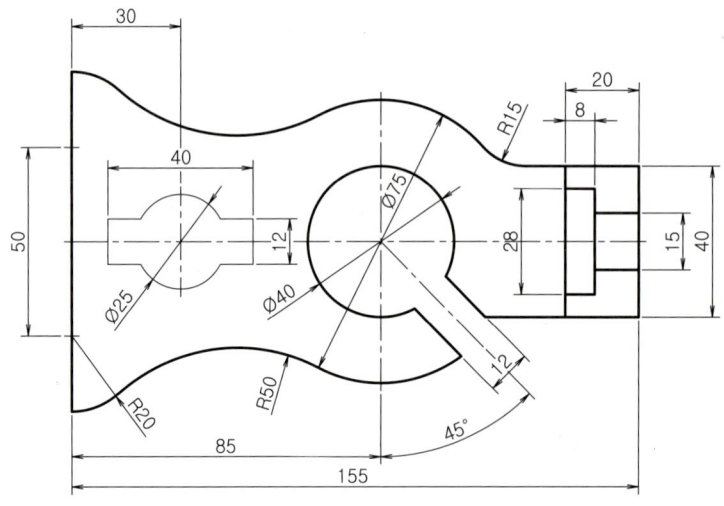

실습 예제 25

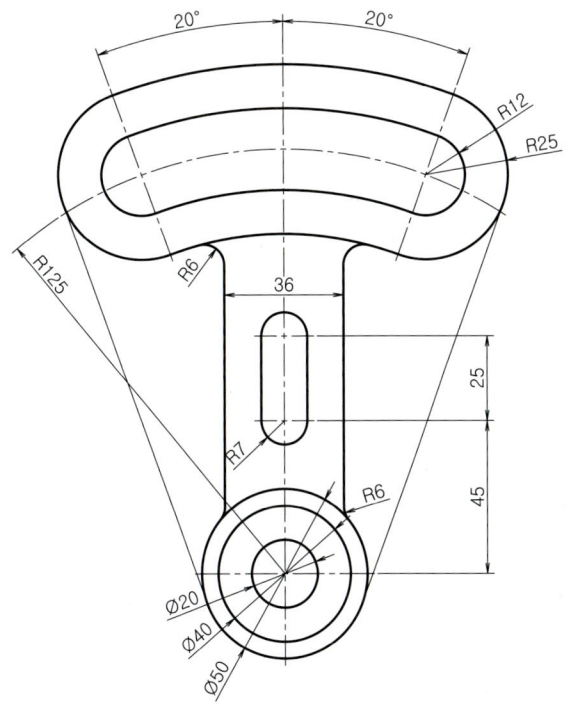

실습 예제 26

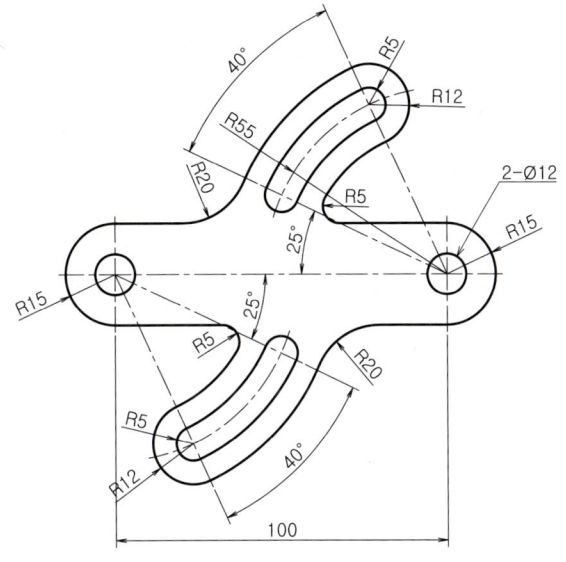

AutoCAD 단축키

그리기(DRAWING) 명령		
단축키	명령어	내용
L	LINE	선 그리기
C	CIRCLE	원 그리기
A	ARC	호(원호) 그리기
REC	RECTANGLE	사각형 그리기
POL	POLYGON	정다각형 그리기
EL	ELLIPSE	타원 그리기
XL	XLINE	무한선 그리기
PL	PLINE	연결선 그리기
SPL	SPLINE	자유 곡선 그리기
DO	DONUT	도넛 그리기
BO	BOUDARY	경계 생성

수정(EDIT) 명령		
단축키	명령어	내용
E	ERASE	지우기
O	OFFSET	간격띄우기
TR	TRIM	선분 자르기
EX	EXTEND	선분 연장
RO	ROTATE	객체 회전
M	MOVE	객체 이동
CO	COPY	객체 복사
Ctrl+Z	UNDO	이전 명령 취소
Ctrl+Y	REDO	UNDO 취소
AR	ARRAY	배열 복사
MI	MIRROR	대칭 복사
J	JOIN	PLINE 만들기
F	FILLET	모깎기
CHA	CHAMFER	모따기
S	STRETCH	선분 신축(늘리고 줄이기)
LEN	LENGTHEN	선분 길이 변경
X	EXPLODE	객체 분해
SC	SCALE	객체 축척 변경
BR	BREAK	선분 대충 자르기
	BREAKATPOINT	점을 기준으로 객체 나누기
AL	ALIGN	정렬

문자 작성 및 수정 명령		
단축키	명령어	내용
T, MT	MTEXT	여러 줄 문자 쓰기
DT	DTEXT	단일행 문자 쓰기
ST	STYLE	문자 스타일 변경
ED	DDEDIT	문자 편집

치수 작성 및 수정 명령		
단축키	명령어	내용
QDIM	QDIM	빠른 치수 기입
D	DIMSTYLE, DDIM	치수 스타일 편집
LE	QLEADER	빠른 치수 보조선 기입
DLI	DIMLINEAR	선형 치수 기입
DAL	DIMALIGNED	사선 치수 기입
DAR	DIMARC	호 길이 치수 기입
DOR	DIMORDINATE	좌표 치수 기입
DRA	DIMRADIUS	반지름 치수 기입
DJO	DIMJOGGED	반지름 치수 기입 (꺾인 선)
DDI	DIMDIAMETER	지름 치수 기입
DAN	DIMANGULAR	각도 치수 기입
DBA	DIMBASELINE	첫 점 연속 치수 기입
DCO	DIMCONTINUE	끝 점 연속 치수 기입
MLD	MLEADER	다중 치수 보조선 작성
MLE	MLEADEREDIT	다중 치수 보조선 수정
LEAD	LEADER	치수 보조선 기입
DCE	DIMCENTER	중심선 작성
DED	DIMEDIT	치수 형태 편집

도면 특성 변경		
단축키	명령어	내용
LA	LAYER	도면층 관리
LTS	LTSCALE	선분 특성 크기 변경
MA	MATCHPROP	객체 속성 맞추기
MO/CH	PROPERTIES	특성 팔레트 띄우기

도면 패턴		
단축키	명령어	내용
H	HATCH	도면 해치 패턴 넣기

블록 및 삽입 명령		
단축키	명령어	내용
B	BLOCK	객체 블록 지정
W	WBLOCK	객체 블록화 도면 저장
I	INSERT	도면 삽입
XR	XREF	참조 도면 관리

환경 설정 및 기타		
단축키	명령어	내용
Z	ZOOM	도면 부분 축소 확대
RE	REGEN	화면 재생성
OP	OPTION	AutoCAD 환경 설정
UN	UNITS	도면 단위 변경
	LIMITS	도면 한계 설정
P	PAN	뷰 이동
OS	OSNAP	객체 스냅 설정
Ctrl+P	PLOT	출력하기

도면 오류 검토 및 복구		
	AUDIT	도면 오류 검사
	RECOVER	도면 복원하기
	PURGE	사용하지 않는 속성 삭제
	OVERKILL	중복 객체 삭제

도면 특성 및 객체 정보		
단축키	명령어	내용
DI	DIST	길이 체크
LI	LIST	객체 속성 정보
AA	AREA	면적 산출
	FIND	문자 찾기/대치

FUNCTION 키		
단축키	명령어	내용
F1	HELP	도움말 보기
F2	TEXT WINDOW	커멘드 창 띄우기
F3	OSNAP ON/OFF	객체 스냅 사용 유무
F4	TABLET ON/OFF	타블렛 사용 유무
F5	ISOPLANE	2.5차원 방향 변경
F6	DYNAMIC UCS ON/OFF	자동 UCS 변경 사용 유무
F7	GRID ON/OFF	그리드 사용 유무
F8	ORTHO ON/OFF	직교 모드 사용 유무
F9	SNAP ON/OFF	스냅 모드 사용 유무
F10	POLAR ON/OFF	극좌표 추적 사용 유무
F11	OSNAP TRACKING ON/OFF	객체 스냅 추적 사용 유무
F12	DYNAMIC INPUT ON/OFF	동적 입력 사용 유무

Ctrl 기능 키		
단축키	명령어	내용
Ctrl+1	PROPERTIES PROPERTIESCLOSE	속성 팔레트 On/Off
Ctrl+2	ADCENTER / ADCLOSE	디자인 센터 On/Off
Ctrl+3	TOOLPALETTES / TOOLPALETTESCLOSE	툴 팔레트 On/Off
Ctrl+4	SHEETSET/SHEETSETHIDE	스트셋 매니져 On/Off
Ctrl+6	DBCONNECT/DBCCLOSE	DB 접속 매니져 On/Off
Ctrl+7	MARKUP/MARKUPCLOSE	마크업 셋 매니져 On/Off
Ctrl+8	QUICKCALC/QCCLOSE	계산기 On/Off
Ctrl+9	COMMANDLINE	커맨드 영역 On/Off
Ctrl+0	CLENASCREENOFF	화면 툴 바 On/Off